ネット炎上の研究

誰があおり、どう対処するのか

田中辰雄・山口真一

勁草書房

はじめに

　インターネットが登場したとき，自由と民主主義のための素晴らしい道具が登場したと言われたものである。インターネットでは誰もが自由に情報発信ができる。いかなる制約もなく言いたいことが言えるのが自由主義であり，インターネットはそれを実現する。単なる多数決ではない「討論の民主主義」では，人々が十分に時間をかけて意見交換をする必要があり，インターネットはこれを可能にする。インターネットが普及すれば，多くの人が情報発信をして自由な議論の輪に加わり，討論の民主主義が社会のすそ野にまで広がっていく。初期のインターネットはこのような期待を熱く語る議論にあふれていた。

　しかし，その後，論調は暗転し，ネット上での意見交換に悲観的な意見が増えてくる。この論調の暗転の大きな原因になったのが，いわゆる炎上問題である。炎上（より一般には荒らし）とは，ある人の発言や行為に対し非常に攻撃的で一方的なコメントが殺到することである。そこでは対話による議論は成立せず，あえて議論を試みてもただ傷つくだけに終わる。多くの場合，アカウントやブログの閉鎖など議論の場自体を閉じるしかない。炎上は頻発しており，ニュース記事になるものだけでも年間数百件は起きている。炎上の一歩手前の荒らし行為まで含めればもはや日常茶飯事である。

　炎上には企業の不祥事を正すなど民主主義の力の発露として評価すべき面もある。しかし，個人の情報発信にともなう炎上は一方的な攻撃であり，発信者の心を傷つけるだけである。したがって，炎上が頻発すると人々は発言を控え，情報発信は萎縮するようになる。多くの炎上対策本は炎上を避ける方法として，炎上しそうな話題を避けろと言う。さらに踏み込んでそもそも情報発信を止めるのがよいと説くものもある。その結果，ネット上で情報発信を続けるのは炎上にめげない一部の強者だけとなり，ネット世論には極端な意見が増えてくる。中庸な議論が消えて極端な議論が増え，それら両極の人が互いに相手を罵倒し合う。かくしてインターネットでの意見交換を明るく語る論調はほとんど見ら

れなくなってしまった。

　ここで問いが出せる。人々を情報発信から遠ざけた炎上はなぜ生じたのだろうか。炎上を防ぐ方法はあるのだろうか。炎上はネット社会に不可避な現象で，これを甘受するしかないのだろうか。これらの問いに答えようというのが本書の問題意識である。

　本書の特徴は2つある。第1は，定量的な分析を行っていることである。炎上についてのこれまでの本は，事例を取り上げて炎上の実態を説明する場合が多く，定量的に実証分析する本は乏しかった。本書は筆者らが実施したアンケート調査と公表されている炎上関連データを組み合わせ，できるだけ定量分析を試みた。炎上参加者はどれくらいいて，どのような人々かを数量的に明らかにしたのが本書の特徴である。特に炎上参加者が実は一般にイメージされているよりもはるかに少ないことを示した点には，価値があると考えている。

　第2の特徴は，本書なりに炎上の原因と社会としての炎上対策を示している点である。通常の炎上関連本では，個人あるいは会社として炎上をどう防ぐかというマニュアルを述べることが多い。マニュアルの内容は話題の限定など情報発信を控えよという内容であり，結果としては情報発信の萎縮を勧めることになる。これに対し，本書の問題意識は人々の情報発信の萎縮を防ぐために社会としていかに炎上を抑制するかにあり，方向が逆である。この問題意識に答えるため，炎上の原因について歴史的に考察を進め，情報発信と受信の分離したサロン型SNSの提案やリテラシー教育など政策にまで踏み込んでいる。この点も類書にない特徴になっている。

　以下，本書の章構成を簡単に解説する。

　第1章は，炎上とはそもそもどういうものであるかを事例と，炎上対策会社の作成した公開データを踏まえながら解説する。炎上の発生件数は年間数百件程度であり，減る傾向にはないことが示される。

　第2章は，炎上事件の分類学であり，炎上を，誰に対し，何が原因でおこり，どういう対応をとったかで分類している。特に重要なのは何が原因で炎上したかの5類型で，これにそって炎上のさまざまなケースが示される。炎上の発生パターンは，きっかけとなる事件の後，掲示板ツイッターなどSNSで拡散し，まとめサイトやニュースサイトに掲載され，最後に新聞やテレビなどマスメデ

ィアで報道されるというパターンをとる。

　第3章は，炎上の社会的コストについての考察である。炎上の社会的コストとして本書は情報発信の萎縮に注視する。炎上を嫌って人々が情報発信から撤退する傾向があることを，アンケート調査とSNS利用者推移などを使って検討する。アンケート調査によれば，7割近い人がネット内にはリアルの世界より攻撃的な人が多く，ネットは怖いところだと思っている。SNS利用でも情報発信力は低いが炎上の恐れが少ないSNSの利用が増えており，情報発信の萎縮が起きていると解釈できる。

　第4章は，ネット炎上の参加者（炎上時に書き込む人）がどんな人かを，2万人へのスクリーニング調査に基づき統計的に分析した。その結果，年収が高く，ソーシャルメディアをよく利用する子持ちの男性というプロファイルが浮かび上がった。学歴，結婚の有無，インターネット利用時間は有意ではなかった。この結果は，一般に炎上参加者について持たれがちなイメージ，すなわち，低収入で低学歴の，独身のネットヘビーユーザという人物像からずれている点で興味深い。

　第5章は，炎上参加者がどれくらいいるかの推定である。炎上事件に書きこんだことのある人はインターネットユーザの1.5%であり，さらにサンプルの補正をし，現役の参加者に限ると，この比率は低下して0.5%になる。このうち大半は一言つぶやくだけであり，相手に向かって直接攻撃を行う人となると，0.00X%のオーダーまで低下する。すなわち，炎上参加者は極めて少数である。炎上事件が起こると当事者は世界中から攻撃されているように見えるが，実際には攻撃しているのはごくわずかである。攻撃者のプロフィールを事例で見るとかなり特異であり，コミュニケーション能力に難がある人たちと思われる。

　第6章は，炎上の歴史的理解を試みる。中世が終わってからの400年間を振り返ると，時代の変わり目には力の濫用が起きるのが通例である。中世が終わるときには傭兵によって軍事力が濫用され，産業化の初期には企業によって経済力が濫用された。同じように考えると炎上は情報発信力の濫用である。人類は史上初めてどこにいても世界中の誰に対しても情報発信できるという強大な力を手に入れた。それはかつて鉄砲と大砲を発明したとき，あるいは産業革命で産業化という仕組みを発明したときと同じような巨大な力である。力の登場

の初期には力の濫用がつきもので，情報化の場合それが炎上だったと考えられる。この理解が正しければ，力の濫用はやがて社会によって是正されていくはずである。

　第7章は，炎上対策の一例として，サロン型のSNSを提案する。言論の自由を守り，インターネットの情報発信力を生かしながら，ごく一部の人の濫用を防ぐにはどうすればよいか。ここでの提案は情報の発信と受信を分離することである。サロンではそこに書き込むこと（発信）は会員しかできないが，書かれたことを読むこと（受信）は誰でもできる。これによって炎上から守りながら情報発信をつづけることができる。アンケート調査で，このようなメンバーシップ制の是非を尋ねると，過半数の人が賛同することを示すことができる。

　第8章は，炎上対策として行政府にやるべきことはないかについての考察である。情報発信力の濫用を防ぐための方法として，すぐに思いつくのは誹謗中傷への訴訟とインターネット実名制の導入であるが，いずれも実効性が薄いうえに副作用のマイナスが大きく現実的ではない。行政府として可能なのは，ネットリテラシーの一環として炎上問題を組み込むことであろう。現在のリテラシーは個人情報の保護，詐欺や犯罪から身を守ることばかりで，炎上問題への対応が無い。これを変えていくのが1つの方法である

　本書全体を貫くメッセージは，炎上による情報発信の萎縮はゆゆしき問題であること，しかし，それは社会として解決すべき課題であり，そして解決の道はあるのではないかということである。ネット上の論調の一部には，炎上は自由なインターネットの代償であり仕方がないものであるという見解が見られるが，本書はそれには与しない。すくなくともそう判断するのは早すぎる。炎上に対してなすべきことはまだたくさんあり，社会は改善に向けて挑戦を続けることができると考える。その改善の一助に本書がなることを祈ってやまない。

2016年3月

田中辰雄・山口真一

目　次

はじめに

第1章　ソーシャルメディアと炎上：特徴と発生件数 ……………… 3
- 1-1　炎上とは　3
- 1-2　炎上の特徴　9
- 1-3　炎上の発生件数推移と傾向　14
- 1-4　参考となる論文・書籍　17
- 1-5　ネットコミュニケーションのゆくえ　20

第2章　炎上の分類・事例・パターン ………………………………… 23
- 2-1　炎上の分類　25
- 2-2　Ⅰ型：反社会的行為や規則に反した行為（の告白・予告）　27
- 2-3　Ⅱ型：何かを批判する，あるいは暴言を吐く・デリカシーのない発言をする・特定の層を不快にさせるような発言・行為をする　34
- 2-4　Ⅲ型：自作自演，ステルスマーケティング，捏造の露呈　40
- 2-5　Ⅳ型：ファンを刺激（恋愛スキャンダル・特権の利用）　45
- 2-6　Ⅴ型：他者と誤解される　48
- 2-7　炎上のパターンと予防・対処　55

第3章　炎上の社会的コスト …………………………………………… 59
- 3-1　情報発信の萎縮　60
  企業炎上・触法自慢／情報発信からの撤退／五輪エンブレム事件／炎上経験者の体験談／サイバーカスケード

3-2　若干の統計的検討　73
　　　アンケート調査より／SNSの変遷より／社会的コストのラフ推定
　3-3　初期インターネットとの比較　81
　　　ネット楽観論の暗転／フレーミング（Flaming）との違い
　3-4　炎上対策の検討　88
　　　炎上対策1：話題の限定／炎上対策2：謝罪
　3-5　結語：炎上のコストは情報発信の萎縮　98

第4章　炎上は誰が起こすのか　99
　4-1　人々の炎上とのかかわり方　101
　4-2　データから見る炎上参加者のプロフィール　103
　4-3　炎上参加者属性の分析：
　　　年収の多い若い子持ちの男性が書き込み　107
　4-4　炎上参加行動に有意でない属性：
　　　ひとり暮らし，学歴，ネット時間等　113
　4-5　炎上の捉え方と予防方法　117

第5章　炎上参加者はどれくらいいるのか　121
　5-1　なぜ参加者数を調べるのか　121
　5-2　アンケート調査での炎上参加者数推定　122
　5-3　Twitterでの炎上参加者数推定　129
　　　ルミネCM炎上事件／6つの炎上事件
　5-4　炎上での直接攻撃者　137
　　　炎上への参加者数のまとめ／有識者は知っている／
　　　炎上の主役はどんな人たちか
　5-5　結語：炎上参加者はごく一握り　145

第6章　炎上の歴史的理解　147
　6-1　炎上の理解：集団極性化とデイリーミー　148

6-2 近代化の歴史より　152
　　国家化・産業化・情報化の三段階論／若干の統計的補足
6-3 草創期の力の濫用　162
　　軍事力・経済力の濫用／情報発信力の濫用／炎上は解決すべき課題

第7章　サロン型SNS：受信と発信の分離　173
7-1 炎上の真の原因　174
　　発信規制／過剰な発信力／インターネットの学術性／受信と発信の分離
7-2 サロンの構想　183
　　サロン型SNSの仕様／サロン型SNSの詳細／サロン普及後のイメージ／非公開サロン／その他の仕様
7-3 自由参入かメンバーシップか　199
7-4 結語：サロンの必要性　208

第8章　炎上への社会的対処　211
8-1 炎上とのかかわり方とインターネットに対するイメージ　213
8-2 政策的対応の検討　217
8-3 炎上への規制対応は難しい　223

付　録　炎上リテラシー教育のひな型　225

参考文献　235
索　引　239

ネット炎上の研究
誰があおり，どう対処するのか

第1章

ソーシャルメディアと炎上：特徴と発生件数

1-1　炎上とは

　昨今におけるインターネットの急速な普及と多様なネットサービスの登場は，社会に大きな変革をもたらした。例えば，天気予報サイトで服装を決め，時刻表アプリで適切な電車の時間を検索し，口コミサイトで飲食店を調べ，ソーシャルメディア[1]で連絡を取り合う……といった休日を過ごしている人も，今ではそう珍しくないだろう。実際，2014年末の時点で，国内インターネット利用者数は，すでに1億人を超えている（図1.1）。

　そのような社会の情報化の中で，私達の生活にとりわけ密接に関係した変革の1つに，容易に双方向のオンラインコミュニケーションをすることが可能になったことが挙げられる。例えば，電子メールを使えば，地球の裏側にいる友人に対して瞬時にメッセージを送ることができるし，また，受け取ることもできる。

　さらに，ソーシャルメディアを利用すれば，不特定多数の相手に対して，個人が情報を発信することも容易である。インターネット普及前は，不特定多数

---

1) 個人による情報の発信やコミュニケーション，交流，情報流通等，社会的（ソーシャル）な要素を含んだメディアのこと。個人がコンテンツを発信することで，多数の人々や組織が参加する双方向の会話が行われる場である。例えば，ブログ，Twitter，mixi，Facebook等が該当する。また，LINE等のメッセージアプリや2ちゃんねる等の電子掲示板，そして動画共有サービスも含むことが多い（いずれもオンラインソーシャルコミュニケーションのサービスであるため）。本書でも，特筆されていない限り，ソーシャルメディアにはそれらを含める。

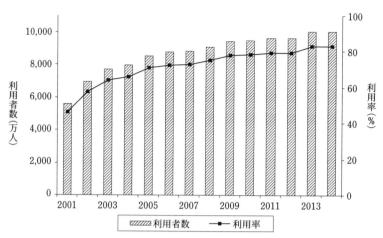

出典：総務省の平成 26 年通信利用動向調査（http://www.soumu.go.jp/johotsusintokei/statistics/statistics05.html）から筆者が作成。

図 1.1　インターネット利用動向

への情報発信は，限られた大手マスメディアや（大手マスメディアを通した）著名人しかできなかったことを考えると，情報の送受信形態は大きく変化したといえる。コミュニケーションツールの利用率[2]について，電子メールが約 70%，ソーシャルメディアが約 50%[3]，無料通話アプリやメッセージアプリが約 30% もあることからも，その社会的インパクトの大きさがわかる（総務省 2015）。

　しかしながら，そのようにコミュニケーションが活発になる一方で，1 つの対象に誹謗中傷が殺到する，いわゆる「ネット炎上」が多発するようになってきている。炎上には確立した定義はないが，例えば平井（2012）では，「ブログ，ミクシィ（mixi），ツイッター（Twitter）などに投稿されたメッセージ内容，

---

[2] インターネット利用者に占める割合。
[3] ここでのソーシャルメディアは，ブログ・電子掲示板・チャット・通話アプリやメッセージアプリ・動画共有サービスが全て除かれた定義である。これらのコミュニケーションサービスを含めると，利用率はさらに高い。例えば，ICT 総研の「2015 年度 SNS 利用動向に関する調査（http://ictr.co.jp/report/20150729000088-2.html）」では，同じ 2014 年において，メッセージアプリを含めたソーシャルメディアの利用率が 60.5% となっている。

ならびに投稿者に対して批判や非難が巻き起こる現象」と定義している。また，田代・折田（2012）では，「情報発信者が管理するブログやSNS日記などの個人向けCGM[4]にいやがらせコメントが殺到する現象である。サンスティーンの提唱するサイバーカスケード[5]の1つでもある」と定義している。さらに，荻上（2007）では，「ウェブ上の特定の対象に対して批判が殺到し，収まりがつかなそうな状態」と定義している。

　本書ではこれらの定義を踏まえ，炎上の定義を「ある人物や企業が発信した内容や行った行為について，ソーシャルメディアに批判的なコメントが殺到する現象」とする。発言内容や行為の場は，必ずしも炎上したソーシャルメディアに限らず，テレビやラジオ等のメディアでの発言を基に炎上することもある。また，対象となるソーシャルメディアについても，発信者のソーシャルメディアとは限らず，まとめブログ[6]等の他のブログや，2ちゃんねる等の外部掲示板で批判が集中する場合もある。

　このような炎上を，実際に目撃したことのある読者の方も多いだろう。後述する調査では，90％以上の人が炎上を認知しており，20％程度の人は実際に見たり，書き込んだりしたことがあると出ている。

　次の図1.2は，2013年12月にタレントの春香クリスティーン氏が，テレビ番組「情報ライブ　ミヤネ屋」内で，「もしもドイツの首相がヒトラーのお墓に墓参りをした場合，他の国はどう思うのか？」と，靖国神社参拝問題について発言した際に炎上した事例である。靖国神社をヒトラーのお墓にたとえたことで，ブログに批判が集中した[7]。コメントが大量に書き込まれたブログの記事自体は，テレビ番組で話した内容とは全く関係ない内容であり，ソーシャルメディアではなくテレビ番組での発信が基で炎上が起こった事例といえる[8]。図を見ると，番組内での発言に対しての否定とその理由が，かなり強い口調で

---

4) Consumer Generated Media。消費者が内容を生成するメディアのこと。
5) サイバーカスケードとは，インターネットの持つ，同じ思考や主義を持つ者同士をつなげやすいという特徴から，集団極性化を引き起こしやすくなってしまうというものである。詳しくは**1-2**を参照。
6) 特定の話題についてまとめたブログのこと。2ちゃんねるの投稿やTwitterの投稿をまとめたものが多く，人気が高いものも多い。
7) 現在ブログ自体は残っているが，批判コメントはすべて削除されている。
8) そのときブログ内で最新記事となっていた記事にコメントが殺到した。

```
35 ■無題
天皇誕生日を迎え、安倍総理の靖国参拝、景気回復とどんどん日本が正常化
していきますね！
日本国民みんな喜んでいます＾＾

日本の為に戦って下さった靖国神社に眠る大事な英霊に感謝しつつ、平和を願
い毎日を過ごしたいです！
------------------------------------------------------------
ももちゃん 2013-12-26 14:14:54 [コメントをする]

36 ■12.26ミヤネヤでの発言
日本の靖国参拝とドイツのナチス参拝は全く違うものだ！批判してくるのは中国
韓国だけだろ、日本が大量虐殺したことはない、無責任な発言をするな！
------------------------------------------------------------
佐藤 2013-12-26 14:16:52 [コメントをする]

37 ■ヒトラーの墓
うちの親族は1兵隊として戦地に赴き命を落とし靖国に祀られてるんだボケ
ヒトラーなんかと同じ扱いにするな
スイスなんて傭兵出しまくっていろんなところで人殺しまくってるくせに
ある意味ヒトラー以上だ
------------------------------------------------------------
しろ 2013-12-26 14:18:34 [コメントをする]

38 ■無題
今日のミヤネヤでのコメントはガッカリしました。
そもそもあなたは日本の政治と歴史について語る資格はないと思います。
------------------------------------------------------------
```

引用元：http://www.yukawanet.com/archives/4596992.html（2015/11/20 確認）。

図 1.2　ブログ炎上の事例

書き込まれていることがわかる。

　そして，炎上はただ誹謗中傷が集中するという心理的被害だけでない。時には，企業の株価や収益の減少，商品の廃棄処分等，金銭的な被害が出ることもある。例えば，次の図 1.3，図 1.4，図 1.5 は，個人による Twitter での発言が，企業に損害を与えた事例を示している。図 1.3 は Twitter ユーザの Twitter における発言であり，「アイスがかってほしそうだったから買ったった」という文章とともに，アイスケースの中に入っている写真がアップロードされている。この発言は瞬く間に大量のリツイート[9]がなされ，批判が殺到，まとめサイトに掲載され炎上した。また，図 1.4 は，炎上が起こった後，所属する調理師専門学校が出したお詫び文である。図からわかるとおり，発言した本人は専門学

---

[9] Twitter における一機能。他人の発言を自分のタイムラインに表示し，自分のフォロワーに見せることができる。Twitter で情報を拡散する際に用いられる。

校を退学させられている[10]。さらに，図1.5は，その後被害にあったスーパー「カスミ」が行った対応となっている。カスミは対象期間の対象商品に関する返金，店舗のアイスクリーム類の全撤去，ケースの清掃，消毒といった対応を行っており，金銭的被害が出ている[11][12]。

引用元：http://www.itmedia.co.jp/news/articles/1308/20/news124.html（2015/11/20 確認）。

図1.3　アップロードされたアイスケースに入った写真

お詫びとご報告

この度は，本校学生が，食に携わる者としての倫理観を著しく欠いた問題を起こしたことにつきまして，当該店舗の関係者の皆様，ならびに世間の皆様に多大なご迷惑をおかけ致しましたことを，深くお詫び申し上げます。

今後は，全学生に浸透するよう，食に携わる者としての倫理教育の充実をはかり，再発防止に努めてまいります。

なお，当該学生は，退学となりました。

この度の件で，世間をお騒がせし，皆様に不快な思いをお掛け致しましたことを心からお詫び申し上げますとともに，今後とも本校の教育に対し，ご指導ご鞭撻くださいますようお願い申し上げます。

引用元：http://www.c-p.ac.jp/guncyo/owabi.pdf（2015/11/20 確認）。

図1.4　アイスケース炎上後の学校対応

---

10)「冷蔵ケースに寝転んだ写真投稿の調理師専門学校生，退学に」，ITmedia，http://www.itmedia.co.jp/news/articles/1308/21/news103.html
11)「アイス冷蔵ケースに客が寝転んで写真——スーパー「カスミ」が商品撤去」，ITmedia，http://www.itmedia.co.jp/news/articles/1308/20/news124.html
12) ただし，投稿した人は，自分は撮影しただけで，退学になった冷蔵庫に入った人物とは別人であ

フードスクエアガーデン前橋店で発生した不適切な行為に関してのお詫びとお知らせ

弊社のフードスクエアガーデン前橋店（群馬県）において、店舗営業中に、お客様がアイスケースの中に入り、その様子を撮影した画像が、インターネットに掲載されている事実を確認いたしました。当該店舗のアイスクリーム類全てを撤去し、ケースの清掃及び消毒を実施、安全が確保できましたので、新しい商品を陳列し販売を再開いたしました。

お客さまの安全・安心のため、このような行為につきましては、厳格に対応いたしますとともに、あらためて、従業員の接客時のあいさつや売場の巡回を強化してまいります。

また、フードスクエアガーデン前橋店で下記の期間販売いたしましたアイスクリーム類につきましては、ご返金をさせていただきます。現品またはレシートをご持参の上、当該店舗従業員までお申し出ください。

お客様にはご不快な思いとご迷惑をおかけしましたことを深くお詫び申し上げます。

引用元：http://www.kasumi.co.jp/news/news610.pdf（2015/11/20 確認）。

図 1.5　アイスケース炎上後のスーパー側の対応

　このような炎上は，2014 年には年間 400 件程度発生しているといわれている[13]。これは，1 日に 1 回以上炎上が発生している計算となる。また，前述のような実被害が出る例も少なくない。そのような背景から，当初，炎上は電子掲示板 2 ちゃんねる内の出来事や話題の 1 つに過ぎなかったが，現象への社会的認知が高まってきている。そして，ニュースサイトやまとめサイトはもちろん，マスメディアや雑誌，新書などさまざまな媒体で言及されるようになってきている（平井 2012）。

　本章の構成は下記のようになっている。1-2 では，炎上の特徴を簡単に述べ，既存の批判的な意見集中との相違点を整理する。整理の結果，炎上の特徴は以下の 4 点にまとめられた。〈1〉拡散力の違い，〈2〉情報発信の容易化，〈3〉批判の可視化，〈4〉サイバーカスケードの存在。

　1-3 では，データを基に，炎上発生件数がどのように推移しているかを分析する。分析の結果，2006 年に約 40 件，2010 年に約 100 件であった炎上件数が，2011 年に急増して年間 300 件を超えるようになったことが確認された。また，

ると述べている。
[13] エルテス社による eltes Cloud（https://www.eltesinc.jp/top.php）より取得。詳細は 1-3 に記載。

2013年，2014年は400件以上発生しているものの，2013年からやや減少傾向であることがわかった。ただし，データ基であるエルテス社の公式発表では，2014年には600件を超えており，増加が続いていることに留意する必要がある。

また，一般人・著名人・法人関係の3つの割合を見ると，法人関係が多かった。また，メディア別で見ると，FacebookよりもTwitterの方が圧倒的に炎上全体に占める割合が多く，近年は40%以上をTwitterが占めていることがわかった。

1-4では，炎上に関連する先行研究を紹介する。紹介するのは，炎上事例を集めた書籍，データを基にした実証研究，炎上対処方法に関する書籍等である。

1-5では，インターネットが多様な人々の情報発信／共有を可能にしたことによる社会的厚生のプラスに触れたうえで，炎上のあり方について検討する。検討の結果，炎上は心理的負担の増加や金銭的被害を出している一方で，社会の秩序や美徳を保つことにつながっている例もあり，必ずしも社会的厚生にマイナスとは限らないことがわかった。しかしながら，人々が思い思いに炎上対象者を特定し，インターネット上に個人情報をさらし，社会的制裁を行うのは，私刑と相違ない。インターネットは道徳の過剰や監視の過剰等の過剰性を持っており，それがこのような私刑の蔓延をもたらしていることが指摘された。また，それによって情報発信の萎縮が行われているとすれば，炎上は改善すべき課題であると述べた。

1-2　炎上の特徴

前節で述べたとおり，炎上という言葉が広く認識されるようになったのは近年のことである。では，このように，誰かが発言した内容や行った行為に対して誹謗・中傷や批判的な意見が集中する現象は，インターネット普及以前にはなかったのであろうか。

無論，そのようなことはない。少なくとも雑誌，ラジオ，テレビ等の既存メディアの普及以降には存在していた。例えば，著名人の不倫問題，不正疑惑，汚職等のスキャンダルや問題発言は，マスメディアで取り上げられることで，

常に大きな非難の的となってきた。それによって退陣に追い込まれた政治家も少なくない。また，企業による食品偽装が発覚してマスメディアで取り上げられて批判が集中する現象も同様であり，これらの現象は炎上と酷似している。

しかしながら，多くの人がソーシャルメディアを利用するようになった近年の炎上と，これらの現象では，決定的に異なる点もある。それは，以下の4点にまとめられるだろう。

〈1〉拡散力の違い。
〈2〉情報発信の容易化。
〈3〉批判の可視化。
〈4〉サイバーカスケードの存在。

まず，〈1〉については，先進国におけるインターネットの普及が進んだこと，特に，携帯電話[14]を当たり前のように所持する時代になり，情報の拡散力が格段に向上したことを指す。また，それに伴うソーシャルメディアの普及も重要な要素であろう。以前は，メディアによって著名人の問題発言が報じられたとしても，その番組を見た人や，その雑誌を読んだ人にしか，その情報は伝わらなかった。また，それらの人が拡散するにしても，せいぜい現実社会での口コミによる拡散や，電話による拡散であった。これらはいずれも，不特定多数がその情報を知ることのできる場所への拡散ではない。

しかしながら，現在では，それらの情報は，Twitterでのリツイート，閲覧数の多いまとめサイトでの掲載等をとおして，瞬く間に広がっていく。ある行為に対して潜在的に不満を持つ人が多くいたとしても，以前はそもそも知る機会が少なかったため，炎上のような現象にはなりにくかった。けれども，ソーシャルメディアでは，不満を持つ人が拡散してさらに不満を持つ人の目に留まりその人が拡散して……と，連鎖が続くことがしばしばある。このような拡散力の向上は，潜在的不満者のもとへ情報を容易に届ける役割を果たしている。

この特徴は，意図せぬ公人[15]化を引き起こしているという指摘がある。つ

---

14) スマートフォンを含む。
15) 公人には明確な定義はないが，板倉（2006）は公人性を備えた私人としている。具体的には，公

まり，ある個人が，ソーシャルメディアの限られたコミュニティ内で反社会的行為を告白したつもりでも，その拡散力が高いがために，公に意見を表明したのと同等となってしまう。前述したアイスケースの例はその典型であろう。その他，パトカーに乗る写真を Twitter にアップロードした結果炎上した事例等もこれに入る。

　意図して公人となった犯罪行為者と，意図せず公人となったこれらの人が異なるのは，下記の点である。マスメディアによる犯罪報道の多くが，報道に社会的意義があったことからなされていた。それに対し，自らインターネットを通じて不特定多数の人間に発信してしまっている意図せぬ公人化では，いままでは報道もされず起訴もされなかったような違法行為が暴露されてしまう。そのうえ，反社会的行為を行っている者が法的手続きをとるのはおかしいという思い込みから，書き込まれた誹謗中傷に対して，民事・刑事的手段をとることが難しくなっているという指摘がある[16)17)]。

　次に，〈2〉は，ソーシャルメディアの発達と利用者数の増大に伴い，誰でも情報を発信できる時代になったことを指している。以前は，批判が集中する対象は，著名人や大きな犯罪を行った者に限定されていた。それは，前述したように，メディアに登場する人間が限られていたためである。

　しかしながら，ソーシャルメディアを通して誰でも情報を発信できるようになった結果，誰もが批判集中の対象となりうる時代となった。たとえ Twitter のフォロワー数が少ないユーザでも，非公開設定にしていない場合[18)]は，〈1〉の拡散力によって，瞬く間に発信した情報が拡散する可能性がある。これは，炎上が頻発するようになった一因といえるだろう。また，それと同時に，著名

　　務員・犯罪行為者・芸能人・影響力の高い団体の代表者等を例に挙げている。
16) 板倉（2006）は，これを「誤ったクリーンハンズの法則」と呼んでいる。
17) ただし，本書はそのような意図せぬ公人化による炎上をすべて否定することが目的ではない。例えば，2015 年には 2 歳児に煙草を吸わせる動画が炎上し，それをさせていた男女が暴力行為法違反の疑いで逮捕される事件が発生した。これは児童虐待の恐れのある事象がソーシャルメディアをとおして明るみになり，炎上したことによって警察に通報がいって児童が保護された事例である。良い悪いの判断は主観的なものとなってしまうので難しいが，少なくとも社会的厚生に負の影響を与えるという側面以外も，炎上は持っていると考えられる。
18) 非公開設定にしていても，フォロワーにスクリーンショットを撮られて拡散してしまうケースもある。

人でなくとも多くの人に自分の行った行為を見てもらえるという環境によって，炎上対象となるような行為をしてしまうという，逆の因果もある。

そして，〈3〉は，ソーシャルメディアでの批判は炎上に書き込んだ人自身かソーシャルメディア運営者が消さない限り消えず，また，炎上対象者にも容易に閲覧可能となっている点を指している。批判の可視化によって，炎上対象に対して批判が多く集中していることが容易にわかってしまい，追随的に炎上に参加する人を呼び込むこととなる。また，炎上参加者[19]に一種の連帯感も生まれるだろう。

さらに悪いことに，それらは炎上対象者が閲覧することが可能になっている。以前のように，批判が集中してもそれがほとんど見えない，あるいは，批判が集中しているという事実だけ知ることになっていたのと異なり，生の意見を閲覧できてしまう。これは，炎上対象者にとって大きな心理的負担になると思われる。そのうえ，それに反応して炎上参加者を刺激し，さらなる炎上を呼び込んでしまう例も少なくない。

最後に，〈4〉は，サイバーカスケードの存在が批判を過熱させてしまうことを指している。サイバーカスケードとは，インターネットの持つ，同じ思考や主義を持つ者同士をつなげやすいという特徴から，集団極性化[20]を引き起こしやすくなってしまうというものである（Sunstein 2007）。インターネット上には無数の情報が氾濫しているため，インターネット利用者は常に情報の取捨選択をしており，このような完全なフィルタリング（Complete Filtering）が，サイバーカスケードにつながることを，Sunstein（2009）は指摘している[21]。また，荻上（2007）では，インターネットでは仲間を見つけるコストや風評を流した社会的責任をとるコスト等，あらゆるコストを払わずに済むことも，一因となっているとしている。

---

19) 炎上の際，炎上対象者に対してソーシャルメディア上で誹謗中傷や批判を書き込む人。
20) group polarization。集団で討議した結果，討議前の各個人の意見よりも，より先鋭化した決定がなされること。例えば，左翼の人々が討議した場合はより一層左翼的に，右翼の人々が討議した場合はより一層右翼的になる現象。古くから社会心理学で用いられている用語である（例えば，Brown 2003 を参照）。
21) ただし，実際にはフィルタリングによる決定を鵜呑みにすることはなく，別のセカンド・オピニオンを参照することもできるため，少なくとも第一次的と限定付きのものであると理解すべきである（松尾 2012; Thaler and Sunstein 2009）。

つまり，インターネット上では誰もが完全なフィルタリングを行っており，また，それをサポートするシステムも充実している。そのため，結果的に同じ好ましい情報を共有する人達だけで繋がるようになり，自らの言説に信頼の基盤を与えることとなる。そして，その集団の中では，各人に都合のいい情報のみが溢れており，批判の声は届かず，サイバーカスケード[22]の構築へと至るのである。また，その集団内での討議は，より極端な意見・選択へと帰結し，集団極性化が起こる。

このようなサイバーカスケードは，炎上と密接に関係している。なぜならば，同じ主義主張を持つ人が集まり，さらに各個人の意見がより補強され先鋭的になっている状態では，不都合な情報，異質な者を排除したいという欲求が増幅され，排他的になるためである。

ただし，近年の炎上の多くは，サイバーカスケード以前の問題であるという指摘もある。サイバーカスケードの本質は，サイバースペースにおいて各人が欲望のままに情報を獲得し，フィルタリングされた似た考えを持つ人同士で繋がって議論や対話を行っていった結果，極端な言説パターン，行動パターンに集団として流れていくことである（荻上 2007）。しかしながら，炎上では，ろくな議論もなくただひたすらに誹謗中傷が繰り返される例も少なくない。炎上に書き込もうと思った人は，議論の末に書き込みに至るというよりも，叩ける格好の題材が見つかったことや，まとめサイトで炎上の事実を知ったということから，すぐに書き込んでいるのではないだろうか。つまり，「各人が欲望のままに情報を獲得」はしているが，「議論や対話」等ほとんど行われていないのではないか，という指摘である。実際，ブログの炎上コメントを見ていると，コメント書き込み者同士，あるいはコメント書き込み者とブログ投稿者の間で議論や対話がされていることは極めて少ない。その場合，（フィルタリングされた似た考えを持つ）他人が自分と同じ意見であることを確認して炎上書き込みの正当化を行うという，サイバーカスケードにおける議論前の段階のみが炎上に深くかかわっているといえるだろう。

---

[22] Cascade の原義は連なった小さな滝のこと。転じて，数珠つなぎになったものという意味で使われる。社会心理学でいうところの「同調」に近い（松尾 2012）。

1-3　炎上の発生件数推移と傾向

　さて，これらの特徴を持つ炎上は，国内においてどの程度発生しているのだろうか。本節では，2006年以降の炎上件数[23)24)]推移を見る。図1.6は，国内における炎上件数推移を，図1.7は炎上対象者が何であったか，一般人[25)]，著名人[26)]，法人関係[27)]それぞれの割合推移[28)]を描いたものである。

　図1.6を見ると，2011年から急速に炎上件数が増えていることがわかる。しかしその一方で，2013年をピークとし，2014年には減少しているのは興味深い。これはさまざまな解釈が考えられる。1つの解釈として，炎上が社会的に注目されるようになり，一般人，著名人，法人関係それぞれが対策をとったり，より気をつけたりといった対応をとるようになったというものが考えられる。ただし，減少しているとはいえわずかであり，今後増加に転じる可能性は十分にある。また，脚注でも書いたとおり，エルテス社公表数値では673件となっており，増加し続けている点には留意する必要がある。

---

23) エルテス社（創業2004年）のサービスeltes Cloudの炎上事例集から取得した。これは，炎上事例を集めているサービスである。エルテス社の公開データから炎上発生件数データを取得する手法は，Adachi and Takeda (2014) でも用いられている。なお，エルテス社への調査によって，eltes Cloudにおける炎上の定義が，「エルテス社が指定するまとめサイトに掲載され，かつ，Twitterのリツイートが50回以上されているもの」であることがわかっている。2011年で急激に炎上発生件数が増加している件については，その前後での判断基準に変更はないという回答を得た。本書における炎上の定義と異なる点には留意する必要がある。

24) ただし，エルテス社自身がホームページで公表している値は，2011年には341件発生しており，その後，380件，483件，673件と増加している。特に，2013年以降の件数が異なる。どちらを採用してもよいと思われるが，本書では，事例の確認が可能なeltes Cloudにおける件数を採用した。なお，確認可能ではあるが，今後データが更新される可能性はある。本書でデータを取得したのは2015年11月。

25) 炎上事例集において，炎上者が「主婦」「学生」「生徒」「無職」「クレーマー」「ユーザー」に該当するもの。なお，以降の割合についてのデータは2015年2月に取得しているが，その後大きな変化がなかったことを2015年11月に確認している。

26) 炎上事例集において，炎上者が「スポーツ選手」「文化人」「芸能人」「政治家」に該当するもの。

27) 炎上事例集において，炎上者が「法人」「経営トップ」「役員」「従業員」「非正規雇用」「パート・アルバイト」「店員」「個人事業者」に該当するもの。

28) 割合の母数は，対象者が「その他」と区分されているものを除いた件数である。

1-3 炎上の発生件数推移と傾向

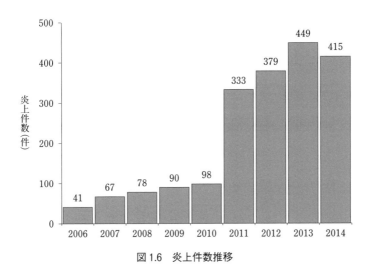

図 1.6　炎上件数推移

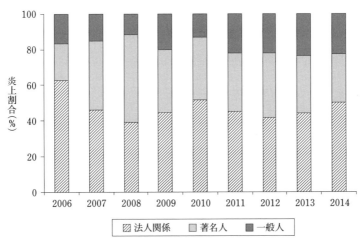

図 1.7　炎上件数割合推移（対象者）

　また，図1.7から，法人関係は多くの年で最も大きな割合であることがわかる。そして，一般人の割合は，2011年以降やや高くなっている。法人関係の炎上は経済的な被害が出やすいにもかかわらず，一番頻発しているという実態がわかる。非正規を含めた従業員や広報担当への教育をより一層強化する必要

16　第1章　ソーシャルメディアと炎上：特徴と発生件数

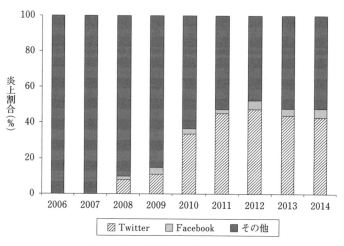

図1.8　炎上件数割合推移（炎上場所）

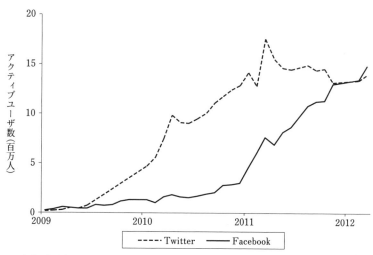

出典：総務省の「平成24年版　情報通信白書（http://www.soumu.go.jp/johotsusintokei/whitepaper/ja/h24/pdf/24honpen.pdf）」より筆者が作成。

図1.9　TwitterとFacebookのアクティブユーザ数

があるだろう。

　さらに，図 1.8 は，Twitter[29]，Facebook[30]，その他[31]の 3 つの割合推移を見たものである。図 1.8 から，2008 年以降 Twitter の割合が急速に伸び続け，2011 年から横ばいとなっていることが確認される。Facebook に比べ Twitter の方が著しく割合が大きいが，これは，図 1.9 からもわかるように，アクティブユーザ数の差によるものではない。Twitter の方が，拡散力が高くよりオープンなため，Facebook よりも炎上しやすいといえる。炎上対策を考える際は，Twitter を最も警戒すべきといえる。

1-4　参考となる論文・書籍

　以上，本章では炎上の特徴と，その発生件数推移を見てきた。最後に，炎上について参考となる先行研究を紹介したいと思う。経営やインターネットリテラシー[32]の観点から注意を促す目的で事例分析を中心に行っている書籍として，伊地知（2007）と伊地知（2009）が挙げられる。伊地知氏はライブドアブログをスタートさせて国内最大規模のブログに育て上げた人物であり，自身も実際に炎上にあった経験を生かして執筆している。伊地知（2007）では，炎上の定義を行ったうえで，過去の炎上事例を列挙したうえでその沈静化方法を述べている。一方伊地知（2009）は，タイトルに「ネット炎上であなたの会社が潰れる！」とあるとおり，企業の広報向けの内容が中心となっている。インターネットを用いる以上炎上は避けられないことを述べたうえで，どのような発言が炎上に繋がるか，狙われやすいのは誰か，どんな対応をすればよいか等，インターネット時代のリスクマネジメントについて解説されている。

---

29) 炎上事例集において，発生したメディア区分が「Twitter」に該当するもの。
30) 炎上事例集において，発生したメディア区分が「Facebook」に該当するもの。
31) 炎上事例集において，発生したメディア区分が「Twitter」または「Facebook」に該当しないもの。例えば，「mixi」「YouTube」「価格.com」「2 ちゃんねる」「その他のミニブログ」等。
32) インターネットリテラシーとは，情報ネットワークを正しく利用する能力のことである。そのためには，インターネット上の文化の理解や，情報の正しい取捨選択が必要となる。用語としては，ネットリテラシーや情報リテラシーと似た意味であるが，本研究では，情報通信白書等に合わせ，インターネットリテラシーという用語を用いる。

また，小林（2011）は，さらに事例に特化した書籍であり，企業・個人問わない豊富な事例を列挙し，それぞれについて発生原因，経過，教訓が記載されている。清水（2015）では，弁護士である清水氏による，ネットトラブルに対する各対処方法の法的根拠と，具体的な削除依頼，開示請求の仕方を画像付きで詳細に解説している。実際に起こった事例も豊富に引き合いに出されていて分かりやすい。最大の特徴は，30に及ぶ有名ウェブサイトについて，それぞれで誹謗中傷された場合の具体的な対処方法を明記している点であろう。企業の広報でソーシャルメディアを運用しなければならない人や，インターネット上で広く活動している人の炎上対策として非常に参考になる。

炎上に参加する人を社会学的観点から分析した書籍としては，荻上（2007）や中川（2010）が挙げられる。荻上（2007）では，Web2.0によるマーケティング言説とその限界について触れたうえで，豊富な炎上事例を挙げている。また，オンラインコミュニケーションの大きな特徴をサイバーカスケードとし，そのメカニズムを分析したうえで，それが実際の事例にどのようにつながっているか述べている。中川（2010）は，よりライトなテイストで書かれている。ウェブは「集合痴」の世界と断じており，そもそもインターネット上で発信してコミュニケーションをとろうとすることが愚かで，炎上への究極の対策はインターネット上で発信しないことだと結論付けている。

また，学術研究も徐々に蓄積されてきているため，簡単に紹介する。国内では，炎上の歴史を整理したうえで炎上発生要因を日本のウェブ文化という観点から理論的に検証した平井（2012），炎上発生から終息までのパターンをモデル化した田代・折田（2012），集合知と炎上の関係について考察した水野（2013），インターネットトラブルの分類のなかの1つに炎上事例を位置付けている田代（2011）等がある。

国外でも研究されており，その数は国内より多い[33]。例えば，O'Sullivan

---

[33] 英語では炎上をフレーミング（flaming）という。ただし，より幅広い意味で，インターネットを通した1対1での罵り合いの過熱等も含まれる。フレーミングの先行研究として取り上げているEメールの例は，日本では炎上と定義されないだろう。また，平井（2012）は，フレーミングと炎上は異なるものという立場をとっている。その理由として，フレーミングは侮蔑や逸脱に該当する発言に対して受信者がそれを問題視し，双方向の攻撃に発展することである一方で，炎上では受信者が炎上対象者の侮蔑や逸脱を問題視している場合は稀で，むしろ第三者が批判・非難する場合が

and Flanagin (2003) では，フレーミング現象に関する再定義を行い，人のコミュニケーション行動から定義するとともに，メッセージ発信者，受信者，第三者のそれぞれの捉え方という軸で分類も行っている。Reining et al. (1998) は，教育におけるグループサポートシステムについて，教育レベルを引き上げた一方で，学習者が攻撃的になってフレーミングが発生してしまう現象について観察している。Inmen and Inmen (1996) では，インターネットの普及とともに新しく社会問題となったフレーミングについて，法的にどのように分類し，対処していくべきか検討している。他方，Lange (2006) は，フレーミングという用語は確立された理論もなしに多く語られすぎており，意味するところが多岐にわたっているため，学者はこの用語自体使うべきではないと指摘している。

　また，ほとんどが理論研究や事例研究であるが，実証研究もいくつか存在する。例えば，Moor, Heuvelman, and Verleur (2010) では，Lange (2006) の主張に理解は示しつつも，フレーミングは実際に社会で起こっている現象であり，多くの人が問題視しているもので，いく人かの有名なブロガーはフレーミングによってブログを閉鎖していることを指摘している。そのうえで，実証分析によって，フレーミングを見たことのある人は多い一方で，実際に参加[34]したことのある人はほとんどいない等の知見を得ている。ただし，サンプルサイズが小さい，YouTube ユーザに限定している等の課題もある。そして，Turnage (2007) では，E メールにおけるフレーミングについて，大学生を対象とした実証分析を行い，どのようなメッセージ要素がフレーミングを引き起こすか，先行研究の理論を基に検証している。

　大半であることを挙げている。炎上とフレーミングの違いについては，第3章 3-3 を参照されたい。なお，Steele et al. (1983) では，フレーミングを，面白味のない話題について狂ったように，あるいはまくしたてるようにして話すか，明らかに馬鹿にするような態度をとることだと定義している。

34) 炎上の際実際に書き込むこと。

1-5 ネットコミュニケーションのゆくえ

インターネット黎明期、多くの人はその可能性に胸を躍らせた。特に、非対面コミュニケーションが飛躍的にしやすくなり、それによる社会的厚生の増加や新たなる知の創造が期待された。実際、ソーシャルメディアの登場と普及は、人々による非対面コミュニケーションを容易にしただけでなく、「普通の人」による不特定多数への情報発信という、いままでにない情報発信／共有の形をもたらした。正にコミュニケーションの革命といっていいだろうし、社会的厚生に多くのプラスの面がもたらされたであろう。

また、それはSNS等のコミュニケーションにとどまらない。例えば、商品レビューによる情報の非対称性[35]の解消、Q&Aサイトによる専門知識を必要とする疑問の解決等、挙げ始めたら枚挙に暇がない。

しかしその一方で、その利便性ゆえに、本章で取り上げたような炎上が頻発することとなってしまった。今日もどこかで誰かが炎上している状態である。炎上に参加しているごく少数の人たち[36]は、「インターネットユーザの間にある規範に反した行為」に目を光らせており、その対象を探し歩いていると思われる。

それは必ずしも社会的厚生にとって悪いことだけではないであろう。例えばアイスケースに入って炎上した事例や、第2章で取り上げるUSJ迷惑行為事件[37]は、明らかに人や企業に迷惑をかけているし、グルーポンすかすかおせち事件[38]は購入者が泣き寝入りするしかなかったかもしれない企業の行為を

---

[35] 取引において、取引主体が保有している情報に差があるときの、不均等な情報構造を指す。例えば、商品を販売する者とそれを購入する者がいた時、販売者は「この商品が3か月程度で壊れる」ことを知っていたとしても、購入者はそれを知らない。情報を知らないため、損をすることになる。しかしながら、商品レビューに「3か月で壊れた」と多く書き込まれていたら、それによって情報の非対称性が解消され、商品購入を控えることが可能になる。

[36] 本書の分析では、過去に炎上に参加したことのある人はインターネットユーザの約1.1%（1年以内に限定すると約0.5%）であることがわかっている。詳しくは第5章参照。

[37] USJにおいて迷惑行為を行っていることを繰り返しTwitterやブログ上で発信していた大学生が、最終的には威力業務妨害容疑で書類送検された事件。また、大学からは3か月の停学処分を受けた。

明るみにし,返金措置等につなげた。また,炎上に参加している人は約1.1%であるものの,アイスケースの事例について「炎上しても仕方がない」と感じている人は約60%いることがわかっている。炎上したことにより,アイスケースに入って商品を不衛生にした挙句店舗に損害を与える行為や,遊園地での迷惑行為,企業の食材偽装・劣悪な商品の提供行為が是正されているとすれば,それはむしろ社会の秩序や美徳を保つことにつながっており,社会的厚生にプラスと考えられる。

しかしながら,人々が思い思いに炎上対象者を特定し,インターネット上に個人情報を晒しあげ,社会的制裁を行うのは,たとえそれが法律違反行為や明らかに社会的厚生に負の影響を与えている行為だったとしても,私刑と相違ない。だが,近代の法治国家では私刑は認められていない。弁護士も,「日本は法治国家ですから,人を罰するときは,警察が捜査をし,裁判所が証拠を見て犯罪事実の有無を認定します。これを一市民がやろうとすると,個人的な恨みから,罪のない人を罰したり,軽い罪の人に重過ぎる罰を与えたりするケースが頻発するでしょう。罰を受けた方も納得がいかず罰した人を非難して逆に罰しようとするかもしれません。酷い社会になります」[39]と説明している。

これについて,荻上(2007)でも,次のように述べている。「日本に住むわれわれは,他人を裁く権利を放棄する代わりに,法権力が定められた手続きに基づいて裁くという形をとっている。それにもかかわらず,人々が個人の裁量で思いつくままに他人を裁いてしまうと,社会は無秩序状態になってしまう」

さらに同書では,インターネットは「過剰性」を持っていると指摘している。それは,「道徳の過剰」「監視の過剰」「論理の過剰」「批判の過剰」等である。例えば,Twitterに投稿された内容が不道徳ということで批判や誹謗中傷が大量に書き込まれて炎上することがある。例えばアイスケースの事例がそうであ

---

[38] 外食文化研究所が運営する横浜のカフェレストラン「バードカフェ」が,2万1,000円の謹製おせちを,グルーポンで半額の1万500円で販売した事例。500人が購入したが,元旦に届かない,購入ページのサンプル写真と異なる,普通便で送られてきた等の苦情が相次いだ挙句,後に食材偽装や衛生面(図2.2)の問題が発覚し,批判が集中した。インターネット上で炎上したばかりでなく,多くのNHKや読売新聞等の大手マスメディアでも取り上げられ大炎上した。第2章で詳しく取り上げる。

[39] 引用元:http://headlines.yahoo.co.jp/hl?a=20140822-00000012-wordleaf-soci

ろう。それは確かに不道徳であったのかもしれない。しかしながら，それに対して脅迫まがいの（実際に明らかな脅迫となっているものもある）罵詈雑言を浴びせたり，徹底的に個人情報を調査してインターネット上に拡散したりする行為が道徳的かどうかは，甚だ疑問である。

　また，人々がこの私刑を恐れ，インターネット上での情報発信を控えるようなことになっているとすれば，それは自由な言論を抑制しているといえる。インターネットが人々にもたらした大きな効果である，さまざまな地域の人たちが容易に自由な議論をできるという点が，私刑によって負の影響を受けているとすれば，やはり炎上という私刑は解決すべき課題といえるだろう。

第 2 章

炎上の分類・事例・パターン

　第1章で見てきたように，炎上は年間400件以上，つまり1日に1回以上の割合で起こっている。そのように頻発している炎上について理解を深め，予防と対処法を考えるには，まず，大きな分類を行ってパターンを見出すのがよい。そのような炎上分類の試みは，1-4で提示した先行研究でもいくつかなされている。本章では，先行研究の分類を例示したうえで本書での分類を行う。さらに，その分類ごとの事例を列挙し，炎上の理解を深めるとともに，そのパターンと予防・対策方法を考察する。

　本章の構成は以下のようになっている。2-1では，先行研究を参考にしながら，本書ならではの炎上分類を行う。分類は，①誰が②何をしたか③どういった対応をとったか，という3つの視点から行う。その結果，①は「A：著名人」「B：法人等」「C：一般人」の3つに，②は「Ⅰ：反社会的行為や規則・規範に反した行為（の告白・予告）。」「Ⅱ：何かを批判する，あるいは暴言を吐く（政治・宗教・ネット等に対して）。デリカシーのない発言をする。特定の層を不快にさせるような発言・行為をする。」「Ⅲ：自作自演，ステルスマーケティング，捏造の露呈。」「Ⅳ：ファンを刺激（恋愛スキャンダル・特権の利用）。」「Ⅴ：他者と誤解される。」の5つに，③は「㋐：挑発，反論，主張をとおす。」「㋑：コメント削除。」「㋒：無視。」「㋓：謝罪，発言自体の削除，発言撤回の発表。」の4つに分類された。

　2-2〜2-6では，特に「②何をしたか」に着目し，Ⅰ型〜Ⅴ型の事例を複数紹介する。紹介するのは，表2.1の事例についてである。

　2-7では，炎上に共通するパターンをまとめたうえで，その予防と対処について考察する。考察の結果，炎上対象の共通項として「インターネットユーザ

表 2.1　ネット炎上事例

節	扱う事件	型
2-2	NTT ドコモプッシュトーク事件	B-Ⅰ-㋛型
	UCC 上島珈琲 Twitter キャンペーン事件	B-Ⅰ-㋛型
	ペヤング虫混入事件	B-Ⅰ-㋛型
	グルーポンすかすかおせち事件	B-Ⅰ-㋛型
	USJ 迷惑行為事件	C-Ⅰ-㋐型
2-3	ラサール石井麻生太郎元首相批判事件	A-Ⅱ-㋐型
	TSUTAYA 不謹慎ツイート事件	B-Ⅱ-㋛型
	倖田來未氏羊水が腐る発言事件	A-Ⅱ-㋛型
	厚労省年金漫画事件	B-Ⅱ-㋐型
2-4	TBS 架空掲示板偽造事件	B-Ⅲ-㋛型
	食べログやらせ業者事件	B-Ⅲ-㋛型
	SCEPSP ステルスマーケティング事件	B-Ⅲ-㋛型
	Google 急上昇ワードランキング事件	B-Ⅲ-㋛型
	ペニーオークションステルスマーケティング事件	A-Ⅲ-㋛型
2-5	指原莉乃恋愛事件	A-Ⅳ-㋛型
	北乃きい路チュー事件	A-Ⅳ-㋛型
	大沢あかねブログ炎上事件	A-Ⅳ-㋛型
	はるかぜちゃん名前勘違い事件	A-Ⅳ-㋛型
	平野綾恋愛事件	A-Ⅳ-㋐型
2-6	黒田美帆混同炎上事件	A-Ⅴ-㋐型
	しぎた博昭混同炎上事件	A-Ⅴ-㋐型
	スマイリーキクチ中傷被害事件	A-Ⅴ-㋐型

の間にある規範に反した行為を行っている」が得られた．また，パターンとしては，①Ⅰ～Ⅴに該当する事象が起こる．②事象に気づいた人が，Twitter，2ちゃんねる等のソーシャルメディア上に投稿（主に批判的な文脈で）し，拡散される．批判が集まり，炎上が始まる．③人気まとめサイトやニュースサイトに掲載され，多くのインターネットユーザが知るところになる．批判が大量に集まるようになり，大炎上となる．④テレビ，新聞，ラジオ等マスメディアで報道され，インターネットユーザ以外，あるいはライトなインターネットユーザも知るところになる．という流れがわかった．また，対処としては，インターネットユーザの規範を重々勉強することや，擁護コメントから致命的な炎上かどうか見極めることを挙げた．そして，炎上参加者はそもそも約 1.1% しかいないため，過度に気にする必要はないことを述べた．

2-1　炎上の分類

　炎上の分類については，先行研究でもすでにいくつかの試みがなされている。伊地知（2007）では，炎上で書き込まれている内容を基に，「批判集中型」「議論過熱型」「荒らし」の3つに分類している。そして，それぞれの分類について，その原因と効果的な対処方法を探っている[1]。

　中川（2010）も，同様に書き込みの内容によって分類しており，「義憤型」「いじめ型＆失望型」「便乗＆祭り型」「不満＆怒り吐き出し型」「嫉妬型」「頭を良く見せたい型」の6つに分類している。また，炎上の対象となる事象も分類しており，「上からものを言う，主張が見える」「頑張っている人をおちょくる，特定個人をバカにする」「既存マスコミが過熱報道していることに便乗する」「書き手の『顔』が見える」「反日的な発言をする」「誰かの手間をかけることをやる」「社会的コンセンサスなしに叩く」「強い調子の言葉を使う」「誰かが好きなものを批判・酷評する」「部外者が勝手に何かを言う」「強い立場にいる人が，あたかも弱者に擦り寄ったかのような発言をする」「自慢をする」「ネットに対してネガティブな発言をする」と，13個に分類している。

　小林（2011）は，中川（2010）の後者のように，炎上対象となる事象によって，「やらせ・捏造・自作自演」「なりすまし」「悪ノリ」「不良品・疑惑・不透明な対応」「コミュニティー慣習・規則の軽視」「放言・暴言・逆ギレ」の6つに分類している。

　これらの分類の中で，炎上で書き込まれている内容による分類は，炎上事例を整理するのには有効ではあるものの，対策をとるという観点からはあまり適さない。なぜならば，炎上対象とならないための対策を考える際は，炎上で書き込まれた内容よりも，どういった発言や行為が炎上につながったかを整理す

---

[1]「批判集中型」の原因となるのは，反社会的な行為を自慢する，知ったかぶり発言をする，身分を偽って書く等。「議論加熱型」の原因となるのは，あやふやなことを断言してしまうこと。「荒らし」の原因はありとあらゆることとしている。また，「批判集中型」の対処法では，自らに非があるならば謝った方が良いが，根拠や信念があるならば主張を続けるべきとしている。そして，「議論加熱型」の対処法では静観を，「荒らし」の対処法では削除を推奨している。

表 2.2　ネット炎上分類

番号	大分類	記号	小分類
①	誰か	A	著名人
		B	法人等
		C	一般人
②	何をしたか	I	反社会的行為や規則・規範に反した行為（の告白・予告）。
		II	何かを批判する，あるいは暴言を吐く（政治・宗教・ネット等に対して）。デリカシーのない発言をする。特定の層を不快にさせるような発言・行為をする。
		III	自作自演，ステルスマーケティング，捏造の露呈。
		IV	ファンを刺激（恋愛スキャンダル・特権の利用）。
		V	他者と誤解される。
③	対応	㋐	挑発，反論，主張をとおす。
		㋑	コメント削除。
		㋒	無視。
		㋓	謝罪，発言自体の削除，発言撤回の発表。

注1：企業による不良品販売は，規範に反した行為として②のIに含まれる。
注2：②のVはレアケースではあるが，スマイリーキクチ（2014）のような例を指す。

る方が重要なためである[2]。

　そこでここでは，①誰が②何をしたか③どういった対応をとったかという，3つの点から分類を行う。②の部分は，前述した炎上対象となった事象による分類と同等のものである。分類は表2.2のとおりである。

　この表について，例えば第1章の図1.3で挙げた，アイスケースに人が入ってしまった事例を分類すると，C-I-㋐型[3]となる。以下，特に②の何をしたかについて着目し，I〜Vまでの分類の概要を説明するとともに，具体的な事例を挙げる。

---

[2] ただし，サービスや政策の対応として，システム的に炎上参加行為を排除する場合はこの限りではない。
[3] 第1章では述べなかったが，画像をアップロードした人は，炎上発生後，「みんなさぁ，騒ぎ過ぎじゃね？　おれ，可哀想wwwwwwwwwwww ケースの中心でアイスを叫ぶ！　てか，反省してるんで，おれまじ，おやげないよぉ。」「てかさ，アイスって賞味期限ないからww 衛生的には問題なくね？　とか言ったらまたうるせーんだろな。」等と発言したため，㋐に分類される（引用元：http://www.webernote.net/news/bakatter-ice.html, 2015/11/20 確認）。

2-2　I型：反社会的行為や規則に反した行為（の告白・予告）

　これは，器物破損，飲酒等の法律に違反する行為，あるいは，（暗黙の）規則がある場において，それに反する行為をし，それを予告・告白することを指す。また，企業による食品偽装等の規則違反行為も対象となる。例えば，高校生が飲酒したことをソーシャルメディア上で告白した場合や，食品の産地偽装が明るみになった場合がこれに該当する。

　例えば，NTT ドコモプッシュトーク事件では，mixi ユーザの間にある暗黙の規範に反した結果，炎上してコミュニティ閉鎖となってしまった。これは，2006 年 6 月に，NTT ドコモがプッシュトークのプロモーション目的で mixi 内にコミュニティ「プッシュトークです，どーぞっ！」を開設に端を発したものである。このコミュニティには，スレッドを立てることができるのは管理人のみ，管理人のアカウントはマイミク申請に応じない等の独自制約があった。これはトラブルを避けるためであったと思われるが，mixi はもともと交流を前提としたソーシャルメディアであるため，このような交流拒否の姿勢は，mixi ユーザの暗黙の規則に反する行為であった。その結果非難が集中，炎上し，結局 10 日でコミュニティ閉鎖となってしまった。これは，インターネットプロモーションにおけるトラブル，つまり炎上等を警戒してコミュニケーションを制限した結果起こった炎上という，何とも皮肉な結果を残した。

　また，UCC 上島珈琲 Twitter キャンペーン事件も，法律上問題ないものの，Twitter の規則に反した結果，2 時間でキャンペーン終了，図 2.1 のような謝罪文を出すことになった。

　このキャンペーンは，UCC 上島珈琲が，コーヒーにちなんだエッセイや画像などの作品を募集する「コーヒーストーリー大賞」「コーヒーアート大賞」の一貫で，2010 年 2 月に行ったものである。11 個の BOT アカウント[4]を作成し，「コーヒー」「懸賞」「UCC」「小説」等の 30 個のキーワードに対して，

---

[4] BOT とはロボットの略称であり，BOT アカウントとは，Twitter 上で自動的に発言するアカウントのことである。

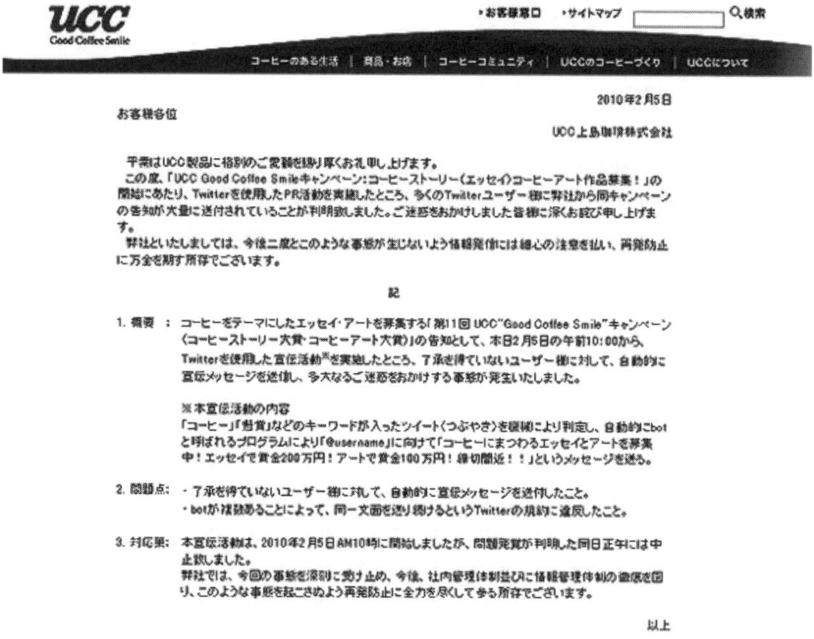

引用元：http://www.itmedia.co.jp/news/articles/1002/09/news081.html（2015/11/20 確認）。

図 2.1　UCC 謝罪文

自動でメッセージ「コーヒーにまつわるエッセイとアートを募集中！　エッセイで賞金200万円！　アートで賞金100万円！　締切間近!!」を返信できるようにした。しかしながら，Twitterユーザにとっては，フォローしていないアカウントから自動でプロモーションメッセージが送られてくるものでしかなく，スパムのように映った。元来Twitterユーザの多くは自動で返信してくるスパムを嫌う傾向にあったため，それを企業が公式でやったということで，非難が集中して炎上した。また，UCC上島珈琲が対応を始めるまでに，すでに3つのアカウントがTwitter公式によってスパム認定され，凍結させられていた。

また，企業が不良品を売る，産地偽装をする等の規則違反行為も，非難の的となり，炎上することが多い。最近では，2014年12月にあったペヤング虫混入事件が記憶に新しい。これは，カップ焼きそばの人気商品「ペヤング」に，

ゴキブリが入っていたと一般消費者が自身のTwitterに投稿したところ，大量のリツイートがなされ，瞬く間に拡散していったもの。まるか食品の事実確認の結果，工場の製造過程で混入した可能性が高いという結論になり，同時期に製造した製品をすべて自主回収した。さらに，当面の間全商品の製造，販売を自粛した。B-Ⅰ-㊀型の炎上事例である[5]。

このようなⅠ型炎上事例として，グルーポンすかすかおせち事件が挙げられる。これは，外食文化研究所が運営する横浜のカフェレストランバードカフェが，2万1,000円の謹製おせちを，グルーポン[6]で半額の1万500円で販売したものである。500人が購入したが，元旦に届かない，購入ページのサンプル写真と異なる，普通便で送られてきた等の苦情が相次いだ挙句，後に食材偽装や衛生面（図2.2）の問題が発覚し，批判が集中した。インターネット上で炎上したばかりでなく，NHKや読売新聞等，多くの大手マスメディアでも取り上げられ大炎上した。最終的には，バードカフェ代表取締役社長の水口憲治氏が謝罪した後辞任，グルーポン・ジャパンのトップページ謝罪文を発表したうえで返金とお詫び品対応となった。さらに，神奈川県と農林水産省が外食文化研究所に，衛生面での懸念から立ち入り検査を実施，消費者庁も景品表示法違反に該当するかどうか聞き取り調査を行った。また，謝罪対応に大きな問題はなかったものの，事件発覚以前に，水口憲治氏が「おせちで，一店舗分の売り上げになった。次も仕掛けます」と投稿していたのも恰好の材料とされた。

図2.3は，グルーポン上でのクーポンページと，実際に届いたという消費者の投稿画像である。4人分のおせちとしてはボリューム不足であることが一目でわかる。品数も33品と謳っていたが，実際には25品程であった。

この事例は，インターネット普及前であっても十分批判の対象となり得るものである。しかしながら，インターネット，そしてソーシャルメディアの普及によって，消費者が証拠画像を容易に発信することが可能となっていること。

---

5) なお，投稿を行ったユーザも炎上してしまっている。ペヤングにファンが多かったため，「本当に（虫が）入っていたのか」「画像はねつ造なのでは」「あなたのせいで（販売中止になった）」等の批判が集中し，結果として投稿したユーザはTwitterアカウントを削除することとなった。そういった観点からだと，この事例はC-Ⅳ-㋐型といえるだろう。
6) 共同購入型クーポンサイト「Groupon」の日本法人「グルーポン・ジャパン」が運営する，共同購入型クーポン提供サービス。

図 2.2 おせち作りの様子として写真が掲載されていた，系列店「ハイサイうる虎」のブログ*

引用元：http://www.tanteifile.com/newswatch/2011/01/02_01/（2015/11/20 確認）。
注：*写真では，スタッフがマスク等を着用せずにおせち作りを行っていると思われるため，衛生面での問題が疑われた。

2-2 Ⅰ型：反社会的行為や規則に反した行為（の告白・予告）　31

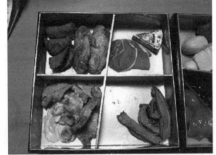

画像（上）「グルーポン」に掲載されたサンプル画像
画像（下）「食べログ」に投稿された、届いた商品の画像の一部

引用元：http://www.tanteifile.com/newswatch/2011/01/02_01/（2015/11/20 確認）。

図2.3　クーポンページと実際のおせち画像

そして，まとめサイトという多くの人がアクセスするサービスが，こういった企業としての規則違反行為を積極的に掲載することが，今回のような大炎上に発展させたといえる。ただし，炎上は負の面を語られることが多いが，このように，消費者の主張がとおりやすくなったという面を考えると，必ずしも悪いことだけとはいえないだろう。分類はB-Ⅰ-㊃型である。謝罪対応は行ったが，大手マスメディアも取り上げ，内容も特に注目されやすい食品関係であったため，大炎上となった。

　もう1つ，企業による規則違反ではないⅠ型炎上事例として，USJ（ユニバーサル・スタジオ・ジャパン）迷惑行為事件を取り上げる。これは，USJにおいて迷惑行為を行っていることを繰り返しTwitter上で投稿していた大学生が，最終的には威力業務妨害容疑で書類送検された事件である。また，大学からは

3か月の停学処分を受けた。

　事の発端は，2013年3月21日に，安全バーを故意に規定位置まで下げずにジェットコースターに乗ったうえで走行中に上半身を横に乗り出し，柱に手をぶつけて手首の骨を折る大けがを負ってレントゲン写真を自身のTwitterに投稿した[7]ことである（図2.4）。このような規則に反した行為の告白がTwitterユーザの目にとまり，まとめサイトでまとめられた。また，ユーザが調べていくうちに，過去に未成年飲酒・喫煙を行っていたほか，USJでの迷惑行為も数多に行っていたことが発覚し，炎上した。その結果，多くのソーシャルメディアや読売新聞等の大手マスメディアで，情報が次々と公開されることとなった。

　具体的な迷惑行為として，前述した虚偽の骨折情報の流布，2人乗りボートでふざけてボートを転覆させる[8]，草むらに潜んでいきなり飛び出して女性客を驚かせる，アトラクションから一旦飛び降りた後に飛び乗る，アトラクショ

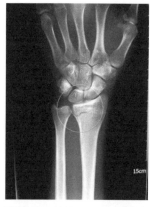

引用元：http://www.sankeibiz.jp/compliance/news/130814/cpb1308141210001-n1.htm（2015/11/20 確認）。

図2.4　ジェットコースターでの骨折としてTwitterに投稿されていた写真

引用元：http://www.tanteifile.com/geinou/scoop_2013/04/02_01/（2015/11/20 確認）。

図2.5　USJ迷惑行為事件であげられていた写真

7）実際にはUSJとは関係のない，サッカーで骨折したときの写真であったと報じられている。つまり，USJでの骨折は事実無根と思われる。

8）アトラクションは一時休止となった。また，自ら迷惑行為をしたにもかかわらず，お詫びのアトラクション券をもらった。

2-2 Ⅰ型：反社会的行為や規則に反した行為（の告白・予告） 33

引用元：http://www.tanteifile.com/geinou/scoop_2013/04/02_01/（2015/11/20 確認）。

図 2.6 USJ 迷惑行為事件で投稿されていた Twitter

引用元：http://www.tanteifile.com/geinou/scoop_2013/04/02_01/（2015/11/20 確認）。

図 2.7 USJ 迷惑行為事件で書かれていたブログ

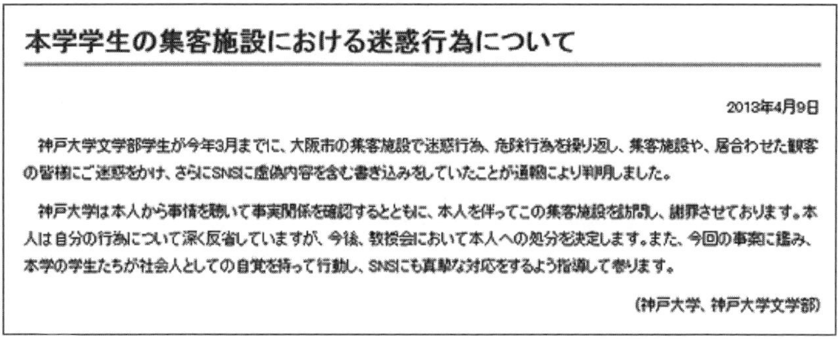

本学学生の集客施設における迷惑行為について

2013年4月9日

神戸大学文学部学生が今年3月までに、大阪市の集客施設で迷惑行為、危険行為を繰り返し、集客施設や、居合わせた観客の皆様にご迷惑をかけ、さらにSNSに虚偽内容を含む書き込みをしていたことが通報により判明しました。

神戸大学は本人から事情を聴いて事実関係を確認するとともに、本人を伴ってこの集客施設を訪問し、謝罪させております。本人は自分の行為について深く反省していますが、今後、教授会において本人への処分を決定します。また、今回の事案に鑑み、本学の学生たちが社会人としての自覚を持って行動し、SNSにも真摯な対応をするよう指導して参ります。

(神戸大学、神戸大学文学部)

引用元：http://nlab.itmedia.co.jp/nl/articles/1304/09/news116.html (2015/11/20 確認)。

図 2.8　USJ 迷惑行為事件での神戸大学のコメント

ン搭乗中に上半身裸になる等が挙げられる。これらを偉業といい、自ら Twitter やブログで告白していた（図 2.5、図 2.6、図 2.7）。

以上の炎上の結果、USJ が被害届[9]を出し、大阪府警が威力業務妨害等の容疑で書類送検する刑事事件へと発展した。また、USJ 永久入園禁止措置がとられ、所属する神戸大学から 3 か月の停学処分とした（図 2.8）。分類は C-Ⅰ-㋐型である。

2-3　Ⅱ型：何かを批判する、あるいは暴言を吐く・デリカシーのない発言をする・特定の層を不快にさせるような発言・行為をする

人、団体、発言、行為等に対して批判をする、暴言を吐くといった行為や、デリカシーのない発言、特定の層を不快にさせるような発言・行為が炎上に繋がることも多い。これは特に、A に多く見られる炎上で、時々 B でも発生する。ある程度知名度があり、社会的地位のある人や企業ほど、失言のリスクが大きくなるためである。

例えば、タレントのラサール石井氏が、ブログにおいて麻生太郎元首相を「いやあ、なんかヘンだよこの人。ていうか、馬鹿だなあ」等と投稿し、炎上した事例が該当する。これは、都内で開かれた漫画[10]主人公の銅像除幕式で、

---

[9] ただし、被害届では容疑者は特定していない。

一緒に出席した麻生太郎元首相[11]に無視されたことを批判したものである。また，「お供引き連れて，あらかじめ決まった場所を案内されるがままに連れてってもらい，せんべい食べたり，スーパーでほうれん草の値段聞いたりしてるだけ」，「どう見ても江戸時代のお殿様が城下町にやってきて。『爺ィ。これはなんじゃ？』『は。ほうれん草にございます。』みたいな風にしか見えない」等，麻生太郎元首相のその日の行動全体についても批判していた[12]。記事の最初の方のコメントはラサール石井氏を支持するコメントが目立ったが，途中から2ちゃんねる等にブログが掲載されたこともあり，「ずいぶん器が小さい」「調子のんなよ，三流芸人のくせに」「一介のタレント風情が総理大臣に相手にされなかったからと逆恨み？」等の批判コメントが大量に書き込まれた。最終的に記事は削除されたが，本人ならびに所属事務所はコメントを避けた。

また，デリカシーのない発言で炎上した例としては，TSUTAYA不謹慎ツイート事件が挙げられるだろう。これは，TSUTAYAの一部店舗を総括している公式アカウントが，東日本大震災直後に「テレビは地震ばっかりでつまらない，そんなあなた，ご来店お待ちしています。」と発言したもの。震災被害者に対する配慮が欠けているとして批判が集中し，炎上した。炎上後，同アカウントは図2.9のような謝罪を行っている。東日本大震災では，他にもKozakai社長の「食糧不足でビジネスチャンス」発言や，曽田茉莉江氏の「オーディションで私に投票してください。地震被害は大丈夫ですか？」[13]発言が，同様のデリカシーのなさから炎上している。

同じⅡ型で，大炎上となった事例もある。例えば，倖田來未氏の羊水が腐る事件は，活動休止やイメージキャラクターを務めていた広告配信停止等，大きな影

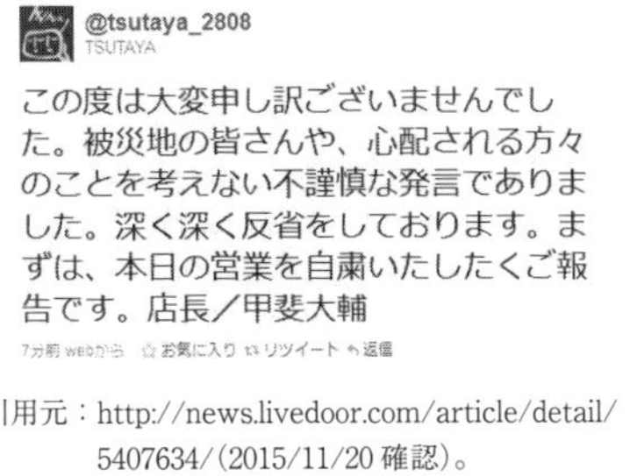

引用元：http://news.livedoor.com/article/detail/5407634/（2015/11/20確認）。

図2.9　TSUTAYA炎上謝罪文

10）「こちら葛飾区亀有公園前派出所」。ラサール石井氏は，アニメで主人公の役を演じていた。
11）麻生太郎元首相は愛読していることで有名であった。
12）いずれの文も引用元はhttp://www.j-cast.com/2008/11/13030313.html?p=all（2015/11/20確認）。
13）オーディションで私に投票してくださいと述べた後，最後の一文で地震被害を心配するという投稿を，Twitter上で繰り返し行った。

響をもたらした．これは，2008年1月30日に，歌手である倖田來未氏が，自身がパーソナリティを務める「倖田來未のオールナイトニッポン」番組内で，「35歳をまわるとお母さんの羊水が腐ってくるんですよね」[14]と発言し，炎上した事件である．発言を聴いたリスナーがすぐに発言内容を音声ファイルにして2ちゃんねるに投稿し，瞬く間に拡散されていった．人気歌手のデリカシーのない発言ということで，話題性は十分であった．

炎上を受け，2月1日には倖田來未氏が所属するエイベックス・エンタテインメントが謝罪文を発表した．また，倖田來未氏の公式ホームページでも謝罪がなされ，テレビ番組でも謝罪した．

さらに，炎上の影響はこれだけではおさまらず，倖田來未氏のテレビ，ラジオ出演の自粛，活動自粛，イメージキャラクターを務めていたコーセー[15]の

引用元：http://www.tanteifile.com/newswatch/2008/02/04_01/（2015/11/20確認）．

図 2.10　倖田來未氏羊水が腐る発言に関する謝罪文

14）引用元：http://www.j-cast.com/2008/02/01016232.html（2015/11/20確認）．

サイト閉鎖，その他イメージガールを務めていた広告の配信停止等，多くの被害を出した。加えて，倖田來未氏を擁護してインターネットユーザを批判した勝谷誠彦氏等のコメンテーター16)にも，炎上が飛び火する騒ぎとなった。A-Ⅱ-㊤型の炎上事例といえる。2014年の日刊ゲンダイ（オンライン）にて「紅白は遠のき…倖田來未に今なお影を落とす「羊水腐る」発言」といわれていることからも，今なお注目されていることが確認される17)。対応で㊤をとったとしても，炎上対象者や内容によっては，大炎上になってしまうことがよくわかる事例である。グルーポンすかすかおせち事件と異なり，食材偽装，衛生，実物とイメージ写真の乖離等，消費者に大きな被害をもたらしたわけではないが，イメージを売りにする人気歌手ということで謝罪してもなかなか鎮火しなかったと思われる。

　もう1つ，批判やデリカシーのない発言ではないが，特定の層を不快にさせて炎上した例として，厚労省年金漫画事件が挙げられる。これは，厚生労働省が，公的年金についてわかりやすく説明するため漫画を公開しているホームページ「いっしょに検証！公的年金」が批判を受け，炎上した事例である。

　話題となった漫画は「世代間格差の正体～若者って本当に損なの？」というタイトルで掲載された，世代間格差について説明したものである。漫画では，登場人物が「現在の高齢者が自分の親を扶養しながら一生懸命働いたおかげで，今の若い世代は豊かさを享受できている」（図2.11）「少子高齢化が続けば格差は仕方がない」（図2.12）といった旨の発言をしている。また，締めくくりに，社会保障制度維持のために子どもが必要なことに触れ「あんたが結婚してたくさん子どもを産めばいいのよ」（図2.13）「バリバリ働いて今週のお見合いパーティも頑張りましょー！」（図2.14）と女性キャラに言わせている。

　内容自体は，何かを批判したものではなく，現実と乖離した虚偽の内容というわけでもないだろう。しかしながら，この問題については，多くの人（特に若者）が不安に思っているにもかかわらず，明快な解決策はいまのところ提示

---

15) 化粧品会社。女性を対象とした企業であったため，敏感に反応したものと思われる。
16) 「ある種のいじめだと思う。僕は過剰だと思いますね。もちろん謝ればいいんですよ」「ネットでバッシングを煽るバカがいる」等と発言した。
17) 「紅白は遠のき…倖田來未に今なお影を落とす「羊水腐る」発言」，日刊ゲンダイ，http://www.nikkan-gendai.com/articles/view/geino/155639（2015/11/20確認）。

第 2 章　炎上の分類・事例・パターン

引用元：http://www.mhlw.go.jp/nenkinkenshou/verification/verification_03.html（2015/11/20 確認）。

図 2.11　厚労省年金漫画事件の漫画 1

引用元：http://www.mhlw.go.jp/nenkinkenshou/verification/verification_03.html（2015/11/20 確認）。

図 2.12　厚労省年金漫画事件の漫画 2

引用元：http://www.mhlw.go.jp/
nenkinkenshou/verification/
verification_03.html
（2015/11/20 確認）。

図 2.13　厚労省年金漫画事件の
　　　　　漫画 3

引用元：http://www.mhlw.go.jp/
nenkinkenshou/verification/
verification_03.html
（2015/11/20 確認）。

図 2.14　厚労省年金漫画事件の
　　　　　漫画 4

されていない状態である。そこにこのような漫画が公開されたため，「具体的な問題解決政策がないから『今の若い世代は豊か』『少子高齢化なのでどうしようもない』と納得したうえで，『子どもを産むしかないので女性は働きながら子どもを産め』ということか!?」と，批判が集中して炎上した。

　これは特定の層を不快にさせて炎上した事例であるが，ある意味でデリカシーがない発信をしたともとれるだろう。日常生活でも，事実を赤裸々に言ったことにより批判が集中することもある，それと同じといえる。ただし，内容に虚偽が含まれていることはないため，厚生労働省は「全体を読めば，女性をやゆする意図はないことは理解してもらえると思う」と説明し，掲載を続けている[18]。炎上自体も小規模に終わった。

2-4　Ⅲ型：自作自演，ステルスマーケティング，捏造の露呈

　自作自演による自社持ち上げや他社批判，ステルスマーケティング[19]，事実の捏造[20]が露呈した場合，法律違反かどうかにかかわらず炎上する場合が多い。主にAとBで起こる。

　自作自演の例としては，TBS架空掲示板偽造事件が挙げられる。これは，2007年3月に，TBSで放映された格闘技番組内で，インターネット上で桜庭選手への批判が高まっているとしたうえで，掲示板の書き込みを紹介したもの。

---

[18]「婚活，出産で年金維持　厚労省漫画　ネットで炎上も表現変更せず」，スポニチ，http://www.sponichi.co.jp/society/news/2015/02/16/kiji/K20150216009820670.html（2015/11/20確認）。

[19] 消費者に宣伝と気づかせないようにして行う宣伝のこと。例えば，有名な芸能人に対し，「ブログ上でAという商品を褒めてください」と頼み，実際にその芸能人のブログ上で「Aを使ってみました。素晴らしいです！」といった記事が掲載されるようなケース。また，Yahoo!知恵袋のような質問サイトや，食べログのような口コミサイトにおいて，一般人を装ってある製品・サービスの感想を書くケースも多い。口コミは，通常書き込んだ人と製品販売者間に利害関係がないため，宣伝ではない生の感想だと人々は認識して参考にする。そのため，ステルスマーケティングは，インターネット上の情報そのものの信頼性を損なう行為といえる。

[20] 主に報道の捏造，あるいはヤラセ。例えば，発掘！あるある大事典捏造事件では，同番組内で，納豆を食べると痩せられると報道し，放送終了後に納豆の売り上げが急増した。しかしながら，納豆にダイエット効果があると証言していたはずの，大学教授のコメントや実験データが捏造であったことが判明して炎上，番組打ち切り，関西テレビ社長辞任となった。

2-4 Ⅲ型：自作自演，ステルスマーケティング，捏造の露呈

書き込み例としては，「昔は桜庭に夢中だったのにな。もう一度，夢を見させてほしいな」「桜庭さん，がっかりです」等というものであった（図 2.15）。しかしながら，映像で使われた掲示板は 2 ちゃんねる風であったものの実在せず，自作自演＋捏造であることが判明し，炎上した。

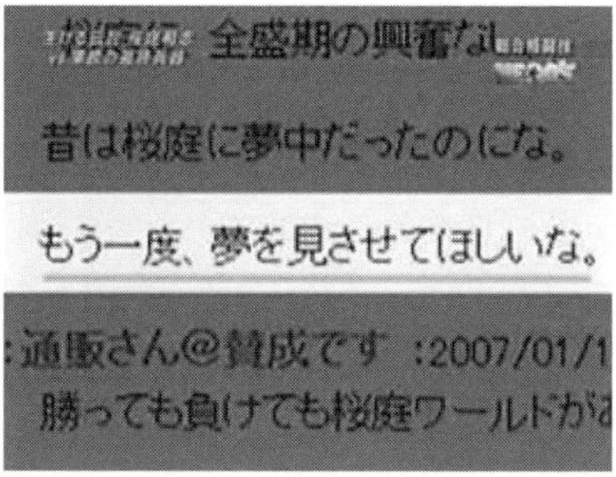

引用元：http://www.j-cast.com/2007/03/13006145.html
（2015/11/20 確認）．

図 2.15　掲示板での書き込みとして紹介された画像

そして特に，ステルスマーケティングについては炎上以前の問題として，近年問題視されており，とりわけ国外では規制が進んでいる。例えば，イギリスでは消費者保護の観点から，ステルスマーケティングは違法であるとされている[21]。これは，2005 年に EU で採択された「不公正商行為についての EU 指令（UCPD）」に基づいている。アメリカでは，連邦取引委員会（FRC）が，「広告における推奨及び証言の利用に関する指導」を改訂し，金銭物品的提供があって口コミを書いた場合は，それを公開しなければならないと定めた。

一方，日本ではあまり進んでいない。ただし，消費者庁が 2011 年発表した景品表示法のガイドライン「インターネット消費者取引に係る広告表示に関する景品表示法上の問題点及び留意事項」の中で，実際の物よりも明らかに優良であると誤認させるような口コミは，不当表示として問題となるとしている。

インターネットとソーシャルメディアの普及によって消費者の発信力が急速に高まった昨今，実際に製品を利用した消費者や著名人の感想というものは，消費者の購買意欲に大きな影響を及ぼす。それを逆手にとり，製品製造側が，そうでないふりをして製品のプロモーションを行うことは，消費者の情報選択を誤らせてしまうため，批判の対象となる。

このようなステルスマーケティングは，露呈しにくいものではあるが，露呈して炎上した例だけでも数多く存在する。例えば，食べログやらせ業者事件では，飲食店の口コミサイト「食べログ」において，飲食店に好意的な評価を投

---
21) 料金を受け取っていながら，そのことを示さずに編集コンテンツで商品を宣伝することの禁止．

稿し，ランキングを上げる見返りに金銭を受け取る業者の存在が発覚し，炎上した。これはインターネット上の情報信頼度を大きく損なう行為として，日本経済新聞や東洋経済でも取り上げられた[22)23)]。日本経済新聞では，このようなステルスマーケティングが頻繁に行われている背景に次のようなものを挙げている。第1に，「口コミでプロモーションしようとする事業者は，扱うのが口コミだけに多数の書き込みと広告主への営業という人海戦術でカバーでき，新規参入が容易」であるため，「ソーシャルメディアには詳しくても，広告倫理や景品表示に関する知識が乏しく，無自覚なままステルスマーケティングを実施していることもある」。第2に，広告主において，「担当者がソーシャルメディアをやったことがないにもかかわらず『ソーシャルメディアで何かやりたい』と手がけたり，『いいことだけを書いて欲しい』『書き込み数を保証してほしい』といった結果を求めたりする」点[24)]がある。

　他には，SCE[25)]PSP[26)]ステルスマーケティング事件が挙げられる。これは，アメリカにおいて，PSP[26)]を褒め称える個人ファンサイトが，マーケティング会社 Zipatoni 社によって運営されていたことが発覚した事例である。SCE アメリカは謝罪文を掲載したが，それがふざけた内容であったため，火に油を注ぐ形となってしまった。ソニーはグループ全体でステルスマーケティングを数多く行っていることが判明しており，発覚のたびに炎上している。

　また，Google 急上昇ワードランキング事件では，「Google 急上昇ワードランキング（のブログパーツ）」という新サービスの宣伝のため，グーグル・ジャパンが，ブロガーに報酬を支払って，当該サービスの口コミをしてもらっていたことが発覚して炎上した。これは，ステルスマーケティングであるばかりでなく，グーグル自身のウェブマスター向けガイドラインに反した行為であった。

　そのような中で，特に大きく炎上した事例として，ペニーオークション[27)]

---

22)「「食べログ」だけではない　ネットでやらせがはびこる理由」，日本経済新聞, http://www.nikkei.com/article/DGXNASFK0604E_W2A100C1000000/（2015/11/20 確認）。

23)「食べログ事件で明るみ，巧妙な"ステマ"の実態」，東洋経済 ONLINE, http://toyokeizai.net/articles/-/8527?page=2（2015/11/20 確認）。

24) 引用元：http://www.nikkei.com/article/DGXNASFK0604E_W2A100C1000000/（2015/11/20 確認）。

25) ソニー・コンピュータエンタテインメント（Sony Computer Entertainment）。

26) プレイステーション・ポータブル。SCE の販売している携帯型ゲーム機。

27) 入札手数料オークションの事。入札する毎に手数料が発生するシステムになっている。表示上の

ステルスマーケティング事件[28]がある。この事件は，2012年12月に，ワールドオークション[29]関係者が逮捕されたことによって一気に明るみになった。ワールドオークションでは，サクラや自動botを使用して入札妨害を行い，入札に参加した消費者から手数料を搾取するという詐欺行為を行っていた。ペニーオークションは，入札できなかった消費者も入札に参加した分だけ手数料を支払うシステムのため，自動botで絶対に商品を購入できないようにしておけば，入札手数料分の利益を得ることができる。ワールドオークションでは1000万円を超えないと落札できない仕組みを作っており，実質的に利用者は落札できないようになっていた[30]。

さて，この事件に対して批判が集中した炎上は，Ⅱ型といえる。しかしながら，この事件では，ステルスマーケティングの部分も着目され，むしろそちらが大きな炎上へと発展した。前述したように，少なくともワールドオークションではほとんどの商品が落札できないようになっていた。それにもかかわらず，多くの芸能人がブログ内でワールドオークションにて落札したと投稿しており，かつ，サービスを勧めていたのである。これらはワールドオークション運営から依頼されて書いた記事であり，報酬を受け取っていて，かつ，落札していなかったことが後に判明したため，大炎上となった。例えば，タレントのほしのあき氏は，2010年12月にプラズマクラスターをワールドオークションにて1,080円で落札したと虚偽の投稿をした（図2.16）。問題発覚後，30万円の報酬を貰って記事を書き，内容は全て虚偽であったことを謝罪している。また，ブログでは，「http://www.world-auctions.org/ ☆ワールドオークション☆　よかったら見てみてね♪」という，明らかな宣伝行為を行っていた。

このステルスマーケティングに参加していた芸能人は，わかっているだけでも20人以上といわれており，規模が大きかったこと，ステルスマーケティン

開始価格や落札価格は非常に安いものの，手数料が高額になるケースが多い。通常のオークションでは入札した人のみがお金を支払うが，このシステムでは入札できなかった人も手数料を支払う必要がある。

28) ステルスマーケティングを行っていただけでなく，出品していた商品をそもそも購入していなかった等の観点から詐欺罪に問われており，ペニーオークション詐欺事件ともいわれる。

29) ペニーオークションを行っていたサイト名。

30) 宣伝のために一部低価格商品のみ例外的に低額落札可能としていた。しかしながら，その割合は全出品の1.2%に過ぎなかったことがわかっている。

第2章　炎上の分類・事例・パターン

引用元：http://getnews.jp/archives/278206/
（2015/11/20 確認）。

図 2.16　ワールドオークションで購入したとするほしのあき氏の投稿

引用元：http://nlab.itmedia.co.jp/nl/articles/1212/13/news053.html（2015/11/20 確認）。

図 2.17　ほしのあき氏の謝罪文

グ依頼企業が悪質な詐欺行為を働いていたことから，炎上はしばらく続いた。当該芸能人は警察から事情聴取を受けたほか，活動自粛，ブログ休止等を行った。分類はA-Ⅲ-㋓型である。

2-5 Ⅳ型：ファンを刺激（恋愛スキャンダル・特権の利用）

何かを批判等しなくとも，時にはファンを刺激することによって炎上に至ることがある。これは主に芸能人のスキャンダルであり，インターネットによってファン同士の交流が容易になった結果，すぐさま批判が集中するようになった。例えば，指原莉乃恋愛事件では，人気アイドルグループAKB48で，特に人気である指原莉乃氏の過去の恋愛が週刊誌に掲載され，ファンの批判が集中した（AKB48は恋愛禁止）。元恋人は積極的に情報提供を行い，さまざまな写真がインターネット上で拡散されることになった。指原莉乃氏は謝罪し，HKT48に移された。ただし，本人は恋人関係であったことを否定している。同様の著名人の恋愛スキャンダルによる炎上は枚挙に暇がなく，他には北乃きい路チュー事件[31]等がある。

また，恋愛以外でファンを刺激し，炎上することもある。例えば，大沢あかねブログ炎上事件では，夫でありお笑い芸人である劇団ひとり氏が，テレビ番組「スタードラフト会議」内で，人気アニメ・漫画の「けいおん！」フィギュアを舐めたり口に入れたりしたため，けいおん！ファンが大沢あかね氏のブログに批判コメントを大量に書き込み，炎上となった[32]。「お前の夫最

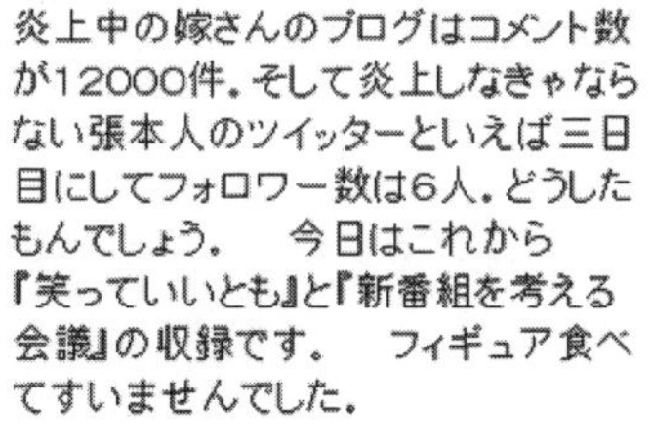

> 炎上中の嫁さんのブログはコメント数が12000件。そして炎上しなきゃならない張本人のツイッターといえば三日目にしてフォロワー数は6人。どうしたもんでしょう。　今日はこれから『笑っていいとも』と『新番組を考える会議』の収録です。　フィギュア食べてすいませんでした。

引用元：http://woman.infoseek.co.jp/news/entertainment/20110608jcast2011297811（2015/11/20 確認）。

図2.18　劇団ひとり氏の謝罪文

---

31) 俳優の北乃きい氏が，同じく俳優の佐野和真と路上でキス＆お泊りをしたと週刊誌で報じられたもの。ブログに批判が集中し，炎上となった。
32) 劇団ひとり氏はソーシャルメディアを利用していなかったため，妻である大沢あかね氏のブログが対象となった。なお，炎上したブログ記事の内容は，当該テレビ番組とは全く関係のないものであった。

悪…何したかわかってる？」「夫は相当常識が無い人間みたいだね。テレビに出る資格無いと思うよ‼」「けいおんファンを全員てきにまわしたな」等と批判された。劇団ひとり氏は新たにTwitterアカウントを作成して謝罪するも，コメント欄にはすでに12,000件ものコメントが書き込まれていた。

　同じように恋愛以外のものでは，はるかぜちゃん名前勘違い事件がある。これは，2015年1月に，タレントの春名風花氏（通称はるかぜちゃん）が，声優である大塚周夫氏死去の際，自身のTwitter上で「去年会ったばかりなのに…」と呟いて炎上したもの。「去年あったばかり」であったのは同じく声優の大塚明夫氏のことであり，混同したものと思われる。すぐさま謝罪し，大塚明夫氏にも「そんなこと何も気にしなくていいからね？」と言われたものの，「声優志望なのに知らないなんて可笑しい」「あなたの注意不足で他人にものすごく失礼なことをした」等と，声優ファンと思われる人々からの批判が殺到し，炎上した。各々の批判に謝罪していたものの，「声優の名前に詳しくない人は，お芝居が好きで，何かを演じてみたいって思ってはいけませんか？」と発言し，火に油を注いでしまった。同月22日にTwitter休止を宣言した（2月4日に再開）。

　そのようなIV型として，ここでは平野綾恋愛事件を詳細に取り上げる。これは，声優の平野綾氏が，テレビ番組で自身の恋愛観を語ったことに端を発した炎上事例である。平野綾氏は，2006年に放映されたテレビアニメ「涼宮ハルヒの憂鬱」出演で人気となり，その後も声優として次々に活躍していったが，2010年以降タレントとして積極的にテレビ番組に出演するようになった。そして，アニメファンの間では，そういったタレント活動を毛嫌いする意見が増えていた。

　そのような状況で，2010年8月に，「グータン・ヌーボ」というガールズトークを中心としたテレビ番組に出演した際，「自分から好きって言った恋愛しか長続きはしない」「すぐ別れた」「恋愛相手は年上の人が多い」「よく泣かせちゃいます」「年上ばっかりと付き合う」といった，自身の恋愛経験と恋愛観を語ったため，アイドル性や処女性を求めるファンや，便乗して批判したいアンチ，愉快犯の批判が集中し，炎上した。さらに，翌2011年には月刊誌に「平〇綾ニャンニャン写真流出」とタイトルとともに，平野綾氏とされる人物

2-5　Ⅳ型：ファンを刺激（恋愛スキャンダル・特権の利用）　　47

が裸でキスをしている写真が掲載[33]され，再び炎上した。図 2.19 と図 2.20 は，ファンが平野綾氏関連商品を破壊する様子を，ソーシャルメディア上に投稿したものである。また，図 2.21 は，グータン・ヌーボ放映当時に，平野綾氏の Wikipedia が荒らされた[34]様子である。

　なお，対象となった平野綾氏は謝罪等をせず，主張を通し続けた。そのため，分類では A-Ⅳ-㋐型といえる。例えば，2011 年 2 月には，「アイドル声優は恋愛話を口にしないでオタクに貢献するのがプロなのに，平野綾にはプロ意識がない」といったファンの批判に対し，「私は私に合ったやり方を見つけ今日に至りました」「媚びろというのはおかしいだろう」「同じ人として見ていないような。扱っているような感覚」と主張している。結果としてかなり長期にわたりソーシャルメディアで批判を受け続けることになるが，現在も声優，ミュ

引用元：http://getnews.jp/archives/70924
　　　　（2015/11/20 確認）。

図 2.19　平野綾氏関連商品を破壊した様子

引用元：http://www.terrafor.net/news_bflhjwyh5a.html
　　　　（2015/11/20 確認）。

図 2.20　平野綾氏関連商品を破壊する
　　　　ライブストリーミング配信

---

33) なお，本人はコメントを出していないため，写真が本物かどうかは定かではない。
34) Wikipedia とはインターネット百科事典のことである。ウェブサイトにアクセス可能な誰もが無料で編集可能になっているため，このように意味のない単語や誹謗中傷を書き込んで荒らすことができてしまう。

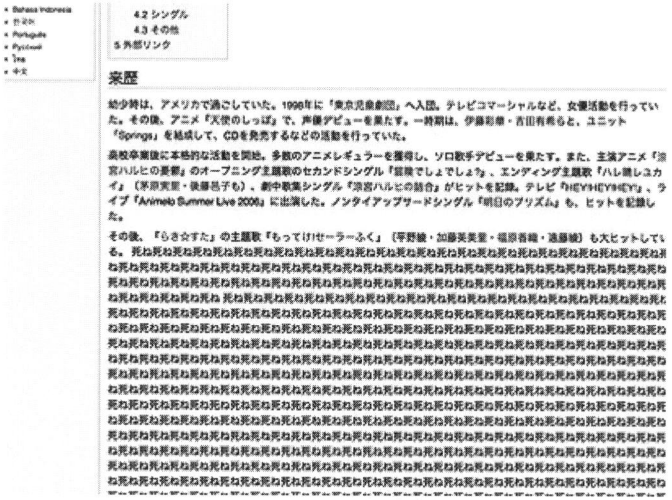

引用元：http://news.livedoor.com/article/image_detail/4927944/?img_id=1294246（2015/11/20 確認）。

図 2.21　荒らされた平野綾氏の Wikipedia

ージカル女優，ナレーター等，多くの芸能活動を続けている。

　この事例は，平野綾氏を擁護，応援するファンも多くいたにもかかわらず，多くのまとめサイトが批判的に取り上げ，かつ，批判している一部のファンが長期にわたってしつこく批判し続けたため，批判ばかりが目立ち，大炎上になってしまった事例といえる。炎上の問題点として，擁護する人間よりも批判する人間の方がはるかにしつこく目立つこと，まとめサイトが批判的な意見を中心に載せようとすること等が挙げられるだろう。

2-6　Ⅴ型：他者と誤解される

　特殊な事例であるが，Ⅰ～Ⅳの何かを行ったと誤解され，全く関係ない人が炎上対象となることがある。主にＡとＢで起こる。例えば，黒田美帆混同炎上事件がそれに該当する。これは，女子大生ブロガーであった坊農さやか氏が，2006 年 11 月の「ニュースウォッチ 9」に出演した際，ブログにおける企業の

宣伝活動（ステルスマーケティング）で報酬を得ていることを告白し，Ⅳ型炎上をした事例の類焼。女子大生，芸能プロダクション社長，タイトルが「現役女子大生芸能プロ社長の日記」といった要素で坊農さやか氏と勘違いされ，関係のない黒田美帆氏のブログが炎上した。

他には，しげた博昭混同炎上事件がある。2006年9月，自民党議員や支持者が，Jリーグの横浜Fマリノスと川崎フロンターレ試合会場において，党名が記載されたのぼりをたて，かつ，党名が書かれたうちわを持って観戦したため，スポーツの世界に政治を持ち込んだことでⅠ型炎上をした際に類焼したもの。このとき，自民党の神奈川県議員であるしげた博昭氏のブログも炎上したが，実際にはしげた博昭氏は批判を受けるような行為はしていなかった。偶然ブログに横浜Fマリノスのグッズを持って党名が書かれたシャツを着た集合写真を掲載していたことや，横浜，自民党，議員といった共通項があったため誤解され，Ⅴ型炎上をしてしまった。

これらはあくまで誤解であるため，たいていの場合は小さな炎上で終わる。しかしながら，中には大炎上となり，長期にわたって批判が集中し続ける事例もある。ここでは，Ⅴ型炎上として，炎上参加者が一斉摘発された，スマイリーキクチ中傷被害事件を詳しく取り上げる。これは，お笑いタレントであるスマイリーキクチ氏が，女子高生コンクリート詰め殺人事件[35]の犯人であると誤解した人から，1999年頃から長期間誹謗中傷を受け続けた事例である。女子高生コンクリート詰め殺人事件の加害者は少年であったため匿名報道がなされたが，その結果，犯行現場である足立区，犯人グループと同世代，10代のときに不良であったという要素を備えていて，かつ，芸能人でメディアの露出が多かったスマイリーキクチ氏が，当事件の犯人であるという話がソーシャルメディアに投稿されるようになった。さらに，スマイリーキクチ氏が事件の事をお笑いにしたという事実無根の投稿もあり，2ちゃんねるや所属事務所の電子掲示板[36]といったソーシャルメディアに中傷が投稿されるようになった。

---

35) 1989年に発覚した事件。バイト帰りの女子高生を強姦した挙句，犯人グループの1人の家に監禁して，輪姦や暴行を41日間にわたり行った事件。最終的に女子高生は暴行で死亡し，ドラム缶に入れてコンクリート詰めにされ死体遺棄された。犯罪がきわめて悪質であるうえに加害者が全員少年であったことが社会的注目を浴びた。また，加害者が全員少年であったために，本名等のプロフィールが隠されたので，本件のような誤解による炎上が起こったといえる。

```
掲示板
■ 少年法により名無し 1999/08/00 00:00:00
  貴様が犯人じゃないという証拠をだせ
■ 少年法により名無し 1999/08/00 00:00:00
  鬼畜さん、火の無いところに煙は立たないよ
■ 少年法により名無し 1999/08/00 00:00:00
  てめぇが事件現場にいたってゆう証人が、たくさんいるんだよ、クソヤロー
■ 少年法により名無し 1999/08/00 00:00:00
  生きる資格がねぇ、レイプ犯、早く死ね
```

引用元：スマイリーキクチ（2014）。

図 2.22 事務所である太田プロダクションの掲示板に投稿された内容

スマイリーキクチ氏は所属事務所の HP で公式に否定したが、中傷は収まらず、炎上状態が続いた。さらには、テレビ局やスポンサー企業に「殺人犯をテレビに出すな」といった抗議が増えるようになったうえ、スマイリーキクチ氏が舞台に上がると観客がざわつく等、仕事にも大きな影響が出るようになっていった。警察に訴えるものの、最初は「事件になっていないので削除依頼をしてください」と言われるだけであった[37]。また、再度警察に訴えた際は、中傷コメントの発信場所が特定されたが、当時はインターネット関係の法整備や捜査手法が進んでおらず、立件と捜査は断念された。当時は実生活における人間関係の悪化等、中傷の動機がないと立件できないようになっており、このような匿名の見ず知らずの人からの批判では訴えることが難しかった。

2008 年 1 月にはブログを開設して自ら情報を発信するようにしたが、コメント欄に多くの中傷が殺到し、コメント削除対応、後にコメント承認制への変更を余儀なくされた。この時点ですでに炎上発生から 9 年ほど経っており、他の炎上事例に比べて著しく長期化していることがわかる。これは、事件が社会に与えた衝撃があまりに大きかったことと、2005 年に出版された「治安崩壊」[38]の中に、女子高生コンクリート詰め殺人事件がスマイリーキクチ氏であ

---

36) 中傷が始まった頃は今のようにソーシャルメディアが充実しておらず、もっぱら 2 ちゃんねるやブログが炎上の中心であった。それらでのトラブルは、削除依頼をするという対応が一般的であった。

37) なお、削除依頼は掲示板サービス運営者に拒否された。

38) 元警視庁刑事の北芝健氏の著作。「少年グループの一人は刑期を終えた後、2004 年 7 月、再び、

```
ブログのコメント本文
■ 人間のカスきくち
  この菊池って野郎は20年前の(事件名)に関わってる人殺し
  てめーは いい死に方しねーよ 普通に死ねても 確実に地獄行き
  ひとりの女を無残に殺しておいて、てめーは行きつけのキャバクラかスナックで人殺し
  の自慢してたんだよな てめー人間としてどうなんだよ 最低極まりないよな 人殺しを
  自慢してそれで何になんの？
  おしえろやおまえ狙ってんのたくさんいるぜ
  ―――――――――――――――――――――――――――
  人間のカスきくち 2008-05-09 14:45:36

■ チンカス社会のゴミ菊池
  人殺し てめーは普通の人生を送ることができない てめーは普通の死に方ができな
  い
  世の中に 因果応報は存在する 死んだあとも因果応報は 存在するだろう
  罪を償って 死んでほしい さっさと死んでくれ 地獄で永遠に焼かれ続けろ
  世の中のほとんどの人が てめーを憎んでる めざわりなんだよ
  ―――――――――――――――――――――――――――
  死ね 2008-06-02 22:21:53
```

引用元：スマイリーキクチ (2014)。

図 2.23 スマイリーキクチ氏ブログへ投稿されたコメント

ると捉えられるような内容が書かれ，炎上参加者が中傷の確固たる理由を得たのが原因であると考えられる。

その後もいく度となく警察に相談を繰り返し，そのたびに様子をみろと言われるだけであった。しかしながら，2008年8月に中野署の刑事課に相談した際に，担当の警部補がインターネットに精通していたため，事態は急速に動いた。まず，スマイリーキクチが女子高生コンクリート詰め殺人事件の犯人にいなかったことを証明した。そして，ブログで「これ以上中傷した場合刑事告訴します」と書くように指示した（図 2.24）。

そして，それでもなお中傷してくる人については，その身元を特定し，警察が注意を行った。これは，インターネットの中傷は直接注意をすれば収まると，警察が考えたためである。しかしながら，注意された本人が，3時間後に再び中傷を投稿したことから，特に悪質性の高い書き込みを厳選し，該当する者を

恐喝事件を起こして逮捕された。もちろん社会に出てきたのはこの一人だけではない。一足早く出てきた別の男は，お笑い系のコンビを組んで芸能界でデビューしたという」といった記述があり，インターネット上でスマイリーキクチ氏犯人説の根拠とされた。

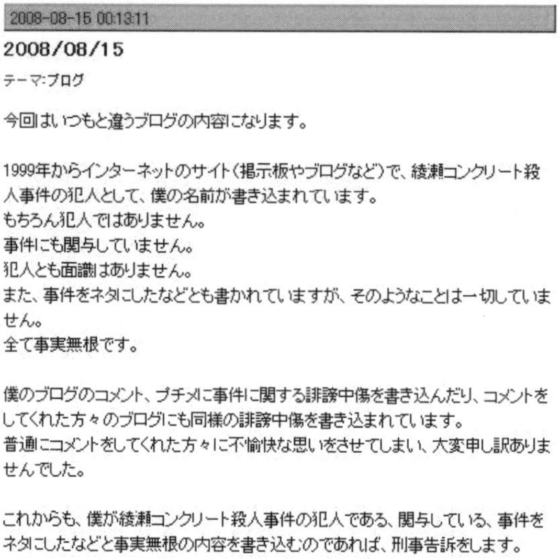

> 2008-08-15 00:13:11
> **2008/08/15**
> テーマ:ブログ
>
> 今回はいつもと違うブログの内容になります。
>
> 1999年からインターネットのサイト(掲示板やブログなど)で、綾瀬コンクリート殺人事件の犯人として、僕の名前が書き込まれています。
> もちろん犯人ではありません。
> 事件にも関与していません。
> 犯人とも面識はありません。
> また、事件をネタにしたなどとも書かれていますが、そのようなことは一切していません。
> 全て事実無根です。
>
> 僕のブログのコメント、プチメに事件に関する誹謗中傷を書き込んだり、コメントをしてくれた方々のブログにも同様の誹謗中傷が書き込まれています。
> 普通にコメントをしてくれた方々に不愉快な思いをさせてしまい、大変申し訳ありませんでした。
>
> これからも、僕が綾瀬コンクリート殺人事件の犯人である、関与している、事件をネタにしたなどと事実無根の内容を書き込むのであれば、刑事告訴をします。

引用元:http://www.tanteifile.com/newswatch/2009/02/05_01/index.html(2015/11/20 確認)。

図 2.24 スマイリーキクチ氏のブログでこの件について触れた記事

一斉摘発する方針へと変更した。

その結果,2008 年 9 月から 2009 年 1 月までに 18 人が検挙された。検挙された者は全国に幅広く存在し,また,年齢も 17 歳から 47 歳と多種多様な人たちがいた。男性だけでなく女性もおり,中には妊娠している者もいた。精神の病にかかっている可能性のある者が 1/4 程度いたが,それ以外はごく普通の人であったと,刑事およびスマイリーキクチ氏は述べている。ただし,検挙された人たちは,「ネットに騙された」「本に騙された」と責任をなすりつけ,「仕事,人間関係など私生活で辛いことがありムシャクシャしていた」「離婚して辛かった。キクチはただ中傷されただけで,自分のほうが辛い」「他の人は何度もやっているのに,なぜ一度しかやっていない自分が捕まるのか」と責任を転嫁したり,被害者意識を出したりといった行動をとった[39]。また,彼らは本当にスマイリーキクチ氏が犯人だと信じていたという。そして,スマイリーキクチ氏に直接謝罪する者は現れなかった。

---

39) スマイリーキクチ(2014)より引用。

```
223：少年法により名無し：2008/11/01(土) 23:12:21 0
    俺のとこにも来たよ・・・連絡
    どうなるのか不安だ
    無責任過ぎた
    今更遅いけど
    もう、来ません
    ソース求めてた人が正論だったなぁ・・・
    結局「無」ですよ！何にもなかった！！
    今更ながらに、己の無知を思い知った・・・
    代償は高いなぁ・・・・・
    どーしょう

594：少年法により名無し：2008/12/04(木) 19:31:12 ID:U+IH7s/+O
    助けて下さい。このスレに書いてある事信用して、大変な事になってます。誰か私を助けて！って無理か。
    警察に理論立てて説明できる人はいないよね。単なる噂と馬鹿な話しを信用して、この年末に来てさ！まぁ仕
    方ないか

595：少年法により名無し：2008/12/04(木) 21:53:58 ID:U+IH7s/+O
    愚かさに気付くの遅かったよなぁ
    まぁ、自己責任だし、無責任の集まるところだし。
    そうゆう俺も、同じ穴のムジナかw
    相変わらず馬鹿な事してるやつは、失うものは何もないしなw
```

引用元：http://www.tanteifile.com/newswatch/2009/02/05_01/index.html（2015/11/20 確認）。

図 2.25　中傷を書き込んでいたと思われる者の投稿 1

```
680：少年法により名無し：2008/12/25(木) 13:00:13 ID:Z4INrspWO
    私訴えられたんだが中傷書いたのは今年の4月、一回だけなのに訴えられたのおかしくない？

683：少年法により名無し：2008/12/25(木) 13:27:05 ID:Z4INrspWO
    刑事告訴されました。けどなんか納得いかない。こんなのいいの？

694：少年法により名無し：2008/12/26(金) 04:05:39 ID:DrhyCmiE0
    >>683
    嘘っぽいな
    ほんとかよ

695：少年法により名無し：2008/12/26(金) 07:59:35 ID:8Wavy2oyO
    >>694
    嘘じゃないよ。中○警察署にいかなかきゃならんの。
```

引用元：http://www.tanteifile.com/newswatch/2009/02/05_01/index.html（2015/11/20 確認）。

図 2.26　中傷を書き込んでいたと思われる者の投稿 2

　その後，2009 年 3 月までに，起訴できる見込みがあると判断された 7 人の中傷犯が検察に書類送検されたが，結局不起訴処分となった。理由としては，中傷や脅迫の書き込みをした人は大勢おり，一部だけを起訴すれば不公平となってしまうことが挙げられた。また，東京地方検察庁の検事がインターネットに精通しておらず，起訴に消極的だったのが原因とスマイリーキクチ（2014）

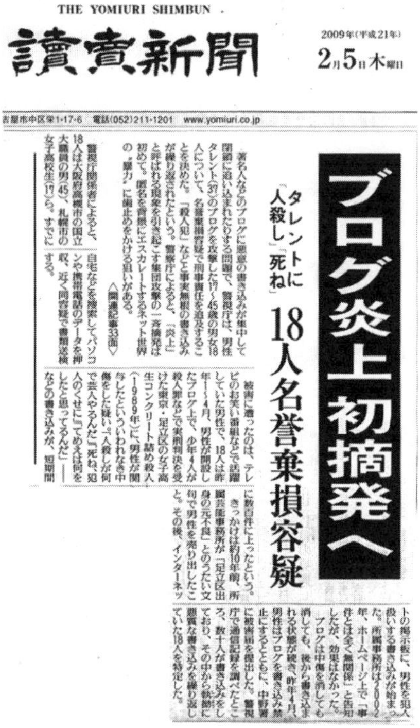

THE YOMIURI SHIMBUN

讀賣新聞

2009年(平成21年)2月5日木曜日

古屋市中区栄1-17-6　電話(052)211-1201　www.yomiuri.co.jp

ブログ炎上初摘発へ

タレントに「人殺し」「死ね」　18人名誉棄損容疑

著名人などのブログに悪意の書き込みが集中して閉鎖に追い込まれたりする問題で、警視庁は、男性タレント(37)のブログを攻撃した17～45歳の男女18人について、名誉棄損容疑で刑事責任を追及することを決めた。「殺人犯」など事実無根の書き込みが繰り返されたという。警察庁によると、「炎上」と呼ばれる現象を引き起こす集団攻撃の一斉摘発は初めて。匿名を背景にエスカレートするネット世界の"暴力"に歯止めをかける狙いがある。＜関連記事33面＞

警視庁関係者によると、18人は大阪府高槻市の国立大職員の男(45)、札幌市の女子高校生(17)ら。すでに自宅などを捜索してパソコンや携帯電話のデータを押収、近く同容疑で書類送検する。

被害に遭ったのは、テレビのお笑い番組などで活躍していた男性で、18人は昨年1～4月、男性が開設したブログ上で、少年4人が殺人罪などで実刑判決を受けた東京・足立区の女子高生コンクリート詰め殺人(1989年)に、男性が関与したといういわれなき中傷をした疑い。「人殺しが何で芸人やるんだ」「死ね、犯人のくせに」「てめえは何をしたと思ってるんだ」――などの書き込みが、短期間に数百件に上ったという。

きっかけは約10年前、所属芸能事務所が「足立区出身の元不良」とのうたい文句で男性を売り出したこと。その後、インターネットの掲示板に、男性を犯人扱いする書き込みが始まった。所属事務所は2002年、ホームページ上で「事件とは全く無関係」と告知したが、効果はなかった。

ブログは中傷を消しても消しても、後から書き込まれる状態が続き、昨年4月、男性はブログを書き込み禁止にするとともに、中野署に被害届を提出した。警視庁で通信記録を調べたところ、数十人が書き込みをしており、その中から執拗に悪質な書き込みを繰り返していた18人を特定した。

出所：『読売新聞』2009年2月5日付。

図 2.27　読売新聞での摘発報道

では述べている。その際，「本人たちは悪気が無かったと言っているので，否定すればやらなかったと思う」「こうした噂があるのを知りながらブログを始めたのにも問題がある」「ブログをやめ，インターネットを見なければ問題は起きない」「事件があったことを知りながら，犯人として疑われることを予測せず，足立区出身と公表したことにも問題がある」等の説明があったとしている。

とはいえ，一斉摘発されたことにより，この件は一挙に明るみになって，人々の知るところとなった。また，2012年12月には，「ザ！世界仰天ニュース 3時間20分スペシャル」で本事例が扱われた。分類はA-V-㋐型である。ただし，当初の対応は㋒，ブログ開設後は㋑といったように，炎上が長期にわ

たったため対応は複数ある。

2-7　炎上のパターンと予防・対処

　以上，Ⅰ～Ⅴの分類に従って，多数の炎上事例を見てきた。これらの他にも，一般的にその事柄に精通していると思われる人が，知識のなさから誤った発言をすると炎上対象になるという指摘もある。しかしながら，そういった場合，大抵勘違いしたうえで批判したり，暴言を吐いたりといった場合が多い（Ⅱ型）ため，本研究では個別に分類しない。これらの炎上事例について，大まかな流れをまとめると次のようになる。

1. Ⅰ～Ⅴに該当する事象が起こる。
2. 事象に気づいた人が，Twitter，2ちゃんねる等のソーシャルメディア上に投稿（主に批判的な文脈で）し，拡散される。批判が集まり，炎上が始まる。
3. 人気まとめサイトやニュースサイトに掲載され，多くのインターネットユーザが知るところになる。批判が大量に集まるようになり，大炎上となる。
4. テレビ，新聞，ラジオ等マスメディアで報道され，インターネットユーザ以外，あるいはライトなインターネットユーザも知るところになる。

〈結果〉
批判が集中するだけで終わるケースも多いが，中には，企業のイメージ低下，芸能人の活動自粛，書類送検，デモ活動等，大きな影響が出ることもある。

　Ⅰ～Ⅴの事例に共通していえるのは，インターネットユーザの間にある規範に反した行為を行っているということである[40]。批判，ステルスマーケティ

---
40) Ⅴは，実際にはインターネットユーザの間にある規範に反した行為を行っていないが，そのような行為をしていると誤解されたことが炎上につながっている。

ング，ファンを刺激等，法律違反といえないような事象も，インターネットユーザの規範に反していると判断されれば，炎上対象となる。例えばⅡ型の「何かの批判」についても，インターネットユーザへの批判や，保守党への批判[41]は特に炎上しやすい。また，炎上しやすい話題としては，食べ物・宗教・社会保障・格差・災害（不謹慎ネタ）・政治（特に外交）・戦争（安全保障）が挙げられるだろう。

炎上への予防策としては，このようなインターネットユーザの規範を重々勉強しておき，その規範に触れるような発言や行動を行わない。そして，上記に挙げたような炎上しやすい話題にはできるだけ触れないというものが一番確実である。あるいは，そもそもインターネット上で情報を発信しないという手法もある。特に，ⅠとⅡは炎上対象になりやすいので注意が必要である。

ひとたび起こってしまった炎上への対応策としては，残念ながら確立した最善策というものはない。書籍によっては，ウやエの対応が炎上には効果的と述べているが，事例で見てきたとおり，エの対応をとっても炎上がなかなか沈静化しない例も多い。また，エは自身の発信内容を否定することにつながるので，安易に行うとむしろ立場を悪くする場合もある。

まず重要なのは，批判や誹謗中傷が来たときに，それが致命的な炎上なのかどうか見極めることである。前述した段階でいえば，3.以上の段階にいっていない場合は大きな炎上とは言い難いため，過敏に反応する必要はない。また，拡散範囲も限定されている。一方で，3.以上となってしまった場合は，それが謝罪対応すべき行為か判断する必要がある。

その1つの判断材料となるのが，自分を擁護するコメントの量である。ひとたびまとめサイト等に掲載されて広く拡散された場合，批判コメントが集中するようになる。それは，批判的な人の数に関係なく，批判を書き込む人の方が書き込む頻度が高くて声が大きいことに起因する。

しかしながら，そのような状況においてもなお，少なくない割合で擁護コメントが付いていた場合は，「ある層のインターネットユーザの規範に反してし

---

41) ネット右翼と呼ばれる人たちがいるため。ネット右翼とは，インターネット上で右翼的，保守的，国家主義的な主張をする人。定義は曖昧であり，排外的な表現を好んで用いる人全般を指す場合もある。詳しくは第6章参照。

まったが，行為として特に誤りはない」と判断できる。例えば，厚労省年金漫画事件では，批判が集中してまとめサイトにも掲載，いくつかのマスメディアにも取り上げられた一方で，「事実であることに変わりはない」と擁護する意見や，「いくつかの点において問題はあるものの，情報は誤っていない」等の意見も少なからず見受けられた。そして，厚生労働省が意見を貫いて⑦対応を行った結果，特に大きな問題とならずに過ぎ去った。しかしその一方で，擁護が全くつかないような状況では，言い訳せず謝罪対応を行うのが適切なケースが多い[42]。

いずれにせよ，多くの事例で見てきたように，インターネットユーザは，彼らの中に流れる規範に反することを許さない。大きな炎上に至らない場合もあるが，それはコントロールできるものではない。このようなインターネットの状況は，よく言えば違反を許さない社会といえる。例えば，ペニーオークションステルスマーケティング事件は，芸能人によるステルスマーケティングへの大きな抑止力となるだろう。グルーポンすかすかおせち事件も，インターネットがなければ泣き寝入りしていた可能性もあるし，多くの人が知らないままであっただろう。

しかしながら，悪く言えば監視社会である。このような監視社会において情報を発信する場合は，インターネットユーザの規範をよく理解し，炎上対策を十分行うだけの時間とコストが必要不可欠になる。これは社会的厚生にマイナスの面である。なお，中川（2010）は，そのようなコストを無駄であると断じ，そもそもインターネットで発信しなければよいと述べている。

ただ，炎上を過剰に恐れ，皆がインターネット上での発信を控えるようになるのは，いい状態とはいえないだろう。そもそも，このように炎上は頻発しているが，その炎上に参加し，書き込みを行っているのは，インターネットユーザのわずか約 1.1% に過ぎないことがわかっている（第4章参照）[43]。大きく見える炎上も，全体から見るとごく少数の人が書き込んでいるに過ぎないものであり，過度に気にする必要はないといえる。

---

42) 以上，予防策と対応策を述べたが，より具体的な個別サイトへの対応方法（削除依頼・開示請求の具体的な文例，手順等）については，清水（2015）を参照されたい。
43) なお，過去1年以内に限定すると約 0.5% 以下となる。詳しくは第5章参照。

第 3 章

炎上の社会的コスト

　前章まで炎上の分類学と発生メカニズムについて述べてきた。炎上といってもいろいろあり，一言では片付けられない。ここで炎上の何を問題としてとらえるべきであろうか。炎上問題という言い方をするとき，問題にすべき炎上はどの炎上なのか。

　本章では本書で炎上の何を問題視するかを述べる。本書が問題視するのは，情報発信の萎縮である。すなわち，炎上を恐れて人々が情報発信から撤退してしまう点を問題と考える。炎上で行われるのは議論ではなく一方的な攻撃であり，生産的な対話ではない。攻撃された側に対処方法はなく，何をしてもただ傷つくだけで，最終的にブログ閉鎖あるいはアカウント削除して議論の場から完全撤退するしかない。そうなると炎上を恐れて人々は発言を控えるようになり，さらに炎上しにくい閉じた SNS（Facebook，LINE など）に移動する。社会全体として情報発信が減少し，あるいは偏っていく。これが炎上の社会的コストである。

　以下，3-2 では，炎上の弊害としての情報発信の萎縮について事例に即して説明する。炎上を恐れて情報発信から撤退するとき，意見分布の中庸な人から撤退するとネット上の議論が極端なものばかりになるという問題（サイバーカスケード）にも触れる。3-3 では，実際に情報発信の萎縮が起きているかどうかを，アンケート調査と SNS の利用率の推移で裏付ける。3-4 ではインターネットの初期と比較して炎上が予期せざる新しい現象であることを述べ，3-5 では，世上の炎上対策マニュアルで挙げられている炎上対策が，情報発信の萎縮という本書の問題への解答にはならないことを述べる。

3-1　情報発信の萎縮

企業炎上・触法自慢

　炎上の何が問題だろうか。第1に，社会的に見て炎上が有用な場合，炎上に社会としての問題はない。企業の不祥事についての炎上の多くはこの類型である。例えばグルーポンすかすかおせち事件[1]は，写真と実物があまりに違うなど企業側の明らかなミスが原因であり，批判されてしかるべきであった。ソニーのPSPステルスマーケティング事件[2]は顧客を欺くステルスマーケティングが問題視された例であり，ペニーオークション事件[3]はほとんどの利用者が損をするという半ば詐欺であり，明るみに出て批判されることは有用であった。これらはいずれも個々の企業にとっては「問題」であるが，社会的には「問題」ではない。企業がまじめに改善をつづければ，市場の中で自然に解決されていく。実際に，企業収益に直結する炎上は落ち着く傾向にあり，これは企業側の努力が進んだからであろう。伊地知（2007）はこのような肯定的な面から炎上を考察している。

　第2に，個人がTwitterなどでバイト先の触法行為を自慢げに投稿し炎上するケースでは，そもそも投稿者はそのメッセージが第三者に閲覧されることを念頭に置いていない（平井 2012）。いわば公開するつもりのない内輪の発言を

---

1) 2010年末，共同購入サイト，グルーポンで2万円のおせちが1万円で販売されたが，届いたおせちが見本とはまったく異なり，スカスカで中身がなく，酸っぱいにおいがするなど劣悪であった事件である。共同購入事業グルーポン衰退のきっかけとなった事件である。詳しくは第2章2-2，図2.2, 図2.3を参照。

2) 2006年，ソニーのPSPのファンサイト（alliwantforxmasisapsp.com）が実はアメリカ・ソニーによるステルスマーケティングだったことが発覚した事件である。ソニーは謝罪したが，謝罪文の中に「少々利口にやろうとしすぎたようです」という部分があり，ふざけているとしてさらに炎上した。詳しくは第2章2-4（p. 42）を参照。

3) ペニーオークションとは1回の入札に50円～100円程度の手数料をとるオークションで，市価より大幅に安い価格で落札できると宣伝していた。しかし，実際はサクラ（bot）が高額入札するので一般ユーザはほとんど落札できず，手数料を吸い上げられるだけの詐欺サイトであった。問題は，多くの芸能人がこのペニーオークションで格安で落札したという体験記を載せていたことである。実は彼らはオークションをしておらず，報酬をもらっての宣伝（ステルスマーケティング）だったことがわかり，炎上した（2011年）。詳しくは第2章2-4, 図2.17を参照。

公開の場でしてしまったミスが問題である。この触法行為型の炎上は、法の制定者が予期しない「法の完全実行」(白田 2006)であり、「道徳の過剰」(荻上 2007)を生み出すという問題点がある。現実の法は完全には実行されず、ある程度の触法行為が黙認される"遊び"の部分があり、これが一定の社会的な役割を果たしていた。かつては週刊誌やテレビなどで、著名人が過去の悪ガキぶりを話していたのがその一例である。ネット上ではこれが許されず、まるで道徳の教科書がすべてであるかの方に法が完全実行される。インターネットがこのように殺菌された情報空間になることが良いことか悪いことかについては議論があるだろう。品行方正な人ばかりの社会は息苦しく、どこか歪んでいると感じる人がいてもおかしくない。

ただ、このタイプの炎上は、幸か不幸か数々の事件の学習効果が効いて炎上自体が減少してきた。Twitterでの触法行為の炎上は、2013年ごろがピークで、2015年になるとあまり見られなくなった。触法自慢型の炎上は第三者に見せるつもりはないものを公開してしまったという投稿者のミスが原因であり、そのミスを社会全体が学習し終わったためと考えられる。触法自慢はおそらくLINEなどの閉じた輪に移行した。したがって、道徳の過剰あるいは法の完全実行が良いことかという問題は残るものの、触法自慢の炎上は問題としては収束の方向にある。

情報発信からの撤退

社会として問題にすべきなのは、情報発信についての炎上である。情報発信についての炎上は多くの場合中傷と執拗な攻撃であり、生産的な議論ではない。対話を通じて意見の異なる相手と相互理解を深めるための議論ではなく、ただ相手を倒したいだけの一方的な攻撃であり、「社会的リンチ」(荻上 2014)になることが多い。ネット上で発信を続けるのはこのような攻撃に耐えられる人だけになり、そうでない人はネットでの発信をあきらめていく。結果として炎上は社会全体の議論を萎縮させる。炎上が問題なのはここであり、ここに炎上の社会的コストがある。

本章の問題意識を明確にするため、あえて小さな事例を取り上げる。第2章でも一度触れた、はるかぜちゃん名前勘違い事件と呼ばれる炎上事件である。

少女タレントはるかぜが，声優大塚周夫が亡くなったとき，「先日お会いしたばかりなのに…」とツイートしたが，会ったのは息子の声優大塚明夫のほうだった。彼女は名前を勘違いしていたわけである。指摘されて彼女はすぐに訂正して謝り，間違えられた大塚明夫氏も気にしなくていいよと軽く応じた。

しかし，ネット上の批判は続いた。「声優志望なのに知らないなんておかしい」「声優志望としてこれはどうか。間違っただけでは済まんと思うけど」「あなたの注意不足で他人にものすごく失礼なことをした」。延々と続く批判に謝りながらも，やがて彼女は「お名前を間違えてしまったことは本当に反省しています。でも声優さんの名前を知らないと声優を目指してはいけないっていうのは違うと思います」とツイートする。これがさらに批判の嵐を呼び，ついに13歳の少女のアカウントは停止された。

イベント会場など司会者が公衆の前で呼ぶときならいざしらず，個人の会話で名前を勘違いするのはよくあることである。実生活であれば謝罪して終わりで，ここまで攻撃されることはない。しかし，ネット上では執拗な攻撃が続く。アカウントが停止された後，2ちゃんなどの掲示板ではさすがに13歳の少女を相手に大人げないという声もあった。しかし，攻撃を正当と見る投稿も同じ程度に見られた（「大勝利」「叩くの気持ちよいわまじで」「年齢なんて関係ねーよ，人に迷惑かけうバカはネットやるな」など）。

この事例では，謝り続けた中で彼女が一言だけ放った反論が火に油を注いだのが注目される。この反論は特段異例というわけではない。声優を目指す資格なし，とあまりに言われるので，声優の名前を知らないなら声優目指すなということはないだろう，と思ったのだろう。それ自体は1つの意見であり，それなりに議論することができる反論である。しかし，攻撃者がこれに議論として応じることはない。そもそも攻撃側に議論をする気はなく，反論してくること自体が許されない。再び掲示板から拾ってみよう。「いや名前間違ったのは仕方ないけど，最後のは必要ないだろ。なぜ煽るのか」「これで反省したと思うけど，ネットの基本は謙虚になることだよ。やたら噛みついてはいけない」。反論することは煽りであり，謙虚であれとは反論せずただ黙って従えということである。ここにあるのは正義の旗の下の制裁であり，あるいは「自分にとって不都合のあるものを懲らしめたいという衝動」（田代・折田 2012, p. 4）である。

3-1 情報発信の萎縮

名前を勘違いしたことを謝るツイート

はるかぜちゃん☆何か食べてる @haru... 12時間
@AkioOtsuka お父さまのご冥福をお祈り申し上げます。突然の事に驚いてしまい、初動で明夫さんとお父さまを混同したﾂｲｰﾄをしてしまいました。心よりお詫び致します。こんな時に本当に申し訳ありません…。ご多忙で大変かと思われますが、どうかご自愛ください。春名風花

大塚 明夫 @AkioOtsuka 11時間
@harukazechan ひさしぶりだね(^-^)そんなこと何も気にしなくていいからね？

はるかぜちゃん☆何か食べてる ✓
@harukazechan

@AkioOtsuka こんな時に余計なことで気をつかわせてしまって、本当にすみません…。ありがとうございます

アカウント停止のお知らせ

まさ初号機
@masa0216   フォローする

【拡散希望】はるかぜちゃん（春名風花ちゃん）から伝言を頼まれました(ノ_<)「ネットストーカー対応に疲れた為、アカウントを削除しました。ご心配おかけしてごめんなさい。」です。
2015年1月22日 09:31

316件のリツイート 91人がお気に入りに登録

アカウント停止後の人気まとめブログコメント欄

47 名前：はちまき名無しさん 投稿日：2015年01月22日 18:43 ▽このコメントに返信
大人を煽る発言してるのがいけない

48 名前：はちまき名無しさん 投稿日：2015年01月22日 18:43 ▽このコメントに返信
ガキ相手に情けないな笑
まあキモオタはそういう人種だからしょうがないか笑

49 名前：はちまき名無しさん 投稿日：2015年01月22日 18:43 ▽このコメントに返信
これで反省したと思うけど、ネットの基本は謙虚になることだよ。
やたら噛みついてはいけない。

50 名前：はちまき名無しさん 投稿日：2015年01月22日 18:44 ▽このコメントに返信
叩くの気持ちいいわまじでwwwww

http://blog.esuteru.com/archives/8027545.html（2015/12/13 確認）。

図3.1 はるかぜちゃん名前勘違い事件

対話による議論は成立していない。

同情的な人のなかには解決策を提案する人もいて，その案とはネットから去ることである。「治安の悪いところに子供一人で行かせるようなもの，親が悪い」「いや，ツイッターやるべきじゃないな，この子は」。発言をしなければ確かに炎上することはない。

このような光景はいまやネット上で見慣れたものであろう。同様の事例は多い。比較的規模が大きかった例としては，平野綾恋愛事件[4]，倖田來未氏羊水が腐る事件[5]，コミケきんもーっ☆事件[6] などがある。

重要なのは，このようなタイプの炎上の小規模版があちこちで起きていることである。特に炎上しやすい話題，例えば原発問題，放射能問題，憲法9条関連，靖国問題，韓国・中国ネタ，アイドルやオタク系の話などを取り上げると，その危険性は跳ね上がる。ネットは怖いところであり，それに耐えるタフな神経のある人だけが発信すべきであるという認識が生まれてくる。その結果，タフでない人は議論から撤退してしまい，社会全体の議論が萎縮する。

五輪エンブレム事件

炎上は議論の萎縮をもたらすが，炎上の規模が大きくなると，より実態的な影響をもたらすこともある。五輪エンブレム事件はその一例で，実際にエンブレムの撤回にいたった。

五輪エンブレム事件とは，佐野研一郎氏による五輪エンブレムが，ベルギーの美術館のロゴに似ておりパクリではないかとされた事件である。ネット上の住人によって佐野氏の過去の著作が画像検索され，似た作品を探してきて，パ

---

[4] 2010年，人気声優平野綾氏がテレビの深夜番組で自身の恋愛観を披露し，恋愛経験を語ったところ，アイドルはそういうことを言うべきでないとファンが怒った事件である。炎上を受けて平野氏はブログに「ツイッターで死ねとか嫌いになったとか書くのやめて。せっかくみんなとのライフラインができたのに。最強の私でもさすがに凹む(￣▽￣；)」と述べたが，このライフラインが，「ライフライン＝戦場の補給線＝金づる」と解釈され，ファンを金づる呼ばわりしたとしてさらに炎上した。YouTubeに平野綾グッズをたたき割る動画がアップされたりして，余波は長く続いた。事件の詳細は第2章2-5（図2.19, 図2.20, 図2.21）を参照。

[5] 2008年，歌手倖田來未氏がラジオ番組で，自分の女性マネージャーが結婚したという話題の中で，35歳過ぎると羊水が腐るから35歳くらいまでに子供つくってほしいと笑いながら発言した。番組内では相手の女性マネージャーも笑いながら応じていたが，これをユーザがネットにアップすると，35歳過ぎると羊水が腐るとはひどいことを言うと炎上した。彼女は高齢出産のリスクを述べたかっただけで表現がいけなかったと謝罪したが炎上はおさまらず，結局，倖田來未氏の出ていたCMは放映中止され，歌手活動も全面休止になった。当人の謝罪文は第2章2-3, 図2.10にある。この事件の影響は2014年になっても新聞に取り上げられるなどまだ尾をひいており，当人には気の毒な結果となっている。

[6] 2005年，コミケ会場でホットドッグを販売していた女性アルバイト店員が，お客を撮影してこれを自身のブログに貼り，「きんもーっ」（オタクっぽくで気持ち悪いの意味）と書いたことに対して，批判が殺到した事件。このアルバイト店員の個人情報がさらされ，お店が謝罪に追われた。

3-1 情報発信の萎縮　65

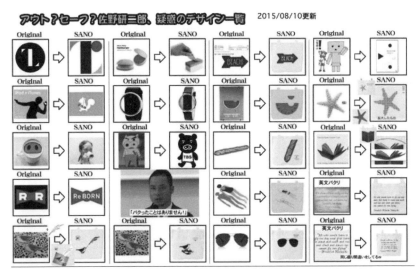

左上が五輪エンブレムである。全部で19例あがっているが、この中で著作権侵害が明らかなのはBEACHと鳥のトレースの事例で、それ以外は著作権侵害とは言い難い。

出所：http://newscrap.net/archives/398

図3.2　ネット上で佐野氏のパクリとされた例一覧

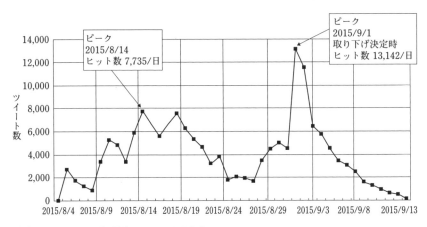

出所：Yahooリアルタイム検索、2015/9/4&13検索。

図3.3　五輪エンブレム炎上事件のTwitter書き込み数推移

クリであるとの指摘があいついだ。図3.2 はパクリとされた事例の一覧である。Twitter や掲示板には佐野批判の声があふれた。図3.3 はツイッター上で語句「佐野研二郎」を含むツイート数の推移である。最初のピークはエンブレムの盗用問題が世に出た 2015 年 8 月半ばごろにあり，最終的にエンブレムが取り下げられた 9 月初めに第二のピークがある。ピーク時には批判ツイート数は 1 日に 1 万に迫り，炎上事件としてはもっとも大規模化した事例に入る。

　佐野氏のエンブレムがベルギーの美術館のロゴを著作権侵害しているかどうかについては，著作権侵害にはあたらないということで専門家の見解はほぼ一致している。佐野氏の他の作品でのパクリ疑惑も，一部を除いては著作権侵害とはいえない[7]。それゆえ論争当初はかなりのデザイナーが佐野氏擁護にまわった。しかしネット上では擁護は少数派であり，攻撃側が圧倒的であった。「パクリ常習者」「盗用犯罪者」などの攻撃が続き，佐野氏は住所や家族など個人生活までさらされていく。佐野氏は人間として堪えられないという言葉を残して，エンブレムを取り下げた。

　ここでの問題はやはり議論が成立していないことである。創作にはある程度先人の作品を踏まえながら行われるのが常であり，完全なオリジナルは稀である。どこまで似れば侵害になるのかは著作権の重要課題で長らく議論の対象であった。この課題についてネット上で正面から議論があれば論争として実りがあっただろう。これからのネット時代には多くのアマチュアクリエイターが表現活動を行うことが予想され，そのとき他者の作品をどれくらいまで使ってよいかは 1 つの重要な課題だからである。例えば人の撮った写真の一部を切り貼りして使ってよい場合はあるのか。有名キャラクターに似せた絵を描いてアイコンにしたら違法なのか。構図を真似したらいけないのか。オマージュとパクリはどこが違うのか。少しでもネット上で表現活動をしようとすればすぐにこれらの問いに直面する。これらの著作権上の課題についてネット上で議論が行われて人々の理解が深まり，なんらかのルールが合意されていくならば社会と

---

[7] 佐野氏がかかわった仕事で，著作権侵害が明らかなのはトートバッグの画像流用例数点と，エンブレムの説明資料中の活用例の写真の 2 つである。それ以外の佐野氏本人の作品には侵害は見られない。詳しくは，田中辰雄（2015），「五輪エンブレム問題――「パクリ」批判は正しいのか？」シノドス，http://synodos.jp/info/15406（2015/10/29）を参照。

しては前進である。

　しかし，炎上が起こるとそのような展開は期待できない。倒すべき悪がそこにあり，それを倒すことだけが目的となる。相手の言い分を理解する努力は最初から放棄される。著作権問題についての正面からの議論はほとんど行われないまま事態は進行し，攻撃を受けた側の完全撤退（エンブレム取り下げ）で事態は収拾された。佐野氏を攻撃する側は，現行の著作権法で侵害とは言えない事例までパクリとしているので，仮に攻撃側の見解が定着すると著作権のあり方には深刻な影響が出る。しかし，議論は深まらないまま混乱のうちにエンブレムが撤回され，得るものは乏しいままで事件は終わった。議論の途中からは佐野氏側に立った発信はほとんど消えてしまい，議論らしい議論は成立していない。

炎上経験者の体験談
　炎上にさらされる人はどのように感じるのだろうか。炎上にさらされた経験のある人の発言から拾ってみよう。炎上にさらされると，執拗な攻撃が続き，どんな反論も言い訳と見なされる。第三者が仲裁役を買って出ても無駄である。その仲介者も攻撃の対象になるだけで，かえって火に油を注ぐだけとなるからである。したがって，いったん炎上すると話し合いで収めることが難しくなる。すなわち，

　「一度論争が巻き起こると，こちら側が何を言ってももう遅い」[8]

炎上が事実関係についての誤解に基づいており，そのことを証明できる客観的事実で反論できれば問題はない。が，たいていの論争は事実問題ではなく，ものの見方・考え方の問題である。その場合，どのような論理でも組み立てられるので，釈明が受け入れられることはない。攻撃側は，正義が自分にあると思っているので，釈明はまったく考慮されない。釈明は悪人が余計な理屈をこねていると受け取られ，さらに攻撃が加速する。いわば

---

[8]「ネットでの"炎上"経験者「ただ一つ言えるとすれば，怖かった」」ニコニコニュース，2012/1/3, http://news.nicovideo.jp/watch/nw172630（2015/12/8 確認）。

「義憤に燃えた人間の狂気」[9]

を見ることになる。

　攻撃側は相手が「悪いことをしたから何をやってもいい」と思っているので，個人情報がわかると物理的な圧力を加えることもある。例えば，ある炎上体験者は，自身の個人情報が知られた結果，

「窓をドンドン叩いたり，家の前でクラクションを鳴らして，名前を叫ばれた」[10]

たという。こうなると恐怖を覚える人も多い。物理的圧力がなくても，ネット上で総攻撃されることはそれだけで恐怖である。ある炎上体験者は

「ただ一つ言えることがあるとすれば，怖かった」[11]

と述べる。炎上から逃れるためには撤退しかなく，「ブログの閉鎖，アカウントの削除などを行」うことになる。炎上にさらされて人間不信になって部屋に閉じこもって出られなくなったと述べた人もいる。さらに自殺を考えるくらい追い込まれる人も見られる。ある芸能ブログの運営者は

「一番ひどい時は自殺も考えた」（中川 2010, p. 16）

という。炎上は言葉だけの攻撃であるが，それでも人の心を傷つけ追い込むことができるのである。

　実際に自殺する事例もある。小保方 STAP 細胞事件では，指導教官だった

　9）「ネットで怖い思いをしたことありますか？……炎上経験者は語る」教えて goo, 2015/7/25, http://oshiete.goo.ne.jp/watch/entry/de7c8279552a8ce60aae78e6d0e0bce6/（2015/12/8 確認）。
　10）「炎上した経験を話す」はてな匿名ダイアリー, 2013/6/26, http://anond.hatelabo.jp/20130626121525（2015/12/8 確認）。
　11）「ネットでの"炎上"経験者「ただ一つ言えるとすれば，怖かった」」ニコニコニュース, 2012/1/3, http://news.nicovideo.jp/watch/nw172630（2015/12/8 確認）。

笹井教授が心労に耐えかねて自殺に追い込まれた[12]。笹井教授自身は不正をしたわけではないので，自殺した理由は周りからのバッシングである。STAP細胞事件ではネット上のバッシングがひどく，炎上が一定の役割を果たしたと考えられる。

炎上に伴う自殺はネット先進国の韓国の芸能界で相次いで起こっており，社会問題になった。ざっと並べると，歌手のチェ・ユニ（2007, 整形疑惑），女優のチョン・ダビン（2007, 契約トラブル？），女優チェ・ジンシル（2008, 高利貸し疑惑），アナウンサーのソン・ジソン（2011, 恋愛問題）などの自殺の原因の１つが，ネット上の誹謗・中傷と伝えられており，実に多い。韓国でインターネット実名制が導入されたのは芸能人の自殺が相次いだことが１つの原因とされる（柳 2013）。

欧米にも炎上事例はあり，誹謗中傷にさらされて傷つき，ネットから離れる事例はいくらでも指摘できる。一例をあげればある有名ブロガーは偶然から中傷者につきまとわれるようになり，数年にわたりネットから離れざるをえなくなった。そのいきさつを記したエッセイのタイトル "Why the Trolls Will Always Win"（なぜ悪が常に勝利するのか）に，炎上事件の深刻さが現れている[13]。「邪悪なものが勝利する世界」[14]の中で，身を守ろうとすれば情報発信を控えるしかない。ネット上での意見交換は萎縮していく。自由な民主主義社会にとっては多くの人が議論に参加し，世論形成が行われることが望ましい。人々が情報発信から撤退してしまうなら，それは社会的コストである。

サイバーカスケード

炎上は情報発信を萎縮させる。しかし，炎上にはそれ以上の問題がある。それは炎上を嫌ってネットでの議論から撤退する人が偏っていて，ネットでの意見分布が歪んでしまう可能性が高いことである。いま，ある問題について賛成

---

[12]「理研の笹井芳樹氏は、なぜ自死を選んだか─理研，STAP 論文共著者を追いこんだもの」東洋経済オンライン，2014/8/5, http://toyokeizai.net/articles/-/44690（2015/12/8 確認）。

[13] Kathy Sierra（2014）, "Why the Trolls Always Will Win," Wired, 2014/10/08, http://www.wired.com/2014/10/trolls-will-always-win（2015/12/09 確認）。

[14] WirelessWire News（2014）,「邪悪なものが勝利する世界において」2014/10/21, http://wirelesswire.jp/2014/10/20205/（2015/12/09 確認）。

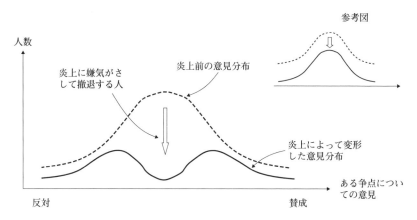

炎上によって議論から撤退する人が意見によらず一様なら右上のように，参加者の減少だけですむ。しかし，炎上に負けない"強い"人は両端に多く，炎上を嫌って撤退する人は意見の中庸な人が多いだろう。すると，炎上の結果として上図のように分布は両極端の意見の人が多いふた山分布になる

図 3.4　炎上とサイバーカスケード

　反対の意見の強弱の順で人を並べて分布図をつくったとしよう。図 3.4 の横軸が意見の違いで，右から左まで賛成から反対まで強さの順とする。縦軸は人数である。一般に極端な意見の人より中庸の意見の人が多いので，意見の分布は中央に集まる形になり，破線の分布がそれを表している。炎上のせいで情報発信を控える人が，意見の強弱にかかわらず一様なら，分布は図 3.4 の右上の参考図のように比例的に縮小するだけである。この場合，議論への参加者は減ってしまうが，人数が減るだけなので議論自体は前と同じように可能である。

　しかし，現実には炎上を嫌って撤退する人は，意見分布の中庸な人に偏ると考えられる。なぜなら，炎上があっても撤退しない人とは誹謗中傷に負けない"強い"人で，そのような人は極端な意見の持ち主に多いと考えられるからである。意見分布の両端の人は自己の正しさを強く確信しており，何を言われてもくじけない。少々の攻撃にはくじけず，むしろ発奮して反撃する。これに対し，中庸の人は相手の意見にも一理あるとして耳を傾けるので，相手が非常に攻撃的であると傷つき，あるいは嫌気がさしてしまう。炎上が続く状況下では，「自分の非を認めない，硬直した人間ほど議論に強い，という倒錯した嫌な話

になってくる」[15]のである．したがって，炎上に嫌気がさしてネット上の議論から撤退するのは中庸な人が多くなると考えられる．すると，ネットで交わされる意見の分布は図 3.4 のように中央がへこんだふた山分布になる．

このように意見が両極端に分かれると，意見交換が難しくなる．あまりに意見が異なる場合，前提条件が違いすぎて議論ができないためである．テレビの討論番組などでは両極端の論者を対決させてやっているではないかと思うかもしれないが，その場合コーディネーターがいて議論を統括しており，事前の打ち合わせもある．また説得の相手はテレビの前の視聴者であって面と向かった相手ではなく，さらに時間制限もある．これだけの準備でようやく討論番組が成立する．

しかし，ネット上の議論ではコーディネーターはおらず，事前の打ち合わせもなく，視聴者も意識されず，時間制限もない．ネットでの議論とは思想的に両極端の人，例えば安保法制問題でいえば SEALDs 隊員とネット右翼，ヘイトスピーチ問題ではしばき隊と在特会が，居酒屋でたまたま隣に居あわせて，いきなり議論を始めるようなものである．すぐに罵りあいになる可能性はきわめて高い．しかも，実社会とは違い，ネットではどちらも全国から瞬時に仲間を呼びだすことができる．次々と"召喚"される仲間が喧嘩に参入するのであるから，まともな議論は望めそうもない．

このようにネット上で意見が両端に分かれてしまい，互いの間の対話や議論が行われない現象はサイバーカスケード（Sunstein 2001）と呼ばれる．サンスティーンは，ネット上では同じ意見の人ばかりが意見交換して，異なる立場の人の間の意見交流が乏しいことをサイバーカスケードと呼んだ．サンスティーンは，民主主義のためには人々が共通体験を持ち，他の人と思いがけない接触を持つ必要があるとし，サイバーカスケードはこれを阻害するとして警笛をならした．サイバーカスケードが起こると意見が過激化し，議論が劣化しやすい．

意見分布がふた山に分かれたことの悪影響の事例として，2015 年に話題になった安保法制の議論を取り上げてみよう．安保法制は 2015 年の大きな政治的論争で，この年の流行語大賞に政治関連用語がたくさん入るほどの話題を集

---

[15] 小田嶋隆第 26 回言論の自由を考える 5・3 集会，小田嶋隆「広がる「面倒くささ」 縮まる言論」http://www.geocities.co.jp/asahi_roso53/cast_26_int_odajima.html （2016/1/28 確認）．

めた.賛成派は安保法制で集団的自衛権を認めれば抑止力が高まって戦争を避けられるとする.一方,反対派は逆に集団的自衛権があると戦争に巻き込まれる危険性が高まるとする.賛成派は日本は安保法制のもとで国際的な平和維持活動に積極的にかかわるべきとし,反対派は問題の多い現行の国際平和維持活動より,非戦の憲法9条を維持することが平和への道と説く.それぞれの論点は歴史的事実を踏まえて実証的に議論することもできるし,日本国民がどのようなリスクを引き受けるかの決断と覚悟の問題として議論することもできる.

しかし,ネット上からはこのような議論は消えてしまい,両端の論者による極端で中身のない批判の応酬が続くことになった.反対派は,安保法案が通ると徴兵制になる,安保法案は戦争をするための法案である,安倍首相はファシストだ,安保法制は米国隷属だなどと述べる.一方,賛成派は,シールズ(SEALDs)は一般国民代表ではなく共産党に操られている,反対派の頭の中は現実を見ないお花畑である,彼らは愛国心のない売国奴である,国際社会を知らず自国のことしか考えない自分勝手な人々等と述べる.両者の間で議論は困難で,罵倒ばかりで議論は行われない.中庸に位置する多くの国民が知りたいのは,そのような双方の攻撃的言辞ではない.知りたいのはこの法案で日本はより平和になるのかそれとも戦争に近づくのか,また日本はどのようなリスクを引き受けることになるのか,その見返りは何か,などであろう.しかし,そのような議論の掘り下げは専門家の一部に限られてしまい,一般のネット上の議論にはあがらなかった.結局,さして理解が深まることなく終わってしまう.

国民の間の理解が深まらなかった傍証として,安保法制成立後に内閣の支持率があまり変化していないことが挙げられる.憲法解釈を大きく変え,世論調査で賛否が真っ向から割れた法案を成立させれば,内閣支持率は動揺してもよさそうなものである.60年安保のときは安保条約成立後に岸内閣が倒れた.消費税の導入過程でも,大平内閣以来いくつもの内閣が倒れるかあるいは大きく支持率を下げた.それに比べれば2015年の安保法制の騒動はそよ風のように穏やかである.法案成立前後で内閣支持率が変化しない理由はいろいろあり,1つにはおさまらないが[16],その1つに安保法制について理解が国民の間に深まらなかったことがあるだろう.両極端の勇ましい攻撃的言辞は,中庸に位置

する一般国民の心には届かなかった。国民はアンケート調査されれば一応賛否は答えるものの,その賛否は自分なりの確かな理解と判断に基づいているわけではないので,内閣支持を変更するほどの材料にはならない。かくして法案が通ってしまうと,忘れてしまったかのように支持率が元に戻ることになる。

このように意見分布の両極端の人が残ってしまうと,意見交換や相互理解の促進が困難になる。これも炎上の大きなコストである。サイバーカスケードが生じる原因は炎上だけではないので,炎上のみに責を求めるべきではない。実際,サンスティーンがサイバーカスケードの原因として挙げるのは集団極性化とデイリーミーで炎上ではない[17]。しかし,炎上もまたサイバーカスケードを促す要因の1つと考えられる。なお,サイバーカスケードについては第6章 6-1 でまた触れる機会がある。

3-2 若干の統計的検討

アンケート調査より

このような議論の不在,あるいは一方的な攻撃を憂う気持ちはすでに多くの人に共有されている。ネット上の議論の現状についてユーザへのアンケート調査から見てみよう。今回われわれが行ったインターネットユーザへのアンケート調査(サンプルサイズ2,086。調査方法は第4章で詳述)では,インターネットの現状についての記述をいくつか示し,それがあなたにあてはまるかどうかを尋ねた。記述として用意したのは,以下の6つである。

---

16) 安倍内閣の支持率が下がらない他の理由としては,直前の民主党政権の評判が良くなく,それでも民主党よりましだと思われていること,経済最優先をかかげたアベノミクスが曲がりなりにも成功したとの評価を得ていることなどが挙げられる。

17) 集団極性化とは,グループで討議を行うと,討議後に意見が過激化する傾向があることである。デイリーミーとは自分専用の新聞の意味で,ネット上では自分で情報源を選択できるため自分にとって心地良い意見のみを耳にするようになっていく現象をさす。詳しくは第6章 6-1 参照。なおサンスティーンがサイバーカスケードの原因として炎上にふれていないのは,サンスティーンの本が書かれたのが2001年で炎上問題が顕在化する前だったこと,ならびにアメリカでは日本ほどは炎上が問題視されていないことなどが原因と考えられる。

1 インターネット上でけんか腰で，無礼な言い方をされたりして，いやな思いをしたことがある
2 インターネットには実世界以上に誹謗中傷したり攻撃的だったりする人が多いと思う
3 インターネットは怖いところだと思う
4 インターネットに書き込むには，誹謗中傷されてもくじけない強い心が必要だ
5 インターネットは人の目を気にせず言いたいことが言えるのがよい点である
6 インターネット上なら強い口調で非難しあってもかまわないと思う

それぞれについて自分にあてはまると答えた人，つまり同意する人の割合を図示したのが図 3.5 である。

喧嘩ごしで無礼な言い方をされて嫌な思いをしたことがある人は 28% である。ただ，自分で書き込まなければ言われることもないので，インターネットによく書き込む人に限ると，この比率は 60% に上昇する。つまり，ネットによく書き込む人では，大半の人がなんらかの嫌な体験を持っている。むろん，日常生活でも嫌な思いをすることはある。しかし，ネット上ではその頻度が高いとユーザは感じており，7 割を超える人がネット上の方が攻撃的な人が多い

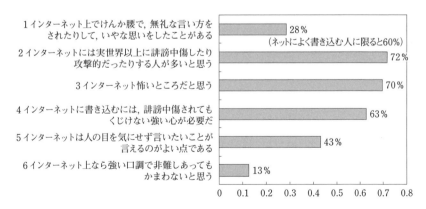

図 3.5　インターネット上での議論についての認識

と感じている。ネットは怖いところだと思っている人も同じように 7 割に達する。ネットに書き込むためには誹謗中傷されてもくじけない強い心が必要だという意見には 6 割の人が同意する。肯定的な評価もないわけではなく，ネット上で攻撃的議論ができることをネットのよい面と認める人も 4 割はいる。ただし，それでもこの状態を望ましいと思っているわけではない。ネット上なら強い口調で非難し合ってもよいという意見に同意する人は 13% に過ぎないからである。

　このような認識は人々の属性や体験によらず，広範にひろがっている。図 3.5 の 1 つだけ取り上げて属性別の結果を見てみよう（どの記述についても同じである）。認識の 2 番目のインターネットには実世界以上に攻撃的な人が多いという項目を取り上げる。まず，性別，年齢別，そして書き込み体験別と炎上知見別に見た結果が図 3.6(a) である。第一印象としてほとんどの属性で，そう思う人が 7 割に達しており，ネットは攻撃的な人が多いという認識は，どの属性の人にも広く共有されていることがわかる。

　詳しく見ると，まず性別では男女とも 7 割強でほとんど差がない。攻撃性を嫌うのは主として女性で，男性は攻撃でもそれほど気にとめないということはない。年齢別でも 60 歳代を除いてほぼ 8 割弱で大差がない。60 歳代がやや低いのはネット利用頻度が極端に下がるからと思われる。20 歳代～50 歳代の社会の中心層に関してはネットが攻撃的との見解に差はない。年をとると気弱になって攻撃的と感じるが，若い人は元気なので攻撃性と感じないというようなことはないのである。

　ネットへの書き込み体験別では，少しでも書き込む人は，まったく書き込まない人よりネットに攻撃的と感じる割合が高い。その差は 10 ポイント程度である。まったく書き込まなければ攻撃を受けることもないので自然な結果である。炎上の知見別では炎上についてニュースですら聞いたこともないというごく少数の人（87 人）は攻撃性を感じる人が少なめであるが，ニュースを含めて少しでも炎上を知っている人では，7 割以上の人がネットの方が攻撃的という意見に同意する。ネットに書き込むあるいは炎上の書き込みを見た人ほど，ネットの攻撃性を認めているということは，この認識がネットでの経験の未熟な人の幻想ではなく，それなりの体験に基づく判断だと推測できる。

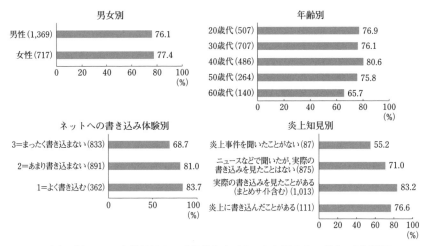

図 3.6(a) 「ネットは実世界以上に攻撃的な人が多い」と思う人の割合：属性別その 1

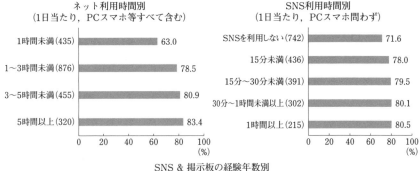

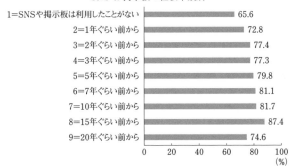

図 3.6(b) 「ネットは実世界以上に攻撃的な人が多い」と思う人の割合：属性別その 2

図3.6(b)は，ネットとSNSの利用頻度に関して分類した場合の結果である。ネットの利用時間とSNSの利用時間のいずれについても，利用時間が増えるにつれてネットは攻撃的という意見に賛同する人が増えてくる。ネットの利用時間が1時間未満の人だけ63%と低いのは，ネット利用が1日1時間未満ということは，メールチェックと決まったサイトをでたまにショッピングするだけの人で，掲示板やSNSをはじめとしてネット上の情報発信に触れていないからと解釈できる。それ以外の属性に関してはすべて賛同者が7割を超えている。ネットとSNSの利用時間が多い人ほどネットが攻撃的と考える人が増えるということは，やはりこの認識がネットについて知識のない一般人の論拠なき幻想ではなく，それなりに論拠があってのことということを示している。

同様の傾向は，現時点での利用時間の差ではなく，過去の長期的な利用経験の差から見ても確認できる。SNSや掲示板を何年前から利用しているかの経験年数別にみても，経験の長い人ほど，ネットは攻撃的と考える人が増えているからである。ネットでは実世界より攻撃的な人が多いというのは，ネットを知らない初心者の思い込みではなく，ネットをよく知る人の共通理解である。

ネットに攻撃的な人が実世界より多いなら，インターネットに書き込むには誹謗中傷されてもくじけない強い心が必要となる。裏を返せばそのような強い心を持たない人はインターネットに書き込まないということである。炎上で傷つく人を見て，また実際に発信して嫌な思いをして，人々は情報発信を控えるようになる。

SNSの変遷より

実際に発信を控え，意見交換が萎縮している人がどれくらいいるかを定量的に測るのは難しい。が，傍証としてソーシャルメディアの主力が炎上しにくいメディアにシフトしている事実を示すことができる。

図3.7(a)は，総務省が推定したブログとTwitterとFacebookのアクティブユーザ数の推移をグラフにしたものである。ブログは2007年以降横ばいであり増えていない。Twitterが急激に伸びたが2011年以降は減少傾向であり，代わってFacebookが伸びて2012年にはユーザ数で並んでいる。さらに近年ではLINEの伸びが著しい。LINEのアクティブユーザの比較可能なデータは

第3章　炎上の社会的コスト

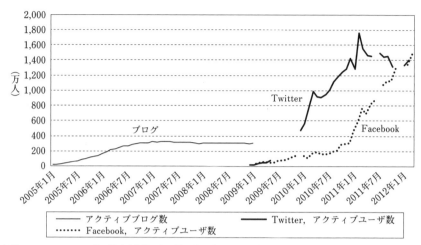

出所：アクティブブログ数は総務省情報通信政策研究所「ブログの実態に関する調査研究の結果」（2008年）より。
Twitter，Facebookのアクティブユーザ数は，平成24年度情報通信白書より。
※ネットレイティングス社公表資料，各社公表資料および総務省資料によりアクティブユーザ数を集計。

図3.7(a)　SNSアクティブユーザ数の推移（2012年まで）

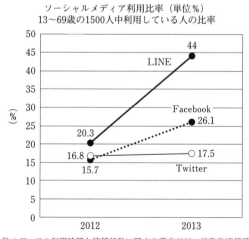

出所：情報通信メディアの利用時間と情報行動に関する調査H25，総務省情報通信政策研究所。

図3.7(b)　SNSアクティブユーザ数の推移（2012～2013年）

ないので，ユーザ調査による利用率を見る．図3.7(b)がそれで，急激にユーザ数が増え，Facebookを上回っていることがわかる．おおまかにまとめると，ブログ→Twitter→Facebook→LINEという推移が見られることになる．

　これらソーシャルメディアにはさまざまな違いがあり，ここに見た推移を1つの要因では説明できない．しかし，1つの要因として，人々が炎上しやすいメディアを避け，炎上しにくいメディアに移動しているという理解が可能である．ブログ・TwitterよりはFacebookの方が炎上しにくい．Facebookは知っている友人間でのコミュニケーションが主であり，Twitterでのリツイートのような情報拡散力が乏しいからである．さらにLINEはメンバーが完全に固定して閉じているので炎上とは無縁である．人々は，炎上に代表される「荒れ」を嫌い，社会への情報発信から撤退していると解釈することができる．自由と民主主義の社会においては，人々が多くの意見交換し，合意形成をしていくことが肝要である．それが損なわれるのは社会的コストであり，炎上の問題点はここにある．

社会的コストのラフ推定

　社会的コストの大きさは，炎上があるために情報発信を止めてしまった人の数で測ることができる．これを推測するのは別途調査を必要とする．しかし数値は無理でもオーダーだけでも推定できれば目安になる．ここでは図3.7を用いて大雑把な推定を試みる．

　推定のための単純化として，図3.7のSNSのユーザ数の推移は炎上のためだけに生じたと仮定する．実際にはSNSの選択には炎上以外の理由があり，SNS間のユーザの移動が炎上のためだけで生じたという仮定は極端である．が，この点はあとで割り引くことにして，まずはこの仮定のもとでベースとなる数値を求める．

　4つのSNSの中でブログとFacebookはどちらも長文のストック性メディアで写真や動画を貼りやすいなど似た面がある．TwitterとLINEは短文のフロー型メディアで気軽なおしゃべり向きという点でこれも似ている．そこでこの組み合わせで考える．ブログをやってみたいと思ったが，炎上・荒らしが面倒なのでFacebookにしておいたという人はいそうである．同じように，気軽な

おしゃべりがしたいが炎上しやすい Twitter をさけて LINE にしておくと言う人もいるだろう。このように炎上を嫌ってユーザが本来やりたかった SNS から，別の SNS を選んだとすれば，SNS 間のユーザ数の差が炎上のコストの目安となる。

　図 3.7(a) でブログのユーザ数は 300 万程度で安定している。ブログのデータは 2009 年までしかないが，安定しているのでその後も横ばいと仮定してよいだろう。Facebook のユーザ数は 2012 年で 1400 万人である。図 3.7(b) を見ると 2012 年から 2013 年の間に 26.1/15.7=1.66 倍に増えているので，これを乗じると 2013 年の Facebook のユーザ数は 1400×1.66＝2300 万人と見積もれる。ブログとのユーザ数 300 万人との差をとると，2300－300＝2000 万人となる。

　一方，Twitter のユーザ数は 2011 年にピークに達して以降は安定しており，1400 万人程度である。LINE のユーザ数は 2013 年で Twitter の 44/17.5＝2.5 倍いるので，ユーザ数の差は 1400×2.5－1400＝2100 万人となる。奇しくも両者の数値はほぼ一致し，2000 万人程度になる。この 2000 万人という数値は，炎上に強い閉じた SNS と炎上に弱い開いた SNS のユーザ数の差である。

　このユーザ数の差が，すべてユーザが炎上を嫌うがために生じたというのは，明らかに過大推定である。SNS の選択は炎上しやすさだけによるわけではない。Facebook にはブログにはない便利な機能があり，友人づくりに適している。LINE は家族や職場，サークル等仲間内の連絡など，そもそも情報発信を意図していない目的に使われることも多い。これらの要因を取り除き，「炎上や荒らしがなければ，ブログ・Twitter にしていたが，炎上・荒らしが嫌で Facebook・LINE にした」という人の割合を出す必要がある。

　その割合はむろん正確にはわからない。しかし，図 3.5 で，炎上や荒らしを憂える人が 7 割近いことから考えて，割合がゼロということはなく，ある程度はあるのではないかと思われる。すなわち，炎上を嫌って SNS 選択を変えた人の割合は 2～3% というようなことはなく，もう少し高いのではないかと推測される。仮に 5% とすると，2000 万人の 5% なので，100 万人となる。1 割なら 200 万人，2 割なら 400 万人である。この推測はきわめてラフなので，ひとケタめの数字にも意味はなく，意味があるとすればオーダー程度である。そこで，おおざっぱな見積もりとして数百万人と見つもっておこう。すなわち，

炎上がある故に情報発信力の低い SNS をわざわざ選んでいる人が数百万程度いるのではないかということである。

数百万人の人が情報発信から撤退しているとすれば，社会的コストとして憂慮すべき事態である。自由と民主主義の社会にあっては，できるだけ多くの人々が意見交換に参加し，合意に向けた世論形成が行われることが望ましい。にもかかわらず数百万の人が本来やりたかった情報発信をあきらめているとすれば，いかにも残念なことである。炎上の社会的コストがここにある。

3-3　初期インターネットとの比較

ネット楽観論の暗転

インターネットの初期にはこのような事態は想定されていなかった。1990年代のインターネットの普及期には，多くの人が意見を交流させることにより，相互理解が深まり，新しいアイデアと知恵が生まれて世の中がよくなるという見解が表明された。ネットをバーチャルコミュニティと呼んだラインゴールド (1995)，あるいはネット時代の新しい人間類型をシチズンになぞらえてネティズン（Netizen）と呼んだハウベン（Hauben 1997）などがその例である。この流れは 2000 年ごろまで続いており，2002 年にラインゴールドは，大衆がモバイル機器でコミュニケーションに参加し，社会の意思決定に参加できる素晴らしさを Smart Mobs（賢い群衆）と呼び肯定的にとらえている（Rheingold 2002）。当時からメーリングリストや掲示板での喧嘩（いわゆる flaming）はあったがそれも個々人で対処可能の範囲であり，コミュニケーションの機能不全を悩む声はなかった。

一例としてラインゴールドの言を引用してみよう。

「CMC（引用者注：Computer Mediated Communication, ネットを通じたコミュニケーションのこと）の持つ政治的な意義は，強力なマスメディア上に乗っかっている既成の政治勢力の独占に挑戦し，それによっておそらく市民に基盤を置いた民主主義を再び活性化させることができる能力にある」（ライン

ゴールド 1995, p. 34）

　ネット上のコミュニケーションは民主主義を活性化させると信じられていたことがわかる。当時，ラインゴールドが心配していたのは，巨大企業や政府によってネットが支配され，監視社会になってしまうことであり，フーコーの円形監獄の比喩がよく引き合いに出された。ネットにとって警戒すべき敵は外部におり，内部ではない。内部の敵すなわち一般ユーザ自身の情報発信がコミュニケーション不全を引き起こすことは当時本気で心配されてはいなかったのである。

　日本でも Web2.0 を肯定的にとらえた梅田（2006）がこの流れに乗っており，よく読まれた。学会でもネット上の新しい公共圏への期待に基づく議論が多く見られ，ハーバーマスの公共圏の議論が参照されたり，新たな民主主義の形が議論されたりしている（例えば干川 2001）。最も読者を持った梅田から引用してみる。

　　「日本もそろそろインターネットの「開放性」を否定するのではなく前提とし，「巨大な混沌」における「善」の部分，「清」の部分，可能性を直視する時期に来ているのではないか」（梅田 2006, p. 22）

　ネット上で開放的に議論することから生じる善の部分を見よというのが彼の主張である。ここらあたりまではネットで誰もが発信できることが人々の意見交換をうながし，世の中をよくしていくという見解が素朴に信じられていた。まさに，"Democracy on the web works."[18]（ウェブ上の民主主義は機能する）だったのである。

　しかし，その後，論調は暗転する。口火を切ったのはすでに何度も引用した Sunstein（2001）である。その著書 Republic.com（邦題，『インターネットは民主主義の敵か』）で，サンスティーンはインターネット普及で，より多くの人々が意見交換できるようになり，討議の民主主義が深まるかと期待したが必ずしも

---

[18] この言葉はグーグル社が自社の哲学として挙げている 10 の項目のうちの 1 つである。https://www.google.com/about/company/philosophy/（2016/1/28 確認）。

そうなっていない現状を憂慮した。ネット上では人々は自分の意見に近い人とだけ交流し，意見が過激化していき，討議の民主主義が失われる傾向があるというのがその懸念である。

> 「……，私は，自己欺瞞――つまり，本来仲間である他の市民の関心や意見から自分自身を多くの壁で遮断してしまう状況――が個人と社会の双方に厳しい問題を生じさせる可能性について強調してきた」(Sunstein 2001, p. 193)

　日本でもネット上での意見交換や交流に対する悲観論が出てくる。特に日本の場合は炎上が話題になることが多い。例えば東・濱野（2010）は，さまざまの観点からネット上のコミュニケーション不全の危険性を指摘している。2006年にネットの未来を明るく語った梅田望夫はわずか3年後の2009年には，日本のネットは残念な結果に終わったと述べ，事実上の敗北宣言を出してネット上の議論から撤退した[19]。比較的中立的な立場をとっていた荻上チキも炎上は社会的私刑であると述べるにいたっている（荻上 2014）。さらに中川（2010）は，炎上になんらかの合理性や社会的理由を見出すのは無駄であり，より端的に彼らはバカと暇人だ，と切って捨てるにいたっている。無論，現在でもなんらかの仕組みを使ってネットを通じて集合知を利用しようという試みは「熟議」などと呼ばれ，行政府や NPO などで続けられており，ネットの潜在力がすべて否定されているわけではない。しかし，SNS やブログなど自発的なソーシャルメディアで生産的な議論を期待する人は見られなくなった（平井 2012）。すなわち，広範なネットの海で自発的に異なる意見が交流し，理解を深めあうような未来を説く人は減少しつつある。

　ウェブメディアの編集長を長く務め，炎上をおこす人々との付き合いの多い中川淳一郎氏の見解を引用してみよう。

---

[19] 『日本の Web は「残念」梅田望夫さんに聞く』IT Media ニュース，2009年6月1日，http://www.itmedia.co.jp/news/articles/0906/01/news045.html（2016/1/28 確認）。なおこの梅田氏の発言は，あれだけネットを持ち上げておいていまさら何を言うかという反発を招き，この発言自体がミニ炎上を起こしている。

「かくして,ネット世論にビクつき人々は自由な発言ができなくなり,企業のサイトはますますつまらなくなる。本来自由な発言の場であったはずの個人ブログも炎上を恐れ,無難な内容になっていく」(中川 2009, p. 41)

ネット上で過激な発言を続ける"自由"な人もいるが,それは失うもののない人が匿名で書き込みをするときである。家族と職を持ち社会生活を送る普通の人が,ネット上で自由に発言することは難しくなってくる。曰く,「ネットはプロの物書きや企業にとって,もっとも発言に自由度がない場所である。ネットが自由な発言の場だと考えられる人は失うものがない人だけである」(中川 2009, p. 90)。かつて,ネット上の自由な議論が民主主義を促進するとされていたのと比べると,論調の暗転は著しい。

図 3.8 は,日経新聞紙上に載った炎上に触れた記事の数の推移である。検索は日経テレコンに「炎上」をキーワードとして検索し,航空機事故の炎上などのネット炎上に関係しないものを除き,ネット炎上に関するもののみを目視で抽出した。これを見ると 2006 年まではまったく話題になっていなかったのが,それ以降話題になるようになり,2012 年以降急激に新聞紙上の話題になっていることがわかる。すでに炎上はネットに詳しい人だけの一部の業界用語(ジ

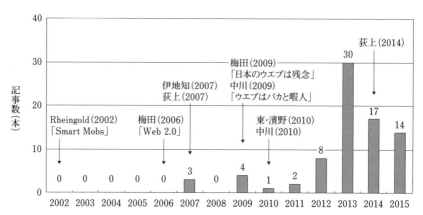

注:朝刊・夕刊合計,「炎上」で検索後にネット関連の炎上のみを目視で抽出。
出所:日経テレコンより筆者作成。

図 3.8 日経新聞紙上の「炎上」記事の数の推移

ャーゴン）ではなく，一般人でもわかる普通の用語である。グラフには上に挙げた論者の議論の発表年を記した。2007年までは楽観論であったのが，2009年以降は悲観論が強まっていることがわかる。なお，グラフで2013年が突出して高いのは，この年の参議院選挙でネット選挙が初めて解禁され，ネット選挙の是非に関する記事が増えたという特殊事情のためである。

フレーミング（Flaming）との違い

　ネット上での情報発信が攻撃的な人によって萎縮していると述べると，それはなにもいまに始まったことではないという反論があるかもしれない。ネットの初期からフレーミングという現象が知られていたからである。炎上が問題というがもともとネットというのはそういうものではなかったのか，と。しかし，炎上はフレーミングとは異なる。ここで簡単に昔からあるフレーミングと近年の炎上の違いを述べておく。

　フレーミングとはメーリングリストやニュースグループ（一種の掲示板）などで言い争いが生じ，口喧嘩が延々と続く現象のことである。インターネット草創期から生じており，これを防ぐためのガイドラインもインターネットコミュニティで定められている[20]。ガイドラインがあることでもわかるとおり，フレーミングはネット上ではありふれた現象であり，研究者による研究例もある。例えばReinig（1998）は学校のクラス討論でのフレーミングを実験研究し，Lee（2005）はニュースグループでのフレーミング対策の分類を行っている。

　しかし，炎上とフレーミングは大きく異なる。最大の違いは，フレーミングは基本的には限られたグループ内の1対1の戦いであるのに対し，炎上は1対不特定多数の戦いであることである。フレーミングはメーリングリストやニュースグループ内の個人対個人の争いである。たまに応援者が現れて増えることもあるが，基本的には1対1である。したがって，喧嘩になっても一応議論らしきものは続いていることが多い。死ねとか馬鹿とか罵りばかりになることはなく，仮にそのような罵りあいになるとフレーミングは終息する。双方ともに馬鹿馬鹿しくなって止めてしまうからである。このような展開をたどるのは，フレーミングがメーリングリストやニュースグループといった比較的限られた

---
20) RFC1855がそれである。https://tools.ietf.org/html/rfc1855（2015/12/17確認）。

メンバーの中で起こる1対1の争いだからである[21]。

これに対して炎上の場合は1対不特定多数である。Twitter の拡散力や2ちゃんねる等掲示板の一覧性，検索エンジン，まとめサイトなどに助けられて，攻撃者がネット中から集まってくる。議論はほとんど行われず，罵倒や中傷だけが延々と続く。相手が一人で一応議論らしいものがされているのであれば反論することもできるが，単なる罵倒で，相手がくるくる変わると議論することは困難である。さらに，ネット中に話題が拡散するので，無視することも議論を終了することも難しい。

炎上がフレーミングと異なることは，フレーミングの対策とされているものが炎上には有効ではないことからもわかる。Lee（2005）は，ニュースグループのフレーミングの事例を収集し，フレーミングへの対処方法を分類した。主なものを挙げると，次のようになる。

・第三者が仲介する
・議論を止める
・ジョークを言う
・詩を投稿する
・謝罪する

これらは（謝罪を除いて）今日の炎上問題には適用できないものばかりである。

例えば，第三者が仲介するのはほとんど意味をなさない。炎上当事者の味方をする回し者が現れたとみなされてさらに攻撃が加速するだけである。五輪エンブレム事件のときもデザイナーの仕事について正面から議論して仲裁しようという動きがわずかにあったが，少しでも佐野氏寄りの発言をすると同類と見なされて叩かれてしまうので，仲裁は機能しなかった。

---

21) ニュースグループとは特定の話題ごとにできた掲示板である。例えば soc.culture.japan というのは日本社会の文化に関心のある人が書き込みを行う掲示板である。掲示板なので誰でも参加できる。当時のインターネットでは2ちゃんねるのような一覧性がなく，検索もできなかったので，1つの掲示板でフレーミングが起きても他の掲示板から人が集まってくるということはなかった。フレーミングはその掲示板内部の人だけを読者として議論が進むのが通例で，この意味で比較的メンバーが限られていた。

議論を止めるというのは，相手にせず無視するということであり，フレーミングの場合は比較的有効である．何を言われても無視していると相手が勝手に勝利宣言をして書き込みをやめてしまうからである．しかし，炎上ではそうはいかない．不特定多数の攻撃者が入れ替わり立ち替わり現れるので収まることがない．また，フレーミングの場合はメーリングリストや特定掲示板の中だけに影響がとどまっていたので放置してもよかったが，炎上では自分の友人や職場の人も罵詈雑言を見なければならず，関係ない人にまで悪影響が及ぶ．さらにその悪影響は，電話や個人情報さらし等でネット空間ではなく実空間にまで及んでいく．天涯孤独の人ならいざ知らず，家族や職場を持ち，ある程度社会性を持って生活している人がこれを放置することは難しい．自分が議論を止めることは解決にはならない．

　ジョークを言う・詩を投稿するにいたっては論外というべきであろう．ふざけているとして攻撃者がさらに増長し攻撃を増やすだけである．ちなみに詩の投稿とは，そこまでの論争のあり様について，風刺を利かせた詩をその場に投稿することで，フレーム当事者の頭を冷やさせることである．喧嘩というものは一歩引いてみると馬鹿馬鹿しく，またお笑いであることも多い．そこで，少し斜め上方向から見た詩を投稿し，フレーム当事者が自己を客観化してクールダウンしてもらおうというわけである．このような牧歌的な対策が有効だったのは，フレーミングが，感情的で攻撃的ではあるがそれでも1対1の古典的"決闘"だったからである．炎上は決闘ではなく，正義を確信した不特定多数の人たちによる集団リンチであり，牧歌的方法はまったく有効ではない．

　このように同じ対処方法が使えないことから，炎上とフレーミングが異なる現象であることがわかる．平井（2012）もフレーミングと炎上を異なる現象ととらえている．フレーミングは，ネットをするのが研究者やIT関係者等一部に限られ，検索やSNSが未発達で，議論の場が個々のメーリングリストや掲示板内に限定されていた時代の出来事である．いまインターネットは拡大してかつてないほどの多数の人がかかわり，検索とSNSの発達でネット全体が1つの場になり，ひとたび事が起こると世界中から人がそこに集まってくるようになった．炎上はこの変化を背景に生じた現象で，フレーミングとは別物である．インターネット草創期の人にとっても，炎上の蔓延は想定外の事態だった

だろう。

3-4 炎上対策の検討

　炎上を避ける対策はないのだろうか。炎上が話題になった2010年ごろ以降，炎上対策の本がいくつか出ている（例えば田代・服部 2013, 中川 2010, 岡島 2014 など）。そこで挙げられた対策は個々人や企業・団体が自らを守る方法としては有効である。が，本書が考える社会的コストへの対策としては限界がある。すなわち，炎上を嫌って人々が情報発信を控えるという炎上の基本問題への対策にはなりそうもない。炎上対策本のかかげる代表的な2つの炎上対策について検討してみよう。炎上が起こる前の予防策としては「話題の限定」が，炎上が起きた後の対処策としては「謝罪」が代表的な炎上対策であり，これを順に考察する[22]。

炎上対策1：話題の限定
　炎上の予防策としては炎上しそうな話題を避けるのが一番である。例えば趣

---

[22] これ以外の対策として，荒らしの最初の書き込みを無視する（スルーする）という予防策も唱えられる。どのように反応しても攻撃者を刺激し，炎上が始まってしまうことが多いからである。"荒らしは無視" はネットの基本である。ただし，この方法にも限界がある。
　第1に無視で収まるのはそもそも攻撃者のやる気が低いケースだけである。最初から攻撃側がやる気満々の場合，無視しても繰り返し絡んでくるので，この対策は有効ではない。第2に，SNSや掲示板には友人同僚などが加わっているので，自分が無視しても他の人が見るので悪影響を遮断できない。自分が無視しても友人同僚たちが罵倒や中傷など汚い言葉を見続けなければならないのは苦痛である。また，友人・同僚が荒らしに反応すると，それがもとで炎上しまう。第3に，「無視」自体が心理的負担になる。われわれの日常の倫理では，話しかけてくる人を無視することはやってはいけないことである。人は誰も存在を認めあうべきであり，相手を無視するのはもっともしてはならないことで，例えば学校のクラス等で皆で一人を無視するのはいじめであり非道なこととされる。それにもかかわらず無視せよというのは心理的な不整合を引き起こす。部屋の中に自分たちに話しかける人が一人いて，他の人が全員でそれを無視し続ける状態というのは考えてみれば異常な状態であり，そのような状態自体が人を嫌な気持ちにさせる。
　以上3つの理由で，無視はできずに，応答せざるをえず，あるいはブロックしてアクセス不可にすることになる。しかし，ブロックすることも反応の1つなので，攻撃者は喜んでアカウントを変えて何度でもアクセスしてくる。結局掲示板，ブログごと閉鎖するところに追い込まれてしまう。無視が有効なのは，一言絡んではきたが絡む方にあまりやる気がなく，ほっておけばすぐ消えてし

味の釣りの話とおいしいレストランの話だけしていれば，炎上を引き起こす可能性は低い。これに対して論争的な話題，例えば憲法9条問題や原発の是非等を話題にすると，炎上しやすくなる。炎上しやすい問題を避けるようにせよというのが，どの炎上対策本でも挙げられている予防策である。

　具体的にどのような話題を避けるべきなのだろうか。複数ある炎上対策本から拾ってリストしてみよう。

避けた方がよい話題
1　政治
2　外交
3　宗教
4　民族
5　教育・学校
6　性別（ジェンダー）
7　地域
8　差別問題
9　環境問題
10　原発・放射能関連
11　喫煙
12　アイドル関係
13　スポーツ関係
14　オタクネタ（アニメ・ゲーム等）

議論の仕方についての注意
15　悪口を書くな
16　上から目線は避ける
17　外国と日本を比較して日本を批判しない

　1の政治問題は，その時々でホットなイシューは，論議の両端に強い支持者

まうときだけである。そういうケースは確かにあるが，それで解決できる範囲は限られる。

がいるので，不用意に発言すると攻撃を受ける。炎上を避けたいなら，憲法9条問題，安保法制，格差問題や少子化問題等なんらかの政治的イシューになっている問題には口を出さない方が安全である。2の外交は特に中国・韓国がからむと炎上しやすい。3の宗教とは，日本の場合はイスラム教などの大宗教ではなく新興宗教のことである。新興宗教は熱心な支持者がいるので炎上の素になる。4の民族はこれも中国と韓国関連が炎上しやすい。いわゆるネトウヨとされる人々の好む話題は危険で，本書執筆時点で言えば在特会がらみの話題は最も危険な部類に入る。5の教育は，子供の教育あるいは育児については一家言ある人が多いため，もめることがある。学校というのは学歴のことで，学歴コンプレックスがからむと議論が思わぬ展開になり混乱する。6の性別は強硬なフェミニズムの立場の人が加わると炎上しやすい。男女の違いや男女の役割等についての発言，例えば「男とは……」「女とは……」などは口にしない方が得策である。

　7の地域とは主として都市と地方の格差にかかわることで，地方を見下したと受け取られると荒れることがある。8の差別問題は，反差別を絶対の正義として掲げる人と衝突すると炎上する。9の環境問題も，グリーンピースのように一部の極端な環境保護論者が炎上を引き起こす。10の原発・放射能は福島第一の原発事故以降の日本のホットイシューであり，放射能の危険性について極端な意見があるため対話が成立しにくく，ほとんどの場合議論が荒れてしまう。11の喫煙ネタも同様で強硬な嫌煙者と愛煙家の意見の隔たりが大きいためまともな議論は望めない。12のアイドルは，アイドルを褒めているうちはよいが，ちょっとでも注文や批判を口にすると，熱狂的なファン層から激しいバッシングを受ける。13のスポーツ，14のオタクネタも同じで，人気選手や人気作品に少し注文をつけるだけで悪口ととられて突っかかられる事が少なくない。

　15，16，17は話題ではなく，話し方に関する注意である。一般に褒めているうちは問題ないが，多少なりとも批判や辛口論評を行うと悪口をとられて炎上のもととなる。知識を語りすぎると上から目線ととられて嫌われる。外国と日本を比較して日本の悪いところを指摘すると反日的とされて攻撃されることが少なくない。

以上 17 件の注意事項を述べてきた。確かにここに述べたことを忠実に守れば，炎上はかなり避けられるだろう。個人，あるいは企業の立場からはそれなりに役立つ炎上予防策である。

しかしながら，この予防策は情報発信の萎縮を防ぐという本書の問題意識からは対策にはならない。なぜなら，ここに挙げた話題はあまりに広範で，これらを避けると話すことが限られてしまうからである。安保法制，憲法論争，原発問題，格差問題，少子化問題，女性の社会的地位，ヘイトスピーチ，地方振興策，非正規労働者問題，等，たいていのテーマはこの禁止リストにひっかかる。自由な民主主義社会では，意見の分かれるテーマほど多くの人に議論に参加してもらい，互いの理解を深めることが望ましい。しかし，ここまで広範に話題を限定するとそのようなテーマがすべてはじかれてしまう。

議論の仕方への注意にも問題がある。例えば，悪口を書くなというアドバイスはどの炎上対策本にも書いてある。しかし，何かを議論するとき，問題提起のためには批判的な議論はどうしても必要で，そうなるとそれを悪口ととらえる人が必ず出てくる。何が悪口かの判断は受け取り方次第だからである。例えば，派遣労働者の状況を改善したいと思っている善意の人が，「派遣労働者の生活は悲惨だ」と書いたとしよう。が，自ら派遣を選び，それなりに充実した人生を生きている人にとっては，この文章は派遣労働者を貶める悪口に聞こえる。

実際の炎上例として「福島はもう住めない」という物言いが炎上した例がある（図 3.9）。この表現は放射能汚染の問題を強く訴えたい問題意識から出たものである。しかし，福島に住んでいる人にとっては風評被害を助長し，ゆえなく福島を貶める悪口になる。実際，福島のいくつかの自治体がこの表現が載った雑誌に抗議する事態になった。福島すべてが汚染されているわけではないので，福島はもう住めないという言い方は確かに誤っている。一部を全部と見なすという点で乱暴であり，福島の人が傷つき憤るのは自然であろう。

ただこのような乱暴な表現は，一般によく使われている。例えば「東京の人は地方を見下している」「アメリカは治安が悪い」「中国人はマナーが悪い」「生活保護受給者は甘えている」等で，字面だけとれば，一部を全部と見なす点ですべて誤りである。実際傷つく人もいるだろう。しかし，この中でどの物

図3.9 「福島はもう住めない」炎上事件

　言いが悪口とうけとられて炎上するかを事前に予想することは難しい。予想ができないなかで，炎上をさけたいなら批判的な物言いをすべて封印するしかない。すると，議論の提起自体が難しくなる。

　こうして話題を限定し，議論の仕方に注意することで炎上を避けようとすると，ひどく窮屈になる。炎上をさけたいなら，自分の趣味とか，旅行記，レストランなど当たり障りのない話題について，もっぱら褒めることになる。実際，Facebookでは，おいしいレストランやコンサートに行ったというような身の回りの出来事を書いて，良かった，おいしかった，おもしろかったと述べるものが多い。炎上は避けられるが，議論の空間にはなっていない。インターネッ

トに期待されていた，さまざまな意見が交流し，相互理解が進むという展開からは遠くなる。

　要するに話題の限定は縮小均衡である。話題を限定してしまうことはその分だけ情報発信をあきらめることに等しい。炎上や荒らしを恐れて，ブログやTwitterからFacebookとLINEに撤退することと方向としては同じである。すなわち話題の限定は，それ自体が社会的コストにほかならないのであり，情報発信の萎縮という炎上の基本問題は解決されていない。

炎上対策2：謝罪

　次に予防策ではなく，炎上が起きてしまった後の対策を考えよう。炎上が起きたときの対処法として最も有力なのは謝罪である[23]。確かに，正義の旗を掲げて攻撃する人が攻撃を止めるのは悪が倒されたときである。ゆえに私が悪かったと非を認めて謝罪すれば事態が収まることがある。例えば，五輪のエンブレム問題では，佐野氏は謝罪こそしなかったものの，自分のエンブレムを取り下げたことで，攻撃側は「大勝利」を叫び，その後，図3.3に見るように炎上は沈静化した。攻撃側が満足すれば炎上は終わる。

　しかし，謝罪は有効な解決策とはいえない。理由は3つある。第1に，謝罪しても攻撃が収まらないことがある。例えば，「倖田來未氏羊水が腐る事件」のときは，当人が謝罪会見を開いても攻撃が収まることがなく，結局，芸能活動の停止に追いこまれている。前述したはるかぜちゃん名前勘違い事件でも，彼女が謝罪しても攻撃が続き，アカウントの停止にいたっている。

　また，謝罪をして攻撃が収まるとしても，その過程で発信者が十分傷ついてしまうことも多い。例えば昆虫交尾図鑑事件というのがある。これは女子藝大生が授業の課題として作成した昆虫の交尾の本に出版社が目をつけて出版したところ，絵が実際の昆虫の交尾写真からの模写であることがわかり，著作権侵害として炎上した事件である（図3.10参照）。この事件では，女子藝大生自身

---

[23] 謝罪以外の有力策として，炎上が事実関係に基づくときは，客観証拠でそれに反論する方法がある。例えばある会場で「〇〇」という発言をしたと言われて炎上したとき，実はその会場にいなかったということをアリバイで示せれば炎上は止められる。しかし，このような事実関係で反証できるケースは，いわばもともとの火種がデマだったケースだけである。ほとんどの炎上案件は元となる事実はあって，その解釈や考え方の違いから発しており，その場合にはこの方法は適用できない。

12月6日の発売日当日に、「東京藝術大学の女子学生が、1人でつくった」としてインターネットのニュースなどで取り上げられ、大いに注目を集めた『昆虫交尾図鑑』(長谷川笙子／飛鳥新社)。

だが、この本がすぐさま別の理由で注目を集めたことは、ご存じの方も多いだろう。

昆虫図鑑サイト『虫navi』などに掲載された複数点の写真を「トレース」(編註：上からなぞること) あるいは「模写」したという疑いである。それがネット上で話題になったことで、『虫navi』管理人が出版元の飛鳥新社に問い合わせたところ、ツイッターで当初はトレースを否定していた作者本人が直接メールで謝罪。写真を見て描いたことを認め、「印税その他、一切の権利を放棄するつもりでいます」と表明し、疑惑は解決に向かったかに見えた。

ところが、事態は一転。12月10日付で、飛鳥新社が公式サイトにおいて、「著作権を侵害するものではない」と主張。「著作権に詳しい弁護士の検討を経たもの」として

『昆虫交尾図鑑』

昆虫交尾図鑑事件を報じるニュース。執筆者が謝罪したにもかかわらず出版社が争う姿勢を示したことを記している。
出所：ビジネスジャーナル，2013/12/21, http://biz-journal.jp/2013/12/post_3666.html (2015/12/14 確認)。

▍個人攻撃に憤っている

次に、長谷川さんが写真を見て描いたことを認めている件について尋ねると、「写真は参考にしたようだが、模写というところまでいくのか、どこまで参考にしたかという部分については現段階では分かりません」と話す。それでは、事実確認が取れていない状態で「違法でない」と明言したのはなぜなのか。

すると、担当者は「長谷川さんはネット上のバッシングで精神的に参っているようで、そうした部分を詳しく聞き出すのが難しい状況なんです」と打ち明け、発表の真意を語った。さらに「裁判で結果が出たわけでもないのに、ネット上では不特定多数による強烈な個人攻撃が行われている。本来関係のない長谷川さんの個人情報まで流出しています。当社としてはそうしたやり方を危惧している、というより憤っています」と語気を強め、「当社に矛先が向かうのは結構ですが、個人攻撃はやめてもらいたいです」と訴えた。

出版社が争う姿勢を見せたのは、執筆者へ個人攻撃が激しく、それに憤ったためと述べている。
出所：J-Cast News, 2013/12/11, http://www.j-cast.com/2013/12/11191467.html?p=3 (2015/12/14 確認)。

図 3.10　昆虫交尾図鑑事件

はいち早く模写を認めて謝罪し，印税の放棄なども申し出た。が，なぜか出版社は著作権侵害を認めず争う姿勢をとった。当人が非を認めているのになぜ出版社が争うのかを問われとき，出版社はその理由として，この女子藝大生が個人攻撃にさらされて精神的に参ってしまい，それに憤りを感じたからと述べている[24]。ことの是非はともかく，この事件は謝罪をしても精神的に追い込まれてしまうことがあることを示している。

　第2に，そもそも謝罪の意思がないのに謝罪することはできない。何人にも思想の自由がある。心の中は誰にも支配できないし，支配されてはならない。炎上したとき，自分に非があると思えば謝罪すればよいが，そうでないときは謝罪をすることはできないし，するべきではない。自己の意思を曲げて謝罪することを強要するのは，そもそもわれわれの社会の基本原理である自由主義に反する。炎上対策として謝罪をすればよいというのは，炎上を収めるために非を認めたふりをしろということで，自分に嘘をつけということに等しい。自由主義を尊ぶ人，自尊心のある人は拒否するだろうし，拒否して当然である。五輪エンブレム事件の佐野氏もエンブレムを取り下げはしたが，自分の作品がパクリだとは認めていないだろう。佐野氏が己の創作した作品がパクリではないと信じる限り，自分の主張を変える必要はなく，変えるべきではない。何人も自己の考えを圧力や強要で変えさせられてはならない。多くの場合，炎上した人は自分が謝罪すべきとは考えておらず，その場合，謝罪は不可能であり解決策にならない。それでも謝罪を当人にさせるというなら，それは自由主義の自殺である。

　謝罪が有効な解決策になるのは炎上しているのが個人ではなく企業や団体のケースである。企業・団体には人格がないので，守るべき心の自由も自尊心もない。特に企業の場合，利潤にマイナスとなれば，自分に非がなくても謝罪することはたやすい。実際，企業が起こした炎上事件では迅速な謝罪で拡大を防いだ例が見られる。しかし，社会が自由主義であろうとするなら，同じことを

---

24) 当人の謝罪をさしおいて出版社が争ったことでおさまりかけた炎上がまた燃え上がったので，逆効果にも思える。ただ，出版社が争う姿勢を見せたことで炎上の攻撃対象は執筆者の女性から出版社に移り，彼女へはむしろ同情が集まったふしもある。例えばhttp://lastline.hatenablog.com/entry/20131211/1386695401（2015/12/14 確認）参照。

個人に求めるべきではない．個人にできる対策は，謝罪ではなく，アカウントの停止，ブログの閉鎖であり，いわば情報発信から撤退し，ひきこもることだけである．

　最後に，謝罪が解決にならない第3の理由として謝罪は議論の停止であり議論の促進ではないことが挙げられる．炎上を収めるためだけに早期に謝罪すると，議論が行われないので，社会として相互理解が進むことがない．多くの人が意見を重ね合わせて理解を広げていくというインターネットの理想からは遠ざかってしまう．例えば五輪エンブレム事件はエンブレム取り下げで終結したが，すでに述べたように著作権問題についての議論は深まらなかった．

　他にも例はある．2015年の夏には，観光用のいわゆる萌え絵が炎上したことがあった．三重・志摩市の海女の公認キャラクター「碧志摩メグ」が胸を不必要に強調しているとして炎上した事件である[25]．図3.11の左の絵がそれで，現実の海女からかけはなれており，また胸の大きさを強調するキャラは女性蔑視が感じとれて不快だというのが批判側の主張であった．一方，胸を強調するキャラは少年誌等にも普通にあり（例えば漫画ワンピースのヒロインたち），また海水浴の観光ポスターでは女性の水着姿が描かれるのが普通であって，碧志摩メグ程度で何が問題なのかという意見もあった．しかし，志摩市当局が早々に公認を撤回してしまったため，議論は深まらずに終わってしまった．

　炎上を避けるためだけなら早期の撤退は賢明な対応であり，1企業や1団体としては合理的であろう．しかし，相互理解は深まらないままであり，社会として議論が前進したとはいえない．萌え絵は女性蔑視なのか，セクシーさはどれくらいまでなら許されるのか，判断すべき主体は地域なのか，観光客なのか，全国民なのかなど論争点は出かけたが，すべて曖昧のまま終わっている．議論が深まらないまま謝罪で終了すると，同じことが繰り返されるようになる．実際，同年の秋に同様の事件が岐阜県美濃加茂市の観光ポスター（アニメの「の

---

25)「ちょっとセクシーすぎる？ 海女萌えキャラに抗議殺到 サミット開催予定地に持ち上がった騒動の行方」産経WEST，2015/9/4, http://www.sankei.com/west/news/150904/wst1509040005-n1.html（2015/12/14確認）．

　木村正人「「ロリコン，性差別」「海の文化バカにするな」サミット開催地・志摩で海女の萌えキャラ大炎上」Yahooニュース，2015/8/26, http://bylines.news.yahoo.co.jp/kimuramasato/20150826-00048855/（2015/12/14確認）．

3-4 炎上対策の検討　　　97

うりん」のキャラ）でも起こった（図3.11の右側）。アニメ「のうりん」のご当地だった美濃加茂市が，このアニメのキャラをつかったスタンプラリーを企画したが，キャラたちのなかに巨乳が特徴のキャラがいたためにおきた事件である。このとき市当局は炎上しかけると，議論以前にいち早くポスター使用を中止するなど撤退策をとってしまう[26]。

要するに謝罪とは事なかれ主義であり，これもまた縮小均衡である。ちなみに三重・志摩市の海女キャラクター「碧志摩メグ」は，7割の海女が支持して

左が志摩市の碧志摩メグで2014年末につくられた。翌2015年8月ごろから炎上し，11月初めに市が公認撤回した。右は美濃加茂市の「のうりん」のポスターで，2015年の11月初めに公開されたが，すぐに抗議がよせられて11月末にはポスターは撤去されている。炎上してから当局が撤回するまでの期間が3か月強だったのが1か月以下に短くなっていることに注意。
出所：左：産経WEST，2015/11/5, http://www.sankei.com/west/photos/151105/wst1511050052-p2.html　（2015/12/14確認）。
　　　右：Exciteニュース，2015/12/1, http://www.excite.co.jp/News/reviewmov/20151201/E1448932351189.html　（2015/12/14確認）。

図3.11　ご当地萌えキャラの炎上事件

[26]「胸元強調アニメポスター批判相次ぎ撤去　岐阜・美濃加茂」朝日新聞デジタル，2015/12/1, http://www.asahi.com/articles/ASHCZ63VMHCZOHGB015.html（2015/12/14確認）。

くれているとして非公認キャラとしていまも民間では自主的に使われている[27]。7割の海女が支持しているというのならなぜ非公認化してしまったのかという疑問が出そうであるが，すべてはよくわからないまま終わることになった。

以上3つの理由で，謝罪は炎上対策としてはあまり有効ではない。まず，謝罪しても攻撃が続くこともある。さらに，そもそも納得できなければ謝罪はできないし，すべきでもない。そして，謝罪してしまうと議論が深まらず，縮小均衡するだけに終わる。炎上を嫌う結果として情報発信が萎縮するという炎上の基本問題は解決されない。

3-5 結語：炎上のコストは情報発信の萎縮

炎上の社会的コストは情報発信の萎縮である。炎上すると極端で攻撃的な言葉が殺到し，議論が不可能になってアカウントやブログの閉鎖など，議論の場から撤退することになる。一方的な攻撃は人々を傷つける。なんども炎上事件を見ると，炎上を嫌ってそもそも情報発信をあきらめる人が多くなる。自由な意見交換の場であることを期待されていたインターネットでの情報発信が自由ではなくなっていく。ネット上には炎上に耐えられる猛者だけが残り，普通の人はLINEやFacebookなどの閉じた輪にひきこもる。結果として，ネット上に表明されるのは極端な意見の持ち主が多くなり，対話が難しくなっていく。これが炎上の社会的コストである。

炎上にも企業の不正をただすなど社会的に有用な場合があることは事実である。しかし，人々がネットに抱くイメージをアンケート調査で尋ねると，ネットでは攻撃的な人が多い，とかネットは怖いところであるなど，ネガティブなイメージが多くなってしまった。インターネットの当初にあった，世界中の人と自由に意見交換出来るネットワークという明るいイメージは薄まってしまった。炎上の社会的コストがここにある。

---

[27]「公認撤回を申出『碧志摩メグ』についてプレスリリース」碧志摩メグ公式サイト，2015/11/5, http://ama-megu.com/test-test-test/（2016/1/16確認）。

第 4 章

炎上は誰が起こすのか

　これまで見てきたように，炎上は年間約 400 件（1 日に 1 回以上のペース）発生しており，それによる経済的被害まで発生している。また，スマイリーキクチ氏のように，事実無根の誹謗中傷に 10 年もさらされる例もあり，社会に与えている影響は少なくない。

　では，このような炎上には，そもそも誰がどのように参加しているのだろうか。それについて，例えば中川（2010）では，「イタい人たち」と形容している（そもそもタイトルが「ウェブを炎上させるイタい人たち」である）。そのほか，川上（2014）や一般的な書かれ方を見ると，「社会的弱者」「バカで暇人」「ネットのヘビーユーザー」と表現されることが多い。つまり，時間を持て余している人が，自宅にひきこもって，インターネット上で誹謗中傷を繰り返しているという像が想定されているのであろう。

　確かに，その想定はよくわかる。例えば第 2 章の 2-5 で平野綾氏関連の物を破壊してアップロードしたり，誹謗中傷を繰り返したりしている人は，何となく普通とは異なる「イタい人たち」と想定されても仕方ないかもしれない。また，平野綾氏が何年も誹謗中傷にさらされていることを考えると，「暇人」なのかもしれない。

　しかしながら，そのような炎上に書き込む炎上参加者について，データに基づいて統計的に検証した例は少ない。ほとんどのものは，事例研究や社会学的な理論考察である。そこで本章では，人々の炎上とのかかわり方と，実際に書き込んでいる人の属性について，アンケート調査データを用いて実証分析することで，炎上の実態を掴む。

　本章の構成は以下のようになっている。4-1 では，約 2 万人に対するアンケ

ート調査結果をもとに，人々の炎上とのかかわり方を見る．調査の結果，炎上を知っている人は90%以上いる一方で，実際に炎上に書き込んだことのある炎上参加者は約1.1%しかいないことがわかった．また，「1度書き込んだことがある」人に比べ，「2度以上書き込んだことがある」人の方が，2倍以上もいた．このことから，ごく少数の人が，複数回にわたり炎上に参加している実態が確認された．

4-2では，炎上参加行動に影響を与えている人々の属性について分析するための手法を提示し，さらに，データの概要から考察を行う．炎上参加行動に影響を与えている属性としては，2,020人を対象としたアンケート調査から，客観的属性とインターネットに対する主観的属性を，合計28個取得した．ただし，客観的属性とは，性別，年齢，住んでいる地域等を指し，主観的属性とは，「インターネットに書き込むには誹謗中傷されてもくじけない強い心が必要だと思うか．」「インターネット上なら強い口調で非難しあってもよいと思うか．」等の質問に対する回答結果を指す．記述統計量を確認したところ，掲示板を利用している人とインターネット上で非難しあってよいと考えている人が，炎上参加者に多いことがわかった．

4-3では，4-2で構築した炎上参加行動モデルを実際に分析し，炎上参加行動に影響を与えている属性について統計的な検証を加える．分析の結果，年収が多く，ラジオやソーシャルメディアをよく利用し，掲示板に書き込む，インターネット上でいやな思いをしたことがあり，インターネット上で非難しあってもよいと考えている，若い子持ちの男性というプロフィールが得られた．また，炎上参加行動に特に大きな影響を与えていたのが，掲示板に書き込むことと，インターネット上で非難しあってよいと考えていることであった．

4-4では，炎上参加行動に有意にならなかった属性について解釈を加えた．有意にならなかったのは，住んでいる地域，結婚の有無，携帯電話利用時間，SNS・掲示板利用歴等であった．特に興味深いのは，結婚の有無，学歴，インターネット利用時間であり，一般的に言われるような独身で知的水準の低いインターネットヘビーユーザといったイメージと，実際の炎上参加者はあてはまらないということがわかる．また，インターネットに対する考え方でも，「アイスケースの炎上事例について炎上は当然だと思う」「インターネットに書き

込むには誹謗中傷されてもくじけない強い心が必要だ」「インターネット上では言いたいことが言えるのがよいと思う」は有意にならなかった。炎上は当然だと考えることと炎上時に実際に書き込むかどうかは関係がないようである。また，インターネット上で発信するには強い心が必要という考え方や，インターネット上では自由に発言できるのがよいと考えることも，炎上参加行動にはつながっていなかった。

4-5 では，分析結果を踏まえ，炎上をどのように捉えればよいか，そして，どのように予防・対処すればよいのか考察する。

4-1　人々の炎上とのかかわり方

アンケート調査データは，2014 年 11 月に，多摩大学情報社会学研究所と共同で執り行った，調査会社マイボイス社のインターネットモニター 19,992 人に対するものを使用する[1]。

図 4.1 は，人の炎上とのかかわり方を表したグラフである。図 4.1 を見ると，突出して高いのが，「聞いたことはあるが見たことはない」人であることがわかる。「聞いたことがない」がわずか約 7% しかいないことと合わせると，炎上問題は，炎上を見たことのない人にも，すでに広く一般的に認知されていると考えられる。さらに，「1 度見たことがある」「2 度以上見たことがある」人を合わせると，90% 以上の人が，炎上に参加したことはないものの炎上という存在は知っているという状態であることがわかる。

このように，炎上が広く知られている一方で，実際に炎上に参加したことのある，「1 度書き込んだことがある」「2 度以上書き込んだことがある」人は，わずか約 1.5% しかいないことが確認される。つまり，本調査データにおいてわずか 300 人程度しか出現していない。これほど社会的に認知されており，さまざまな実害も出ている事象について，実際に行っている人がわずか 1.5% 程度しかいないというのは，実に興味深い。逆に言えば，この 1.5% の人が過激な誹謗中傷を取り止めれば，これほど企業のマーケティングや利益，人の生活

---

[1] アンケート調査に関する詳細な情報は **5-2** に記載している。

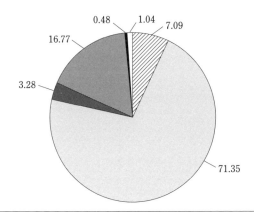

注：単位％・サンプルサイズ 19,992。

図4.1　炎上へのかかわり方

や心理状態に影響を与えている炎上もなくなるといえる。さらに，「1度書き込んだことがある」人に比べ，「2度以上書き込んだことがある」人の方が，2倍以上いることも興味深い。ごく少数の人が，複数回にわたり炎上に参加している実態がわかる。ただし，インターネットアンケートのバイアスを取り除くとこの値はさらに低下し，炎上参加経験のある人は約 1.1％しかいない（詳しくは第5章参照）。

このような実態は，一部のインターネット関連の知識人には認識されているようである。例えば，川上（2014）では，動画共有サービスであるニコニコ動画において，炎上参加者[2]が少数派である一方で，炎上参加者自身は自分を少数派だと思っていないことを指摘している。また，同じニコニコ動画において，誹謗中傷のコメントばかり[3]となっているときも，実は数人のコメントを消去するだけで，そのようなコメントがすべて消えてしまうという指摘もある[4]。

2）書籍中では「荒らし」と表現されている。
3）ニコニコ動画では，動画にコメントすることが可能で，そのコメントが動画上に流れる仕組みになっている。

4-2 データから見る炎上参加者のプロフィール

　では，そのように（バイアスを取り除いて）約 1.1% しかいない少数の炎上参加者[5]は，一体どのようなプロフィールなのだろうか。本節では，4-1 と同じアンケート調査において，より詳細に質問を行うために絞った 2,020 人[6]から，人々の属性に関する情報取得し，分析を行う。ただし，属性は客観的属性とインターネットに対する主観的属性の2種類に分ける。客観的属性とは，性別，年齢，住んでいる地域等を指し，主観的属性とは，「インターネットに書き込むには誹謗中傷されてもくじけない強い心が必要だと思うか。」「インターネット上なら強い口調で非難しあっても良いと思うか。」等の質問に対する回答結果を指す。

　以上を踏まえ，アンケート調査によって，表 4.1[7]に記載された合計 28 個の変数を取得した。また，それらの記述統計量[8]は，表 4.2 のようになっている。

　さらに，比較を行うため，炎上参加者と非参加者の平均値の差をグラフ化したものが，図 4.2 である。ただし，炎上に参加したことのない人の値を 1 としたときの差である[9]。

---

4)「ノイジーマイノリティが TV と世間をつまらなくする」, NEWS PICKS, https://newspicks.com/news/692425/
5) 以降，炎上参加者の定義は，4-1 と同様，「1度書き込んだことがある」「2度以上書き込んだことがある」のどちらかを選択した人とする。つまり，炎上に書き込んだことのある人である。
6) 絞る際には，出現率の低い炎上参加者や炎上を見たことのある人を多めにとった。そのため，そのまま記述統計量分析や計量経済学的分析を行った場合，セレクションバイアスが発生してしまう。そこで，すべての記述統計量分析と計量経済学的分析において，元のアンケート調査データにおける出現率を基にウェイト付けを行って，セレクションバイアスに対処した。また，元のサンプルサイズは第3章同様 2,086 だが，本調査の分析に使う変数を答えていないサンプル等を除き，2,020 となった。
7) SNS で発信するかという変数については，Twitter を除いた SNS と定義される（本章においても，SNS に Twitter は含まれる。本分析のみの措置である）。
8) 記述統計量は，炎上参加者とそうでない人に分けている。
9) 例えば性別であれば，表 4.1 にあるとおり，男性を 1，女性を 0 とした変数となっている。そして，平均値を算出したところ，炎上参加者の平均値が約 0.79，それ以外の人の平均値が約 0.62 となった。よって，炎上に参加したことのない人を 1 としたときの差は，$(0.79-0.62)/0.62 = 0.28$ となる。

表 4.1 炎上参加者属性分析で用いるデータ概要

変数属性	変数名	変数概要	変数の値
客観的属性	性別	男性かどうか。	男性＝1, 女性＝0
	年齢	年齢。	実数
	都市圏	都市圏に住んでいるかどうか	都市圏＝1, それ以外＝0
	結婚	結婚しているかどうか。	既婚＝1, 未婚＝0
	ひとり暮らし	ひとり暮らしかどうか。	ひとり暮らし＝1, それ以外＝0
	子持ち	子供と同居しているかどうか。	同居＝1, それ以外＝0
	学歴	大卒以上かどうか。	大卒以上＝1, それ以外＝0
	個人年収	個人の年収。	実数
	世帯年収	世帯の年収。	実数
	携帯電話	携帯電話を所持しているかどうか。	所持＝1, 非所持＝0
	テレビ	平日にテレビを見る時間（分／日）。	実数
	新聞	平日に新聞を読む時間（分／日）。	実数
	ラジオ	平日にラジオを聴く時間（分／日）。	実数
	インターネット	平日にインターネットをする時間（分／日）。	実数
	メールSMS等	平日にメールやSMSをする時間（分／日）。	実数
	ソーシャルメディア	平日にソーシャルメディアをする時間（分／日）。	実数
	ソーシャルメディア等利用年数	SNS，掲示板等のソーシャルメディアを見始めたのは何年前か。	実数
	LINE	LINEで発信するか。	発信する＝1, しない＝0
	SNS	SNSで発信するか。	発信する＝1, しない＝0
	Twitter	Twitterで発信するか。	発信する＝1, しない＝0
	一般掲示板	2ちゃんねる，画像掲示板等に書き込むか。	書き込む＝1, 書き込まない＝0
	個人・企業掲示板	個人や企業の掲示板・コメント欄に書き込むか。	書き込む＝1, 書き込まない＝0
	レビュー	商品やサービスへの評価やコメントを書き込むか。	書き込む＝1, 書き込まない＝0
主観的属性	いやな思いをした	インターネット上で無礼な言い方をされていやな思いをしたことがあるか。	したことがある＝1, ない＝0
	炎上は当然	悪ふざけは批判されるべきであり，炎上は当然であると思うか。	当然である＝1, それ以外＝0
	強い心が必要	インターネットに書き込むには誹謗中傷されてもくじけない強い心が必要だと思うか。	必要である＝1, それ以外＝0
	言いたいことを言える	インターネットは言いたいことが言えるのが良いと思うか。	良いと思う＝1, それ以外＝0
	非難しあって良い	インターネット上なら強い口調で非難しあっても良いと思うか。	良いと思う＝1, それ以外＝0

注1：「都市圏」とは，東京都・神奈川県・愛知県・大阪府を指す。
注2：「大卒以上」とは，大卒，あるいは大学院卒のことを指す。
注3：「悪ふざけ」は，「冷蔵の商品陳列ケースにふざけて全身を入れた写真をTwitterに投稿したこと」を指す（アンケート調査票に記載）。

4-2 データから見る炎上参加者のプロフィール

表 4.2 記述統計量

変数属性	変数名	炎上非参加者		炎上参加者	
		平均値	標準偏差	平均値	標準偏差
	性別	0.62	0.49	0.79	0.41
	年齢	40.88	12.02	36.74	11.21
	都市圏	0.40	0.49	0.38	0.49
	結婚	0.50	0.50	0.42	0.49
	ひとり暮らし	0.17	0.37	0.19	0.40
	子持ち	0.33	0.47	0.34	0.47
	学歴	0.55	0.50	0.60	0.49
	個人年収（百万円）	3.02	3.07	3.99	3.64
	世帯年収（百万円）	5.91	3.82	6.77	4.58
	携帯電話	0.96	0.20	0.96	0.20
	テレビ（分）	144.59	121.92	127.44	92.94
客観的属性	新聞（分）	18.32	33.49	31.86	49.91
	ラジオ（分）	36.94	103.46	48.52	87.42
	インターネット（分）	186.98	149.33	202.28	168.80
	メール SMS 等（分）	32.58	73.11	43.35	74.19
	ソーシャルメディア（分）	29.53	76.67	47.13	73.84
	ソーシャルメディア等利用年数(年)	5.25	5.50	6.92	6.78
	LINE	0.15	0.36	0.27	0.45
	SNS	0.23	0.42	0.33	0.47
	Twitter	0.18	0.39	0.36	0.48
	一般掲示板	0.09	0.29	0.34	0.47
	個人・企業掲示板	0.09	0.29	0.23	0.42
	レビュー	0.19	0.40	0.25	0.44
	いやな思いをした	0.31	0.46	0.59	0.49
	炎上は当然	0.62	0.49	0.62	0.49
主観的属性	強い心が必要	0.65	0.48	0.69	0.46
	言いたいことを言える	0.44	0.50	0.61	0.49
	非難しあって良い	0.10	0.30	0.33	0.47

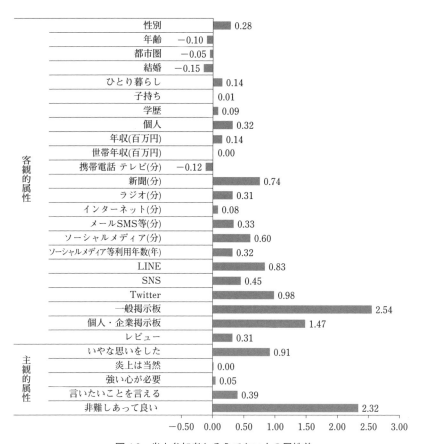

図 4.2 炎上参加者とそうでない人の属性差

図 4.2 を見ると，1 以上の大きな差があるのが，掲示板（一般掲示板，個人・企業掲示板とも）を利用しているかどうかと，インターネット上では非難しあって良いと考えているかどうかとなっている。これらはそれぞれ，掲示板を利用している人，そして，インターネット上で非難しあって良いと考えている人が，炎上参加者に多いことを示している。また，LINE を利用している，Twitter を利用している，インターネット上でいやな思いをしたことがある等も，炎上参加者に多い属性のようである。

しかしながら、これらはあくまで参考にしかならない。なぜならば、炎上に参加したことのない人に対して、炎上参加者の平均値がどのような大きさになったか見ているだけに過ぎず、それらが統計的に有意[10]な差かどうかは確認していない[11]。また、他の変数が影響して間接的に差が出ているだけの可能性もある。そのため、炎上参加行動モデルを分析し、各属性の影響を定量的に検証する必要がある。

4-3 炎上参加者属性の分析：年収の多い若い子持ちの男性が書き込み

以上を踏まえ、本節では、炎上参加者属性についてモデル分析を行い、炎上参加者像を割り出す。本検証に用いるモデルは、個人iに関する、以下式(1)の炎上参加行動モデル[12]である。

$$\text{logit}[P(Y_i=1)] = \log\left\{\frac{P(Y_i=1)}{1-P(Y_i=1)}\right\} = \alpha + Z_i^1\beta + Z_i^2\gamma \quad (1)$$

Y_i：個人iが炎上に参加したことがあれば1、そうでなければ0となるダミー変数。
$P(Y_i=1)$：$Y_i=1$となる確率。
Z_i^1：個人iの客観的属性ベクトル。
Z_i^2：個人iの（インターネットに対する）主観的属性ベクトル。
α：定数項
β, γ：それぞれのベクトルにかかっているパラメータ。

このモデルの直感的な解釈は、炎上参加行動は、個人の客観的属性と、インタ

---

[10] 統計上、ある事象が起こる確率が、偶然とは考えにくく、意味があると思われること。
[11] 平均値の差が大きい＝統計的に有意とは限らない。また、この算出方法だと、炎上に参加したことのない人の平均値が低い場合、差が大きく出てしまう可能性もある
[12] モデルはロジットモデルを用いる。本分析のように、被説明変数が0か1の場合（離散選択）、通常の回帰分析では正しい値を得られない。なぜならば、線形回帰は被説明変数が0か1であることを想定しておらず、逆算して出した確率が0以上1以下の範囲に収まらないためである。それを制御したモデルであり、離散選択の分析において、ロジットモデルは広く使用されている。

ーネットに対する主観的属性によって決定されるというものである（図4.3）。

しかし、表4.1に挙げられた属性は、理論的にはどれも炎上行動に影響を与えているとも、いないとも考えられ、どれをモデルに利用していいか判断が付かない。そこで、Forward step-wise selection[13]を用いて分析を行い、モデルに10%水準[14]で有意な変数選択を、統計的に行った。分析結果は表4.3のとおり。ただし、分析結果には、限界効果[15]とp値[16]を載せている。また、限

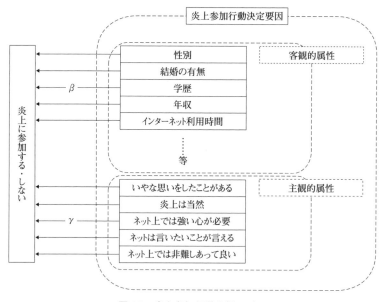

図4.3　炎上参加行動分析モデル

---

13) 統計的に最も有意な変数から選択していってモデルを構築する手法。本分析のように理論的に変数が選択できない場合に用いられることが多い。また、設定された水準で有意にならない変数はモデルに組み込まれない。
14) わかりやすくいえば、90%以上の確率で偶然とは考えにくい場合に、統計的に有意であるとすること。
15) 限界効果は、説明変数が1単位増加したときに確率がどの程度変化するかを表している。また、本分析では、平均限界効果（average marginal effects）を用いている。限界効果は、実際には変数の値によって変化するものなので、その平均値を求めたのが平均限界効果である。
16) 簡潔に言えば、何％水準で有意かどうかを示している。例えば、p値が0.01であれば、1%水準で有意であると解釈できる。厳密に言えば、帰無仮説のもとで、データから計算された統計量よりも偏った統計量が観測される確率を表している。また、White（1980）の頑健標準誤差から算出し

4-3 炎上参加者属性の分析：年収の多い若い子持ちの男性が書き込み

表 4.3 炎上参加行動分析結果

変数属性	変数	限界効果	対参加確率	p 値
客観的属性	性別	0.0066	0.43	0.05 **
	年齢*	-0.0190	-1.24	0.00 ***
	子持ち	0.0080	0.52	0.01 ***
	個人年収*	0.0006	0.04	0.08 *
	世帯年収*	0.0033	0.22	0.09 *
	ラジオ*	0.0022	0.14	0.00 ***
	ソーシャルメディア*	0.0019	0.12	0.01 ***
	一般掲示板	0.0130	0.85	0.00 ***
	個人・企業掲示板	0.0086	0.56	0.01 ***
主観的属性	いやな思いをした	0.0052	0.34	0.06 *
	非難しあって良い	0.0163	1.06	0.00 ***
サンプルサイズ			2,020	

注1：変数に * 印が付いているものは対数変換したものである。また、それ以外はすべてダミー変数となっている。
注2：限界効果は小数点第5位を四捨五入、対参加確率とp値は小数点第3位を四捨五入している。
注3：*** 1％有意、** 5％有意、* 10％有意。

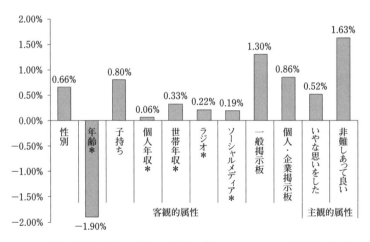

注：ダミー変数以外の値は「100％増加したとき」の値である。つまり、例えば年齢であれば、「年齢が1％増えたとき、炎上参加確率が約0.019％減少する」という弾力性解釈が正しい。

図 4.4 炎上参加確率に対する各属性の限界効果

ており、不均一分散に対処している。

界効果をグラフにしたものが図 4.4 である。
　分析結果について，まず，有意[17)]になった各変数について解釈を加える。ただし，表 4.3 に記載されている「対参加確率」の値は，限界効果の炎上参加確率に対する大きさの割合を示している。例えば，性別については，男性は女性よりも炎上に参加する確率が 0.6% 高くなるが，それは，サンプルにおける（バイアス未調整の）炎上参加確率に対して 43% の大きさであることを示している。

- 性別（男性）

　男性は，女性に比べて炎上に参加する確率が約 0.6% 高い。少なくともインターネット上においては，男性の方が女性よりもインターネット上で誹謗中傷を行う確率が高いといえる。

- 年齢

　年齢が 1% 増えると，炎上に参加する確率が約 0.02% 減少する。つまり，若い人ほど炎上に参加しているといえる。さらに，その限界効果は約 −1.9% で対参加確率にして −1.24 と，大きな弾力性となっている。このことから，炎上参加者が若い世代に集中している現状がうかがえる。ただし，本調査対象が 20 歳以上に限定されている点は留意すべきである。

- 子持ち

　子供と同居している人は，そうでない人に比べて，炎上に参加する確率が約 0.8% 高い。これは，川上（2014）や中川（2010）で言われているようなイメージとは異なる結果である。これについては，子持ちの親は，そうでない人に比べて，子供を守りたいという思いから過激になると解釈できるだろう。例えば，子育て関連，軍事関連等の話題は，子持ちの親の方が関心が高く，炎上に参加する確率が高くなる可能性は十分に考えられる。

- 個人年収

　個人年収が 1% 増えると，炎上に参加する確率が約 0.0006% 増加する。これは，一般的なイメージとして，貧しい人や教養のない人が炎上に参加していると言われている[18)]のと真逆の結果となっている。有意に負でないだけでなく，

---

17) 以下，有意かどうかの判断はすべて 10% 水準で行う。

有意に正となったことから，むしろ裕福な人ほど炎上に参加しているといえる。ただし，弾力性は非常に小さい。

- 世帯年収

世帯年収が1%増えると，炎上に参加する確率が約0.003%増加する。これも個人年収と同じように一般的なイメージとは逆の結果であり，興味深い。個人年収，世帯年収共に有意に正となったことで，収入の多い人ほど炎上に参加している傾向が頑健に示されたといえる。

- ラジオ

平日におけるラジオ視聴時間が1%増えると，炎上に参加する確率が約0.002%増加する。ラジオで主に聴いている内容にもよると思われるが，ニュース等を中心に視聴している場合は，中川（2010）で言われているような，「頭を良く見せたい型」の炎上参加者になってしまうという解釈ができる。

- ソーシャルメディア

平日におけるソーシャルメディア利用時間が1%増えると，炎上に参加する確率が約0.002%増加する。ソーシャルメディアを利用している時間が長い人は炎上に遭遇する可能性も高く，かつ，インターネット上での発信を多く行っている人であることが考えられるため，妥当な結果であると思われる。しかしその一方で，「インターネット利用時間」が有意でなかったのは興味深い（表4.4）。炎上に参加しているのはあくまでソーシャルメディアを多く利用する人であって，インターネット全体の利用時間は炎上参加行動に有意な影響を与えていない。

- 一般掲示板，個人・企業掲示板

掲示板に書き込む人は，それが一般であるか個人・企業のものであるか関係なく，共に有意に正となった。具体的には，一般掲示板に書き込む人は，書き込まない人に比べて炎上に参加する確率が約1.3%高く，個人・企業掲示板に書き込む人は，書き込まない人に比べて炎上に参加する確率が約0.9%高い。Twitter等による炎上が急増したとはいえ，掲示板が炎上の場となることも多く，かつ，他のメディアで発信した情報をもとに，掲示板に誹謗中傷が集中する現象も多いことを考えると，妥当な結果であると思われる。また，限界効果

---

18) 川上（2014）や中川（2010）でもいわれている。

約 1.3% は他のダミー変数と比べても高い方であり，2 ちゃんねる等の一般掲示板利用者が炎上に参加しやすい傾向が見られる。

- いやな思いをした

インターネット上で無礼な言い方をされていやな思いをしたことのある人は，そうでない人に比べ，炎上参加確率が約 0.5% 高い。つまり，いやな思いをした人は，それを踏まえて誹謗中傷や批判を行わなくなるのではなく，むしろ積極的に行うようになると解釈できる。インターネット上で，誹謗中傷の負の連鎖が起こっていると考えられる。

- 非難しあって良い

インターネット上なら強い口調で非難しあっても良いと考えている人は，そうでない人に比べて，炎上参加確率が約 0.02% 高い。また，弾力性も非常に大きい。このことから，炎上参加者とそうでない人の間で，インターネットに関する考え方の隔たりがあることがいえる。つまり，インターネット上の誹謗中傷をやめるような呼びかけがユーザの間から出たとしても，ごく少数の炎上参加者は，そもそもインターネットに対する考え方が異なり，効果がない可能性がある。

以上の結果から，炎上に積極的に参加している人は，年収が多く，ラジオやソーシャルメディアをよく利用し，掲示板に書き込む，インターネット上でいやな思いをしたことがあり，非難しあっても良いと考えている，若い子持ちの男性であるといった人物像が浮かび上がってくる。ソーシャルメディア利用時間や掲示板については，メディアの報道や一般的なイメージに近いと思われる。しかしながら，年収が高いことや，子持ちといった属性は，意外な属性ではないだろうか。

ただし，先行研究の中には，似たような結果が出ている例もある。例えば，炎上とは厳密には異なるが，「ネット右翼」[19]について実証研究した辻（2008）

---

19) インターネット上で右翼的，保守的，国家主義的な主張をする人。定義は曖昧であり，排外的な表現を好んで用いる人全般を指す場合もある。辻（2008）では，以下の(a)(b)(c)3条件すべてにあてはまった人をネット右翼と定義している。(a)「韓国」「中国」いずれに対しても，親しみを感じない（「あまり」＋「まったく」）と回答している。(b)「首相や大臣の靖国神社への公式参拝」「憲法9条1項（戦争放棄）の改正」「憲法9条2項（軍隊・戦力の不保持）の改正」「小中学校の式典

では,ネット右翼のプロフィールについて,男性が多い,掲示板「2ちゃんねる」の利用頻度が高い,年収800万円以上のクラスで比率が高い……等の特徴が得られている。また,ネット右翼的な人の比率は全体の約1.3%であった。これらの実証研究結果は,本分析の結果と非常に近いといえる。

4-4　炎上参加行動に有意でない属性：ひとり暮らし,学歴,ネット時間等

一方で,Forward step-wise selection の結果,本分析で有意でないとされた変数の一覧が**表4.4**となっている。1つ1つ解釈を加えていこう[20]。

表4.4　炎上参加行動に有意にならなかった変数

変数属性	変数
客観的属性	都市圏
	結婚
	ひとり暮らし
	学歴
	携帯電話
	テレビ
	新聞
	インターネット
	メールSMS
	ソーシャルメディア等利用年数
	LINE
	SNS
	Twitter
	レビュー
主観的属性	炎上は当然
	強い心が必要
	言いたいことを言える

での国旗掲揚・国歌斉唱」「小中学校での愛国心教育」という5項目すべてに賛成(「賛成」+「やや賛成」)と回答している。(c)この1年ぐらいの間に,政治や社会の問題について,「自分のホームページに,意見や考えを書きこんだ」「他の人のブログに,自分の意見や考えをコメントした」「電子掲示板やメーリングリスト等で議論に参加した」という3項目のいずれかに,したことが「ある」と回答している。

20) ただし注意すべきは,「統計的に有意と出なかった=影響を与えていない」と断定することはできないということである。有意とならなかったのはモデルの設定やサンプルの偏りによるものかもしれないため,統計学的には有意にならなかったものについて,明確に影響を及ぼしていないとい

- 都市圏

  住んでいる地域が都市圏かどうかは，炎上参加確率に有意な影響を与えていない。居住地域と炎上参加行動は関係がない。

- 結婚の有無

  結婚の有無は炎上参加確率に有意な影響を与えていない。4-3 で見たように，子供がいるかどうかは有意に正の影響を与えている一方で，結婚しているかどうかの事実は関係がない。子持ち属性の解釈で述べたとおり，あくまで子供に関するネタについて，子供を守りたいという思いから過激になるだけといえる。ただし，有意に負でもなかったため，よく言われるような独身男性というプロフィールは的を射ていないといえる。

- ひとり暮らし

  ひとり暮らしかどうかは炎上参加確率に有意な影響を与えていない。これも結婚の有無と同様，独身男性という予想プロフィールを否定する結果となっている。家族構成に関する変数では，唯一子持ちのみが有意になったといえる。

- 学歴

  学歴は，炎上参加確率に有意な影響を与えていない。これも，川上（2014）や中川（2010）の，炎上参加者はバカだという指摘とは異なる結果といえる。炎上参加行動に，学力水準は影響を与えていない。

- 携帯電話

  平日における携帯電話の利用時間は，炎上参加確率に有意な影響を与えていない。携帯電話からソーシャルメディアにアクセスするのもいまでは一般的ではあるが，その利用時間は炎上参加行動と関係がないようである。

- テレビ，新聞

  平日におけるテレビ視聴時間，新聞閲読時間は，いずれも炎上参加確率に有意な影響を与えていない。4-3 と合わせて考えると，メディアの利用時間で唯一有意な影響を与えているのがラジオとなる。これについての解釈は難しい。特に新聞については，「頭を良く見せたい型」の炎上参加行動に影響を及ぼしていてもおかしくない。1 つ考えられるのは，新聞よりも圧倒的に行為者率が

うことはできない（例えば，サンプルサイズを 10,000 にすれば有意になったかもしれない）。ここで書かれている内容は，あくまで参考である。

低い[21]ラジオを利用している人には，より多い割合で「頭を良く見せたい型」の人がいる可能性がある。
- インターネット

平日におけるインターネット利用時間は，炎上参加確率に有意な影響を与えていない。つまり，炎上参加者はインターネットヘビーユーザだとする中川（2010）の指摘は，少なくとも本分析では見られなかったといえる。有意なのはあくまでソーシャルメディア利用時間だけであり，インターネット全体の利用時間は特に影響を与えていない。
- メール・SMS

平日におけるメール・SMS利用時間は，炎上参加確率に有意な影響を与えていない。海外のフレーミング研究では，メールでの罵り合いとそこまで発展してしまうメカニズムも着目されているため，メール・SMSの利用が炎上参加行動に影響を与えている可能性はあった。しかしながら，本章で定義されるような炎上については，そのような傾向は見られなかったといえる。
- ソーシャルメディア等利用年数

ソーシャルメディア等利用年数は，炎上参加確率に有意な影響を与えていない。これらはともに利用時間では有意に正であった一方，何年利用しているかは炎上参加行動に関係ないといえる。
- LINE，SNS，Twitter

LINEやTwitter以外のSNS，Twitterの利用有無は，炎上参加確率に有意な影響を与えていない。4-3で見られたように，ソーシャルメディア利用時間は有意に正である。その一方，どのソーシャルメディアを主に利用しているかは，炎上参加行動に関係ないといえる。
- レビュー

インターネット上でレビューを書き込むかどうかは，炎上参加確率に有意な影響を与えていない。インターネット上で発信を積極的に行うかどうかといっ

---

21)「平成26年　情報通信メディアの利用時間と情報行動に関する調査（http://www.soumu.go.jp/main_content/000357570.pdf）」によると，新聞の行為者率が34.3%であるのに対し，ラジオは9.0%である。なお，テレビは85.5%，インターネットは73.6%となっている。いずれも13歳から69歳までを対象とした調査より。

た属性は，炎上参加行動に影響を与えていないと考えられる．

• 炎上は当然

アイスケースの炎上事例について，炎上は当然と思うことは，炎上参加確率に有意な影響を与えていない．つまり，（アイスケースに入る等の）悪ふざけは批判されるべきであり，炎上は当然であると思うことと，炎上に実際に参加するかどうかは関係がないといえる．これは非常に興味深い．炎上に参加している人と，参加していない人を比べたときに，炎上は当然と思っているかどうかに統計的に有意な差がないということである．さらに，図4.3を見ると，統計的に有意でないのはもちろん，平均値で見ても差がないことがわかる．炎上は当然だから炎上に参加して書き込む……という行動ではないといえる．

• 強い心が必要

インターネットに書き込むには誹謗中傷されてもくじけない強い心が必要だと思うかどうかは，炎上参加確率に有意な影響を与えていない．インターネット上で情報を発信することについて，誹謗中傷リスクを受け入れ，強い心を持つ必要があると思うかどうかは，炎上参加行動に関係ないといえる．

• 言いたいことを言える

言いたいことが言えるのが良いかという主観的属性は，強い口調で非難しあって良いかと異なり，炎上参加確率に有意な影響を与えていない．つまり，インターネットは自由な言論ができて良い場であるという考え方は，炎上とは無関係であり，あくまで非難しあって良いと考えている人が炎上に参加しているといえる．

以上が，炎上参加行動に影響を与えていなかった変数の解釈である．これらの中で特に，結婚の有無，学歴，インターネット利用時間が有意にならなかったのは，一般的に言われているイメージと異なるのではないだろうか．炎上に参加しているのは，インターネットヘビーユーザというよりはソーシャルメディアヘビーユーザであり，かつ，掲示板利用者に多いといえる．また，学歴は高くも低くもないし，独身かどうかも関係ない．ただし，脚注でも述べたとおり，サンプルやモデルによって有意になる可能性もあるため，あくまで参考としての解釈にとどまる．

4-5　炎上の捉え方と予防方法

　以上の分析結果から，本章では下記のことが確認された。第1に，炎上を知っている人はインターネットユーザの90%以上いるものの，炎上参加者はわずか約1.1%しかいない。また，炎上に1度書き込んだことのある人は，2度以上書き込んだ人の半分以下となっており，ごく少数の人が，複数回にわたり炎上に参加している。

　第2に，炎上参加者の属性として，「男性である」「若い」「子持ちである」「年収が多い」「ラジオ視聴時間が長い」「ソーシャルメディア利用時間が長い」「掲示板に書き込む」「インターネット上でいやな思いをしたことがある」「インターネット上では非難しあって良いと考えている」といったものが得られた。子持ちである，年収が多い等の属性は，一般的に言われる炎上参加者のプロフィール[22]とは異なるように思われる。また，学歴やインターネット利用時間といった属性は，炎上参加行動に有意な影響を与えていなかった。

　これらの結果から，炎上に対する捉え方と予防方法が，いくつか見えてくる。まず，捉え方としては，「炎上はごく一部の人が書き込んでいるに過ぎない」ということを認識すべきといえる。ひとたび炎上が起こると，まるでそれがネット世論のように捉えられまとめサイトに掲載されたり，場合によっては大手マスメディアでさえそのような論調になったりすることがある。しかしながら，その炎上に書き込んでいる人は，インターネットユーザ全体の1.1%以下[23]なのである。また，その人たちはインターネット上で非難しあって良いと考えている等，少々特殊なインターネットユーザとも言える[24]。それを考えると，炎上して多くの罵倒を浴びせられたとしても，別段気に病む必要はないように

---

[22] 例えば，無職，独身男性，知的水準が低い，収入が少ない，インターネットヘビーユーザである等。
[23] 調査で得られた1.1%全員がすべての炎上事例に書き込んでいるわけではないため，当然1回の炎上で書き込んでいる人は1.1%以下となり，ごく少数といえる。
[24] 表4.2でわかるとおり，そのように考えている人は，炎上非参加者では約10%しかいないのに対し，炎上参加者では約33%が該当する。

思われる。また，炎上を過剰に気にしてインターネット上の情報発信を控える必要もないのではないだろうか。

次に，予防については，情報発信のメインターゲットとなる人の，性別，子供の有無，年齢等の属性を踏まえる必要があることがわかった。例えば，企業のプロモーションにソーシャルメディアを利用することを考えてみよう。炎上参加行動分析結果を踏まえると，女性用化粧品の宣伝にソーシャルメディア上でキャンペーンを行っても，男性用の商品に比べ炎上する可能性は低いことが予想される。しかしその一方で，学歴が特に有意でなかったことや，収入がむしろ有意に正であったことを考えると，知識層や富裕層をターゲットにしたサービスや商品でも，炎上対策は十分に行っておく必要があることがわかった。

しかしながら，本章の分析にはいくつかの課題もある。第1に，分析に用いたアンケート調査の質問が主観的である点。第5章の 5-2 で示しているように，「ネット上ではさまざまな炎上事件というものがあります。炎上事件とは，ある人の書き込みをきっかけに，多数の人が集まってその人への批判・攻撃が行われる現象です。」としか説明していないため，同じ事象であっても，人によっては炎上かそうでないかの判断が分かれている可能性がある。炎上には確立した定義がないため難しいが，今後の研究では，より主観が入りにくい調査設計を行うか，あるいは，別のワーディングで質問を行い，頑健性を確かめる必要がある。

第2に，図 4.1 で用いた炎上に対するかかわり方について，炎上に参加したことのある旨を回答することの心理的障壁があった可能性。アンケート回答者が炎上に参加したことを悪いことだと考えていた場合，それをアンケートで答えるのを躊躇し，別の選択肢を選んだことが考えられる。その場合，図 4.1 での炎上参加者割合は過小となってしまう。

第3に，炎上の多様性を考慮していない点。炎上は，炎上対象者，炎上対象行為，誹謗中傷の内容等によってその様相は大きく異なる。しかしながら，本分析では，無実の人が誹謗中傷にさらされることも，個人の反社会的行動が私刑のように過剰に非難されることも，企業や組織の行動が批判されることも，すべて炎上と定義し，分析を行った。これは，炎上の実証分析が少ない点から，包括的に炎上全体の実証分析を行ったためであるが，傾向が異なる可能性があ

るので，より詳細な炎上の分析を行うならば，その分類ごとに分析をする必要がある。

第5章

炎上参加者はどれくらいいるのか

5-1　なぜ参加者数を調べるのか

　炎上は誰かの情報発信や行動に対し，多くの攻撃が殺到することである。ここで殺到する攻撃者のことを炎上への参加者と呼ぶことにする[1]。この炎上参加者はどれくらいいるのだろうか。

　炎上が発生している最中は攻撃一色になり，ネット総出で叩かれている印象を受ける。実際，ネットで悪意ある投稿をしたことのある人は多いという調査もある。情報処理推進機構（2015）の調査によれば，ネットで悪意ある投稿をしたことがあるという人はパソコンユーザでは22.2％，スマートフォンユーザでは26.9％とされている。この数字を見るとネット上の投稿は悪意と攻撃があふれているかのような印象を受ける。

　しかし，上記の調査は炎上とは無関係のケースや個人メールの場合も含まれる。また炎上では一人の人が何回も書き込んでいるケースもあるため，実数はそれほどではない可能性もある。果たして炎上参加者ネット全体の中でどれく

---

[1] あるいは炎上を起こす人と呼ぶ。用語としては，攻撃対象となる最初の発信者を指して，炎上を「起こす」人と呼ぶこともできるが，ここではそういう意味では用いない。そもそもは炎上のきっかけはちょっとした間違いや，単なる意見表明，不注意な表現等のことが多く，そのようなことは巷にあふれていて，そのうち何が炎上を起こすかは予想しがたい。炎上するかどうかはほとんど運であり，運にしか過ぎないものを指して炎上を「起こす」というのは奇妙であろう。炎上の基本的な問題は，偶然のきっかけのあと，通常では考えられないほど執拗な攻撃が行われ続ける点にあり，この攻撃の大きさの方に特徴がある。

らいの比率を占めるのか。本章ではこの問いに絞って分析を行う。

この問いだけに一章をまるまる費やすのは，この問いがきわめて重要だからである。もしネット上の2割とか3割といったかなりの人が炎上に参加した経験があるならば，炎上は人間というものにある程度普遍的についてまわる性質である。ゆえに，社会は炎上を抑制しながらもある程度は受け入れ，これとつきあっていくほかはない。しかし，炎上参加者が数％以下といったようにごく一部であるなら，炎上の抑止対策をとることに意味が出てくる。多くの人が行うことと，ごく一握りの人だけが行うことでは，原因も異なれば対策も異なってしかるべきである。炎上問題を考えるとき，炎上を起こす人つまり炎上に参加して書き込みを行う人がどれくらいいるかを知ることは，議論の重要な前提条件である。

炎上に参加する人がどれくらいいるかの研究はほとんど見当たらない。これまでの炎上研究は，事例分析と炎上対策マニュアルであり，炎上参加者がどれらくらいいるかの研究はないようである。本章では2つの方法で参加者数を推定する。まず，5-2では前章でも使ったアンケート調査のデータを使って炎上参加者を推定する。すでに前章で1.5％という数字が得られているが，正確を期すために丁寧に精査して補正を行う。つづく5-3では，Twitterでの個別の炎上事例からの推測を行う。最近の炎上はツイッターが主舞台であり，Twitterでは書き込み数を追跡できる利点があるからである。この2つの方法から得られる推定値はほぼ一致する。最初に結論を述べておくと，炎上に参加する人はインターネットユーザの0.5％程度である。さらに，攻撃相手の目に見えるところに書き込んで直接攻撃する人となると0.00X％のオーダーのごく少数となる。すなわち，炎上は例外的な人々が起こす現象である。最後の5-4では，この例外的な少数の人々がどんな人かを実例をひろって検討する。

5-2　アンケート調査での炎上参加者数推定

まず，インターネットモニターを対象としたアンケート調査から推定を行う。調査概要は第3，4章でも述べたが，繰り返しをおそれずここでも簡単に要約

すると，以下のとおりである

調査時点　2014年11月
調査対象者　調査会社(マイボイス社)のインターネットモニター　19,992人
　　　　　　全登録モニターからのランダム抽出

抽出のもとになるインターネットモニターにバイアスがかかっていないかが気になるところであるが，それは後で検討する。設問は次のとおりである。

設問
　ネット上ではさまざまな炎上事件というのがあります。炎上事件とは，ある人の書き込みをきっかけに多数の人が集まってその人への批判・攻撃が行われる現象です。

　Q　炎上事件についてあてはまるものを1つ選んでください。
　1　炎上事件を聞いたことがない
　2　ニュースなどで聞いたが，実際の書き込みを見たことはない。
　3　実際の書き込みを1度だけ見たことがある（まとめサイト含む）
　4　実際の書き込みを何度か見たことがある（まとめサイト含む）
　5　1度書き込んだことがある。
　6　1度以上書き込んだことがある

　設問で炎上の定義としては「ある人の書き込みをきっかけに多数の人が集まってその人への批判・攻撃が行われる現象」としている。批判・攻撃としてあることから，単なる野次馬や応援・支持が殺到する現象は除かれている。
　設問の答えの中で5と6を選んだ人が過去になんらかの書き込みを行った人で，いわば炎上を起こす側に回ったことがある人，すなわち「炎上参加者」である。3と4を選んだ人は炎上を見ていた人で，「炎上観察者」であり，1と2は実際の炎上を見たことがない人で，炎上に関心がない「炎上無関心者」となる。炎上参加者がどれくらいいるかは，5と6を選んだ人がどれくらいいるか

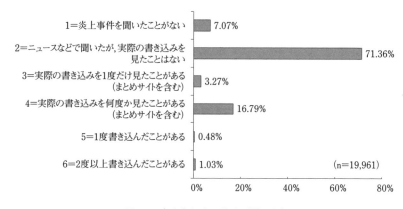

図 5.1　炎上参加者の比率（補正前）

で見ることができる。

　図 5.1 がその結果である（この図は第 4 章の図 4.1 の円グラフと同じである[2]）。炎上事件を聞いたことがないと言う人は 7% でさすがに少ない。すでに炎上はインターネットユーザの常識になっている。2 のニュースで見たが実際の書き込みを見たことがないと言う人が 72% おり，圧倒的多数派である。多くの人にとって炎上事件とはニュースで知る事件である。両者をあわせた炎上無関心者は 8 割にも達しており，大半のユーザにとって炎上は嫌う対象ではあっても，積極的に見に行くような対象ではないことがわかる。炎上の書き込みを見たことがある炎上観察者は 3 と 4 をあわせて 20% 程度いる。そして炎上で書き込みを行う炎上参加者は 0.48 + 1.03 = 約 1.5% となる。

　1.5% というのはきわめて低い値である。炎上が起こるとネット中の人がすべて攻撃しているように見えるが，実際に書き込んでいる人はごく一部である。なお，サンプル数が多いので精度は高く，推定値 1.5% の標準誤差は 0.086% となり，95% 信頼区間は 1.37% 〜 1.65% となる。サンプル数を少々変化させても推定値の大勢は動かない。

　この値が妥当かどうか，バイアスがかかってないかどうかを考察する。まず，回答者が正しく答えないバイアスはあるだろうか。回答者が炎上に参加したこ

---

[2] ただし，次の図 5.2 でウエイト付けするためにウエイトがないわずかのデータを除いたので，図 4.1 とは少しだけ値が異なっている（サンプルサイズが n=19,992 から n=19,961 に減少）。

とを恥じており，隠したいと思っているなら正直に答えないかもしれない。しかし，このバイアスはありそうもない。なぜなら，炎上での攻撃者は正義を確信していることがほとんどだからである。炎上参加者は，攻撃相手に対し「あなたは恥ずかしくないのか！」と詰め寄り，「こんな常識的なこともわからないのか」と迫る。このように正義を確信する人が，炎上への書き込みを恥じて隠そうするというのは考えにくい。回答者が炎上参加を隠すバイアスはあまり考えなくてよいだろう。

　もう1つのバイアスの源として，そもそも母数となる調査会社モニターにバイアスがかかっている可能性がある。われわれの調査サンプルは調査会社の全モニターを母集団としてランダムに取り出している。抽出はランダムであるが，そもそも母集団たる調査会社のモニターも会社が依頼・募集で集めたもので，ランダムサンプルではない。調査会社もこの点には気を遣っており，性別，年齢，居住地域等は全国民にほぼ等しくなるように集められていて，これらの一般的な属性に大きなバイアスはない。ただ，パソコンを使って調査するので，インターネットのヘビーユーザに偏る傾向があるのは致し方ない。炎上に参加するのはどちらかといえばインターネットのヘビーユーザが多いと考えられるので，そのままの数値を使うと炎上参加者比率は真の値より過大に計算される。このバイアスは確かにありそうであり，無視できない。

　そこで，よりバイアスの少ない他の調査結果を使って補正を行う。補正には訪問留め置き型調査でインターネットの利用時間を聞いた調査結果を用いる。訪問留め置き調査ではインターネットのヘビーユーザかどうかによるバイアスはかからないからである。具体的には NHK が行った調査（諸藤・関根 2012）での利用時間の分布を使って補正した。図 5.2 は NHK 調査とわれわれのモニターのインターネット利用時間の分布を示したものである[3]。図からわかるように NHK 調査ではピークは1時間以下であるが，われわれのサンプルではピークは1時間〜3時間であり，予想通り分布がヘビーユーザにかなり偏っている。これを補正する。例えば，今回調査の回答者中で，ネット利用時間が1時

---

[3] なお，NHK 調査は訪問留め置きなのでインターネットをまったく利用していないという人がかなり出るが，それは分母から除いてある。すなわち多少なりともインターネットを利用する人のみの分布である。

126　第5章　炎上参加者はどれくらいいるのか

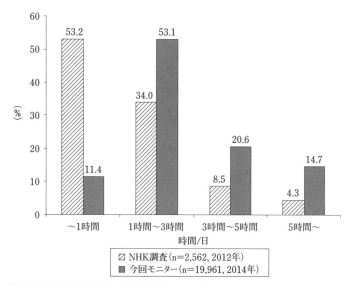

注：NHK調査の出所は諸藤・関根（2012）。

図 5.2　調査モニターバイアス

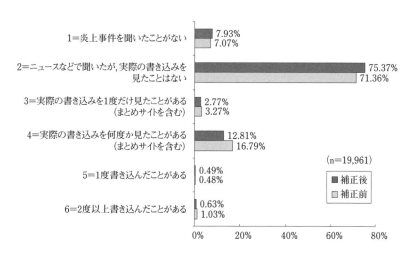

図 5.3　炎上参加者の比率（補正後）

間以下の回答者の答えは53.2/11.4＝4.66倍に増やし，5時間以上の回答者の答えは4.3/14.7＝0.29倍に減らすというようにして集計を行う。すなわち，われわれのサンプルで実態より少なすぎるカジュアルユーザの影響を増やし，逆に多すぎるネットヘビーユーザの影響を減らして計算する。

結果は図5.3のとおりである。炎上に参加したことのある人の比率は補正前で1.5％（＝0.48＋1.03）であったのが，補正後は1.11％（＝0.49％＋0.63％）に低下した。予想通り過大推定だったのが是正されたことになる。インターネットユーザの中で炎上に参加した経験のある人は1.1％程度となる。

さらに，このスクリーニングでの問いは時期を特定していないので，それまでの人生で1度でも炎上に書き込んでいれば参加者に数えられている。すなわち，5年前に1度書き込んだことがあり，それ以来書き込んでいないという人も含まれている。炎上事件の参加者数としては現在も炎上に加わる用意のあるいわば「現役」の参加者の方がよい。そこで，炎上に参加したことのある人に対して，再度調査を行い，問いの形を「過去1年間に」限ってまったく同じ問いをたてた。結果は図5.4のとおりである。

炎上への参加経験のある人で，再調査に応えてくれたのは264人である。彼らに対し，過去1年間に炎上に書き込みをしたかを尋ねると，書き込んだことがあると答えたのは111人であった。つまり，過去すべてにわたって炎上に書き込んだことがあるかと聞いたときは264人だったのが，過去1年に限ると

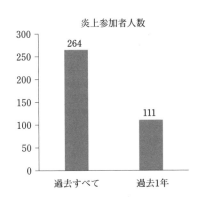

図5.4　現役の炎上参加者の推定

111人に低下した．したがって，現役の参加者は半分以下（42% = 111/264）であり，6割の人は1年より前に書き込んだことがあるが，過去1年には炎上に参加していない．したがって，現役の炎上参加者の比率を出すには，先の1.11%にこの比率，0.42を乗じる必要がある．すると，現役の炎上参加者の比率は，0.47%（= 1.11*0.42）となる．すなわち，0.5%以下である．この0.5%が今回の調査での炎上参加者の最終的な推定値となる．

　ここで得た0.5%程度という推定値の妥当性を確認するため，炎上事件1件当たりの参加者数をおおざっぱに計算してみる．以下の計算は仮定を繰り返すので，意味があるのはオーダーすなわちケタ数くらいであり，それを承知で計算を行う．まず，0.47%をインターネット利用者数に乗じる必要がある．インターネット利用者数は，HNK調査（諸藤・関根 2012）で16歳～69歳でのインターネットを利用する人の比率が47%なので，これを使う[4]．同世代の人口（87,707千人，2013年）にこれらの比率を乗じると，炎上参加者数は87,707*0.47*0.0047 = 193.4千人となる．

　1つの炎上事件当たり炎上参加者を出すには，年間の炎上件数で割る必要がある．エルテス社によれば，炎上件数は年間で200件程度とされている[5]．一人の人が何件の炎上事件に参加しているかはわからないが，**図5.3**によれば炎上参加者のうち，書き込み回数が年に1度の人と2度以上の人が半々である．おおざっぱな推定値として仮に一人の人が平均して2度の炎上事件に参加しているとしよう．すると，1つの炎上事件に参加して書き込む人の数は，193.4/(200/2) = 1.934千人となる．すなわち2,000人である．ここで意味があるのはオーダーだけなので，おおざっぱな推定値として1つの炎上事件で書き込む人

　4）インターネット利用者数の推定値としてはもう1つ総務省系の推定値があり，その場合は国民の80%以上となる．値が高いのは携帯からもっぱらメールしか使わない人もインターネットを利用しているとしているからである．炎上事件の母集団としてはPC，スマフォを使って，日常的にウェブを読むくらいの人を想定するのが望ましい．われわれのアンケート調査の設計もそれを前提にしている．そこで，ここではNHK推定を用いた．

　5）エルテス社はウェブリスクマネジメントの専門会社であり，炎上事件を記録してデータベース化している（https://eltes.co.jp/）．データベースはエルテスクラウドという名前で公開されており，そこのデータから炎上件数が求められる．詳しくは第1章参照．なお，エルテス社は推定値を改訂し，直近では400件という数値を出しており，数が増えている（図1.6）．ここでは控えめな推定として200件を用いて計算する．400件に変えると，炎上参加者数は少ないというわれわれの結論はさらに強まる．

の数は数千人程度と見積もれる。以下ではこの数千人をベースとして用いる。

インターネット人口で割ると 1,934 千人 /(87,707*0.47) 千人 = 0.0047% となる。オーダーとしては，0.00X% 程度と見ておけばよいだろう。炎上になると当事者はネット中の人々から責められているように感じるが，実際に書き込む人は実に 0.00X% というオーダーのごく少数の人々である。

ただ比率としては小さくても，絶対数として数千人というのは多いという感想を持つ人もいるかもしれない。しかし，これは誰ともなくひとこと批判的コメントをつぶやく程度の人も含まれる。炎上で当事者を追い込んでアカウント停止させるのは，執拗に当事者相手に攻撃を繰り返す人々であり，それはこの中のさらに一部となる。それはどれくらいだろうか。この点を含めて次節では，個別の炎上事例で参加者数を求めてみる。

5-3　Twitter での炎上参加者数推定

ルミネ CM 炎上事件

前節のアンケートで得た数値が正しいかどうかを個別の炎上事件のデータから確認してみる。炎上事件での書き込み数をすべて集めることはできない。しかし，最近は炎上の主舞台は Twitter に移っており，Twitter への書き込み数は掲示板などより圧倒的に大きい。例えばすぐ後で述べるルミネ CM 炎上事件では，Twitter での関連ツイート数は 4 万を超えた。同事件については 2 ちゃんねるでもスレがたったが，その書き込み数は数千の範囲であり，ヤフーニュース等での書き込み数も 1,000 そこそこであった。Facenook はそもそも外部からのぞけないので影響力が限られる。さらに分析上の利点として 2 ちゃんねるやニュース掲示板にはアカウント名がないのでユーザ数を把握できないのに対し，Twitter ではアカウント名でユーザ数を把握できる。そこで炎上時における Twitter での書き込み数を求めてみる。

例として，ルミネ CM 炎上事件を取り上げる。ルミネ CM 炎上事件とは，2015 年 3 月に JR 東の傘下のファッションビルのルミネがウェブ CM をつくったところ，セクハラ男を無批判に出演させたとして炎上した事件である。この

ルミネがWebで公開した「働く女性たちを応援するスペシャルムービー」（第1話／第2話）がネットで炎上中です（午後4時現在非公開に）。

1話目では、左の男性が迫真の演技で「嫌な上司」を演じます

2話目では、主人公が爽やかな男性社員といい感じに

このスペシャルムービーは、会社勤めの清楚な女性が主人公となっているストーリー仕立ての動画。シリーズの第1話では、主人公が上司らしき人物にいきなり容姿をバカにされます。さらに、カワイイ女性社員がもてはやされるのを横目に自信なさげな主人公に対

第1作では，最近おしゃれしていないなとふと思った主人公に対し，嫌な男性上司が需要が違うんだから君はしなくてもよいと言われ傷つく。最後にルミネ側から「変わらなきゃ」の文字が出る。これに対し，こんなセクハラ男のためにおしゃれなんかする気になるか！ として炎上した。第2作では，同じ主人公が実は歴女で，偶然出会ったさわやかな同僚と武将の話で盛り上がってしまうという意外な展開になる。ルミネ側は働く女性を応援するためのストーリー仕立ての連作CMを予定していたようであるが，第1作が炎上したことで中止になった。

出所：ねとらぼ，http://nlab.itmedia.co.jp/nl/articles/1503/20/news077.html（2015/12/8 確認）．

図 5.5　ルミネ CM 炎上事件

CMは，シリーズものの第1作で，ルミネ側はシリーズを通してメッセージを届けたかったと思われる。が，視聴者にはそれが伝わらず，第1作を見て不快に思った人からの批判が殺到し，炎上した。ルミネはいち早くお詫びを掲示し

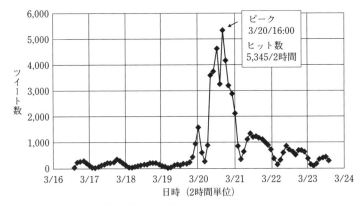

注：Yahoo リアルタイム検索, 2015/3/23 検索。

図 5.6 検索ワード"ルミネ" Twitter ヒット数

て CM を削除, シリーズを中止することで炎上は終結した。

図 5.6 は, ヤフーリアルタイム検索で検索ワードは「ルミネ」で検索したツイート数推移である。公式リツイートは数に入っていない。炎上事件が発生した 2015 年 3 月 20 日に急激にツイート数が増えており, この突出した山の部分が炎上関連ツイートである。この山のうち, 炎上前の平均値を超えた部分の和をとると 44,784 個のツイートが得られ, これが炎上関連ツイートと考えられる。ただし, この中には批判ツイートだけでなく, 炎上事件の発生を告げるだけのニュースツイートや, 単なる状況の解説や話者の感想など中立的なツイートも入っている。また, 逆にルミネ側を擁護する容認ツイートもある。そこで途中でサンプルをとってツイートを批判, 中立, 容認に分けてその比率を求め, 批判ツイートの比率を全ツイート数に乗じることで批判ツイートの総数を推定する。

表 5.1 がその計算結果である。3 月 20 日 15 時 20 分から 1 時間弱の間になされたツイート 864 をサンプリングし, これを分類した。容認ツイートが 69, 中立ツイートが 471, 批判ツイートが 178 であった。中立ツイートが多いのは, 事件の発生を伝えるニュース的なツイートが多く含まれているためである。なお, 非公式リツイートも, リツイートしただけのものは批判か容認か不明のため, 中立に分類した。同じリツイートでもなにかコメントが書いてあり, それが批判的なものであれば批判ツイートである。

表5.1 ルミネCM炎上事件　記述統計

炎上発生日	2015.3.20	
検索ワード	ルミネ	
関連全ツイート数	44,784	
サンプリング開始時点	3/20/15:20	
サンプル数	864	比率 (%)
容認ツイート比率（%）	69	9.6
中立ツイート比率（%）	471	65.6
批判ツイート比率（%）	178	24.8
無関係ツイート	(146)	—
批判ツイート数推定値		11,103
1ツイート者比率（%）	92.6	
2以上ツイート者比率（%）	7.4	
3以上ツイート者比率（%）	1.9	

　比率で見ると容認ツイートが9.6%、批判ツイートが24.8%であり、容認ツイートが批判ツイートの1/3程度存在する。ルミネCM事件の場合、企業がすぐに謝罪したが、ネット上では一定の容認者もいたことになる[6]。無関係ツイートも146あった。無関係ツイートとはルミネへの行く道順を教えてくださいとかの炎上とは無関係なツイートである。

　批判ツイートの比率を全炎上関連ツイートに乗じることで批判ツイートの量が推測できる。批判ツイート比率24.8%を全炎上関連ツイート数44,784に乗じて得られた11,103が批判ツイート数の推測値である。ただし、これはツイート数であり人の数ではない。人の数にするためには2度以上書き込んでいる人を割り引く必要がある。サンプルした864ツイートをアカウント別に集計すると、2度書き込んでいる人が7.4%いた。これを割り引くと炎上参加者の数は1万人程度であろう。前節のアンケートでの炎上参加者比率0.5%から推測した書き込み人数は数千人であり、そのぎりぎりの上限にあたる。ルミネCM炎上事件は、炎上事件としては大きいので上限の値になるのは妥当な結果である。

---

[6] このCMは第2話を見ると、主人公は実は歴史好きの歴女で、飲み会で偶然出会った同僚が歴史好きであることがわかり、盛り上がってしまうなど第1話とはかなり違う展開になっている。2話まで見るとイメージがかなり変わってくる。実際、Twitterの書き込みを見ると、CMを批判する人は第1話について語っており、容認する人は2話まで見た人が多い。なお、YouTube動画の再生回数は第1作が第2作の10倍程度と圧倒的に多く、ほとんどの人が第1作しか見ていない。

炎上参加者は数千人と述べたが，彼らのほとんどは一人でつぶやくだけである。典型的にはニュースの見出しをコピペしたあとで，「ひどいな」，「これはいかんね」，などとつぶやくことが多い。このような人は，当事者のサイトやアカウントに直接攻撃を加えることはないだろう。そもそもただつぶやくだけなら個人の意見表明であり，なんら問題はない。炎上事件での問題は，攻撃側が当事者のサイトやアカウントに直接攻撃をかけ，閉鎖に追い込むことにある。そのような直接攻撃をする人は何度も書き込むのが常である。一言コメントするだけのような人は，直接の攻撃者にはなりそうもない。

直接攻撃を行う人は，この数千人の中にどれくらいいるだろうか。これについて目安を得るため，複数回ツイートした人の比率を取り出してみよう。繰り返し述べるように何度も書き込む人は，この話題に強い関心を持っており，直接攻撃の予備軍と考えられるからである。実際，まとめサイトで，非常に攻撃的なコメントを書く人は何回もツイートしていることが多い。ルミネ CM 炎上事件の場合では，表 5.1 の下段に記したように 2 度以上書き込む人は 7.4%，3 度以上書き込む人となると 1.9% であった[7]。数%とみなして炎上参加者の 1 万人に乗じると数百人で，これが炎上での直接攻撃の予備軍となる。比率にすれば 0.5% の数%なので，0.00X% のオーダーになる。

6 つの炎上事件

同じ計算を他の炎上事件でもやってみよう。取り上げるのは，次の 6 つの炎上事件である。いずれも 2015 年 3 月から 4 月にかけて起きた炎上で，規模の大きな炎上から小さい炎上まで集めた。

ルミネ CM 炎上事件
　ルミネのウェブ CM がセクハラであるとして炎上した事件
上西小百合事件
　衆議院議員だった上西氏が国会をずる休みして秘書と旅行に出かけたとし

---

[7] サンプリングの期間は 1 時間程度なので，それ以上の時間をあけてツイートしていると漏れてしまう。しかし，まとめサイトで複数回ツイートした人を見ると大半は 10 分以内の短い時間の間にまとめてツイートしているので，大勢に影響はないだろう。

て炎上した事件

張本・カズ引退事件

　張本がテレビ番組で，Ｊリーグの二部は野球の二軍のようなものなのだから，カズはもう引退しなさいと述べ，サッカーに無知でカズに失礼だとして炎上した事件

アンジェリカ結婚観事件

　モデルの道端アンジェリカが結婚するなら相手は年収5000万円以上で週1回は子供を預けてデートなどと述べ，結婚観があまりに浮き世離れでわがままだとして炎上した事件

デモ割安倍くそったれ事件

　安倍首相嫌いでデモにも行くラーメン店主が注文のときに「安倍のくそったれ」と言ったらラーメンを割り引くとTwitterで述べ，商売と政治を混ぜるな・食べ物屋が下品すぎるとして炎上した事件

藤原紀香バスガイド底辺事件

　藤原紀香がドラマの役でアラフォーでバスガイドをすることになり，これがドラマ内で底辺の生活とされていたので，バスガイドが底辺とはなにごとか，馬鹿にしている！　として炎上した事件

　ルミネCM事件と上西小百合事件は大きな炎上事件，張本・カズ引退事件とアンジェリカ結婚観事件は中規模の炎上事件，デモ割くそったれ事件と藤原紀香バスガイド底辺事件は小規模の炎上事件の代表として取り上げた。大規模と小規模を取り上げたのは，参加者数の上限と下限をおさえるためである。6つの炎上事件のツイート数の推移は図5.7にまとめた。縦軸の目盛を見ると，上段の2つは5,000から1万，中段の2つは2,000程度，下段の2つは1,000以下でありそれぞれ大規模，中規模，小規模に対応している。炎上期間は1日から1週間までさまざまである。ピークは1つであることが多いが，途中で新しい材料が出ると再度燃え上がってピークが2つ出ることもある（「燃料投下」と呼ばれる）。

　これら6つの炎上事件について，サンプルを数百取り出し，同じように批判・中立・容認ツイート数に分類した。サンプリングの時期は炎上のピーク時

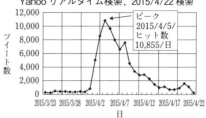
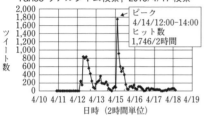
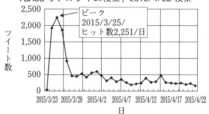
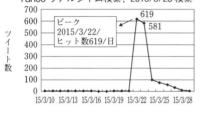
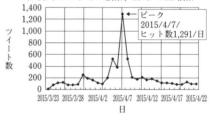

図5.7　各種炎上事件でのツイート数の推移

で，ルミネCD事件で言えば3/20の16時くらいである。ただし，炎上が何日にもわたる場合は初日のピークからとった。これは時間の経過に伴い，炎上の性質が変わることがあるためである。結果は表5.2にまとめた。批判ツイートの比率は4.8%から50.1%でかなり幅がある。この比率に関連全ツイート数を乗じると批判ツイート数推定値が得られる。

　その結果，批判ツイート数は大規模な炎上で1万件程度，小規模な炎上では数百であった。アンケート調査で求めた1件当たりの炎上参加者数も見積もりは数千だったので，桁数でほぼ一致したことになり，推定の信頼性が裏づけら

表 5.2 炎上ツイート数分析：批判ツイート数の数と複数ツイート者比率

	ルミネCM セクハラ	上西百合子 国会ずる休み	張本・カズ 引退	アンジェリカ結婚観	デモ割安倍くそったれ	藤原紀香 バスガイド 底辺
炎上発生日	2015/3/20	2015/4/2	2015/4/12	2015/3/24	2015/3/22	2015/4/7
検索ワード	ルミネ	上西	張本, カズ	アンジェリカ	デモ割	藤原紀香
関連全ツイート数	44784	74360	7079	7739	1472	1850
サンプリング開始時点	3/20/15:20	4/5/21:30	4/12/16:50	3/25/17:30	3/22/18:00	4/6/1:00
サンプル数	864	600	447	830	654	296
容認ツイート比率(%)	9.6	1.3	7.1	36.8	1.7	9.5
中立ツイート比率(%)	65.6	83.2	42.8	56.8	72.8	85.7
批判ツイート比率(%)	24.8	15.5	50.1	6.4	25.5	4.8
批判ツイート数推定値	11103	11918	3547	497	376	88
1ツイート者比率(%)	92.6	91.7	96.4	100.0	98.2	100.0
2以上ツイート者比率(%)	7.4	8.3	1.8	0.0	0.9	0.0
3以上ツイート者比率(%)	1.9	0.0	0.0	0.0	0.0	0.0

注1：中立ツイートは，単なる事実の告知，状況の分析・感想などである。例えばルミネ事件では「ルミネCMで炎上中」というニュース記事，あるいは「ルミネの広報としては失敗ですな」「代理店が変わったんじゃないか」などのツイートを中立とした。容認とは「別にかまわないんじゃないか」「問題にするほどのことか」のようなツイートである。

注2：サンプル抜き取り時点は，1日の場合はピーク時からとり，炎上が何日にもわたる場合は初日からとった。データ収集はヤフーリアルタイム検索による。

れる。

　直接攻撃の予備軍たる複数回ツイート者の比率はやはり多くない。2度以上ツイートする人は0%〜7.4%の範囲，3度以上ツイートする人は0%から最大1.9%程度である。Twitterは文字数が140文字で，引用をして自分の感想を書けばすぐに2度程度にはなってしまうので，2度ツイートしても強い関心とは言えないかもしれない。直接攻撃の予備軍を3度以上のツイートした人としてその比率を見ると最大でも1.9%となる。ここでは複数回書き込みを行う直接攻撃予備軍の推定値を数%としておく。人数としては数千人に数%を乗じた値なので，数十人〜数百人が炎上での直接攻撃の予備軍となる。比率にすれば0.5%の数%なので，0.00X%というオーダーとなり，アンケートで得た結果と一致する。

5-4　炎上での直接攻撃者

炎上への参加者数のまとめ

　ここまでをまとめると図5.8のようになる。炎上事件に伴って何かを書き込む人はインターネットユーザの0.5%程度であり，1つの炎上事件では0.00X%のオーダーである。人数に直すと，1つの炎上事件当たり数千人程度と見積もれる。

　このうち9割以上が一言感想を述べる程度であって，当事者に直接攻撃することはない。複数回書き込みをしていて，直接攻撃の予備軍と考えられる人はこの中の数%であり，人数にすれば数十人〜数百人程度である。

　さらにこの中から実際に当事者に対して直接攻撃を行う人が現れる。その比率はわからない。しかし，一人で批判を述べることと，直接当人あるいはその友人たちに向かって批判を書き込むことの間には，それなりのハードルがあるはずである。したがって，直接攻撃者の比率はそれほど高くはないだろう。仮に1割とすれば，直接攻撃者の数は数人〜数十人程度となる。

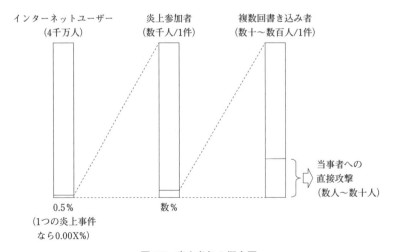

図5.8　炎上参加の概念図

炎上事件が起こると書き込みは非難一色になり，まるですべての人から攻撃を受けている印象が生じる。しかし，実際に攻撃を加えている人はごく一部である。

さらにこの炎上参加者はかなり固定されている可能性が高い。つまり，炎上参加者は毎年くるくる変わるのではなく，かなり固定メンバーになっていると思われる。なぜなら先にかかげた図5.4で，炎上参加者を過去すべてから，過去1年に限ったときの参加者の減少が0.42と約半分程度にとどまったからである。

多くの人がたまにやる行為の場合，時間の経過とともに交代（いわば新陳代謝）が起こるので，期間を短く限ったときの体験者との比率の差はもっと大きくなる。例えばこれまでにスキーに行ったことがある人に手を挙げてもらい，次に過去1年の間に限ってスキーに行った人と問うと，そのときの減少幅は半分よりはるかに大きくなり，例えば1～2割というような値にまで下がると推測される。これはスキーに行くという行為は普通の人が，一生に数回程度はやることであり，行ったり行かなかったりの変化も大きいからである。これに対して，盆栽を育てたことのある人に手を上げてもらい，過去1年に盆栽を育てた人と問えば，減少幅はずっと少なく，例えば半分程度かもしれない。これは盆栽を育てる人はそもそも少なく，そしていったんやり始めると長く続けるものだからである。炎上の場合，過去すべてから過去1年に限ったときの減少幅が半分にとどまったということは，炎上書き込みは誰もがすこしやるような普遍性がなく，固定された人がずっとやっていることを示唆する。

どれくらい固定しているかを見るため，おおざっぱな概算をしてみよう。毎年 N 人の炎上参加者がいるとし，そのうち一定率 R が次の年にも炎上に参加するとする。逆に言えば毎年 $(1-R)N$ 人の人が炎上に参加しなくなる。計算のためには過去すべてと言ったときの「過去」の期間が必要であり，ネットでは少なくとも過去10年間程度は炎上が話題になっているので，10年間としておく。毎年 $(1-R)N$ 人の人が炎上参加を取り止めるから，10年間では累積で $(10-1)*(1-R)N$ 人が，"過去に炎上参加したが今は参加していない人"になる。そこで現役の炎上参加者の比率は

$$\frac{N}{N+(10-1)(1-R)N}=0.42$$

となる。これを解くと，R=0.847 である。すなわち，炎上から離れていく人は毎年2割弱であり，残りの8割強は昨年に続いて炎上に参加し続ける計算になる。炎上はごく少数の，それも固定した人が起こしている[8]。

有識者は知っている

　炎上（あるいは荒し等の行為）に参加している人が実はごく少数であるというのは意外に思えるかもしれない。しかし，炎上を起こすのがごく少数であることは，実はネット事情に詳しい多くの識者にはすでに認識されていることである。

　例えば，2ちゃんねるは日本最大の掲示板で，数々の炎上事件の舞台になってきたが，その管理人によると，ほとんどの炎上事件の実行犯はきわめて少数だと言う（ニコニコ動画の川上量生氏の談による）。

「2ちゃんねるの管理人を長く務めていた西村博之氏によると，『2ちゃんねる上でのほとんどの炎上事件の実行犯は5人以内であり，たったひとりしかいない場合も珍しくない』らしい」（川上 2014a, p. 24）。

2ちゃんねるは，Twitter登場以前は炎上の主たる舞台であり，数々の伝説の炎上事件が生じた場所である。そこで生じた数多くの炎上事件の実行犯がほぼ5人以下というのは驚くべきことである。

　2ちゃんねるだけではない。ニコニコ動画は，生放送などテレビ型の放送のとき，しばしば荒れる（炎上する）ことがあるが，運営者の川上量生氏は，このときも荒らしは実際には少ないと述べている。

---

8) この概算には他にも隠れた仮定がある。例えば，炎上参加者は毎年N人で固定されていること，またいったん炎上参加しなくなった人はもう2度と炎上に参加しないこと，などである。その意味であくまで概算である。ただ，これらの仮定を多少変えても結論の大勢は動かない。炎上参加者総数が毎年10%増えるとか，離れた人の1割が戻ってくるとか仮定しても結果はあまり変わらず，少なくとも7割の人は翌年も炎上参加者であり続ける。

「荒らしって本当は少ないんです」（川上 2014b）
「僕らはサーバーのアクセス状況から，実は彼らのほうが少数派だと知っていたんですが，彼らは自分たちを少数派だと思ってないんですよ」（川上 2014b）

ニコニコ動画の画面上で炎上が起きているとき，炎上させている人が多数派に見えるが実際には多数派ではない。川上氏はこのことを可視化するのが，実世界で展開したニコファーレ（ニコニコ動画がつくったライブ施設）だったとも述べている。

実際，ニコ動で罵詈雑言がとびかって画面がひどい荒らしばかりになったとき，数人のコメントを消すだけで荒れていた画面が平和になるという指摘がある。

「ニコニコ動画では時々，罵詈雑言，誹謗中傷のコメントが飛び交う。画面を見て反発が多いと思いがちだが，指定した人の字幕を全て表示しないという設定を行い，数人のコメントを消すと，荒れていた画面がとても平和になる。つまりひどいコメントを書き込む人は，実は少ない。少数の人が悪態の限りを尽くしたコメントを数多く書き込んでいるので，批判が多いと錯覚してしまうのだ。」9)

個別事件の例もある。ジャーナリストの上杉隆は，自身のブログで靖国問題を書いて炎上したとき，コメント欄が批判でいっぱいになったが，それを書いたのはたったの 4 人だったと述べている。

「以前，ブログで靖国問題のことを書いたら炎上してしまいました。3 日間くらい放置していると，700 以上のコメントが付いていたので，IP アドレスをチェックしてみた。すると，コメントしているのはたったの 4 人。」10)

---

9) 遠坂夏樹「ノイジーマイノリティが TV と世間をつまらなくする」NewPics, 2014 年 11 月 10 日，https://newspicks.com/news/692425/body/（2015/12/29 確認）。
10) 上杉隆×ちきりん「なぜブログは炎上するのか？ "嫌いな人が好き" の論理」Business Media

何度も取り上げるスマイリーキクチ中傷被害事件は，長期間にわたりインターネットの各所で中傷が続けられた大規模な中傷事件であった（詳しくは第2章2-6参照）。この事件では，芸人スマイリーキクチが女子高生コンクリート詰め殺人事件の犯人であるというデマが2000年頃から8年にわたってネット中に投稿され続けた。スマイリーキクチのブログは炎上し，ブログのコメント欄を閉鎖すると，スマイリーキクチのファンの女性のブログにまでキクチ犯人説が書かれるようになった。投稿が広範で長期間にわたって続いたためにデマは深く浸透し，スマイリーキクチが舞台に出ると観客がざわめくようにすらなったという。キクチが何度も警察に相談した結果，この種の事件では珍しく警察が動き，中傷者が検挙されるにいたった。しかし，このとき検挙されたのはわずか18人であった（スマイリーキクチ 2011）。8年間にわたった大規模な炎上・中傷事件の主犯が18人しかいなかったのである。
　このように炎上事件で，実際に直接攻撃を行う人の数は実はおどろくほど少ない。そしてこのことは識者には知られている。例えば，有力ブロガーの山本一郎氏は，五輪エンブレム事件について，「定期的に騒いでいるのはせいぜい60人」ではないかという推測を述べている[11]。論拠は明らかにしていないが，山本氏は自身も炎上の被害者で攻撃者と戦ったことがあり，その経験を踏まえたそれなりの推測と考えられる。五輪エンブレム事件は，実際にエンブレムが撤回され社会的に大きな影響を持った。その炎上の遂行者がわずか60人だとすれば，驚くほかはない。

炎上の主役はどんな人たちか

　このように炎上事件での直接攻撃者はごく少数である。では，彼らはどのような人なのだろうか。図5.8の3列のうちの中央の数千人の人については，ある程度サンプルがあるため統計的に属性を分析することは可能であり，結果は本書第4章にまとめられている。女性ではなく男性が多く，新聞を読むなど知

誠，2009年7月27日，http://bizmakoto.jp/makoto/articles/0907/27/news008.html（2015/12/29確認）。

11) 山本一郎（2015），「『GQ』でボツになった「五輪エンブレム」佐野研二郎さんのネット炎上関連の原稿と経緯について」Yahooニュース，2015/9/10, http://bylines.news.yahoo.co.jp/yamamotoichiro/20150910-00049360/ （2015/12/29確認）。

的生活の能力があるなどいくつかの知見が得られている。しかし，この中央の数千人の9割以上は一言書き込むだけなので，炎上の実害は少なく，そもそも一言感想を書き込むのは，自由な意見表明の一部として民主主義社会では容認されてしかるべきである。問題なのは当事者に対して書き込みを繰り返す実際の攻撃者，つまり図5.8の右はじの数人から数十人であるが，これはきわめて少数になるため，統計的調査は困難である。ただ，ルポライターの記事などわずかな事例が知られているのみで，そこからプロファイルをうかがうことができる。それらによれば，実際に攻撃を行う人はかなり例外的な人たちである。以下に4つの例を挙げる。

　中村（2015）が挙げる事例は独身中年男性の例である。有名国立大学大学院を出て当人は反韓のネット右翼を自認する。異常に正義感が強い。当人曰く「たとえ友情を壊そうが自分の勤める会社をつぶそうが，支持してきた政治家や言論人に疎まれようが，相手がどんな団体・個人でも」許さないと思ったものは攻撃する。実際，最初に勤めた会社は，彼がコンプライアンス違反だと告発して追及し続け，ついに倒産してしまったという。それ以降は無職である。収入はどう得るかというと，月に5日だけ上京してiPhoneの転売で稼ぐ。最も安価な店で買って違約金を払って解約し，最高値の店で売ることを繰り返す。これだけで年収150万円を得る。家賃4万円のアパート住まいで独身なので生活はなんとかなる。非常な読書家であり，空いている時間は一日中本を読んでいるか，ネットに向かって反韓，反中のつぶやきをしているという。

　この人の場合，まず，生活の仕方が変わっている。すべての時間をネットでの活動に使っており，それ以外は切り捨てている。中川（2009）はネットで炎上にかかわる人の特徴として「暇人」という点を挙げているが，確かにこの人は持てる時間をすべてネットに投入できる。さらに，正義をつらぬくあまり自分の勤める会社をつぶしてしまったという点が印象的である。普通なら周りの人のことを考えて，小さい違反なら会社をつぶすまでは追い込まず，解決策を考えそうなもので，そこまでするのはなかなかできることではない。炎上は正義感にかられた義憤に基づいて行われることが多いので，この異常なまでの正義感はうなずけるものがある。

　2番目の例として，あるニュースから若い人の事例を拾ってみる[12]。都内の

私立大学に通う 21 歳の大学生の例である。彼は Twitter などで叩く対象を見つけては叩くことを楽しみしている。ネット右翼を自称するが政治には関心がなく，実際，叩く相手は保守論客からリベラル記者にまで及ぶ。彼曰く「ネットで書いてることをいちいち信じるヤツってホントのバカだと思うんです。僕もネトウヨをやってるけど，『誰かを釣って，叩いて，はい，おしまい』の世界。特に芸能人やマスコミ関係者，政治家が Twitter で本気になって議論もどきをして熱くなっている。それをみて楽しむこと。それだけが目的なのに……」。すなわち，まじめに議論をする気はなく叩いて騒ぎを起こすこと自体が目的である。最近，彼はあるタレントの発言が気に入らずに Twitter などで攻撃を続けたところ，1500 万円の損害賠償が来たという。弁護士をたてて交渉中であるが，これについて彼は述べる。「芸能人やタレント，マスコミ関係者，政治家，顔晒してる仕事の人がネットでちょっと書き込みされたくらいで……という気持ちはあります。言いたいことがいえない社会って息苦しいですね」。訴訟までされても，自分の書き込みが人を傷つけたという自覚はないようである。

　この人の場合，言いたいことが言えない社会は息苦しいという表現が印象的である。言いたいことが言える社会というのは自由主義の立場としてよく言われるが，このとき言いたいこととは通常の了解ではその人の「意見」である。しかし，彼の場合，言いたい意見があるわけではない。人を困らせ，叩き，反応を見て面白がることが目的であり，それが自由にできることが彼にとっての"自由主義"である。このような自由主義の理解は彼独特であり，通常あまり見られないものだろう。

　3 番目に，スマイリーキクチ中傷被害事件を取り上げる。この事件では中傷を続けた 18 人が検挙され，特定されている。スマイリーキクチ（2014）によれば，検挙者は年齢も居住地もさまざまであり，外見は普通に見えたという。しかし，スマイリーキクチが犯人というのがデマであることがわかると，彼らは自分もネットに騙された被害者だと言いだし，加害者であることを反省する念は見えなかったという。スマイリーキクチは中傷されただけだが，自分の境遇（離婚など）の方がもっと辛いと，事件と関係ない自身の事情を述べる人も

---

12)「モノ言えない社会は息苦しい」名誉毀損で訴えられたネトウヨ大学生の告白，デイリーニュースオンライン，2015/1/25, http://dailynewsonline.jp/article/911752/（2015/12/29 確認）。

いた。表現の自由を主張する人もいたので，刑事が表現の自由のためならあなたの名前をさらされてもよいのかと尋ねると，スマイリーキクチは芸能人だからさらしてもよいが，自分は一般人だから嫌だと答えたという。取り調べの最後には反省を口にし，キクチに謝罪したいと述べる人もいたが，スマイリーキクチのところに謝罪に来た人は結局一人もいなかった。

　罪の意識の持ち方は人それぞれである。が，18人もいるなら，中には心から反省して謝罪する人が一人くらい出てきそうなものである。しかし，それは現れなかった。この18人は相手の気持ちを考えることができず，被害者意識が特に強い人たちばかりであった可能性が高い。そのような人ばかりだったという意味でやはり特異である。なお，スマイリーキクチ（2011）のなかには，18人のうちの1/4は，精神疾患などなんらかの心の病を持っていたようだとの記述も見られる。

　最後に4番目の事例として，中川淳一郎氏のあげる事例からひいてみる（中川 2010, p. 16）。中川氏はウェブメディアの編集長として，数多くの炎上案件に遭遇して豊富な実体験を持っており，同書はこのような体験談に満ちている。その中から1つ芸能人のファンサイトを管理していた男の例を挙げる。その男性はその芸能人から気に入られて芸能人のパンフレットの文章を書くことになったところ，私の方がうまく書ける！　という別の女性ファンから攻撃されたという。その男性は，その女性に，それならばパンフレット作成役をお譲りしますと答えたのだが，女性はそれを無視してファンサイトや2ちゃんねる掲示板に彼の悪口を盛んに書き始めた。彼の会社にも電話をかけてきて嫌がらせを言う。電話口に出た会社の人が，本人に代わりましょうかとたずねると，「いや，アンタでよい。アンタにヤツのひどさを知ってもらいたい」と言って，彼について真偽不明の中傷を言い続け，あんなのを雇っているとロクなことはならないと言い捨てる。同じことを会社のさまざまの人に対して毎日のように行うので，彼はそこまでひどい人なのか，と愕然とした社員により，彼は会社で無視されるようになったという。

　この事件の場合，攻撃される理由がほとんどなく，いわば逆恨みに近い。それにしても，個人的に深い男女関係になってもつれたとか，家族や財産を奪われたとかならともかく，私の方がうまいのにあいつに文章依頼があったという

だけである。それだけのことで，会社に電話をかけて，当人ではなく周りの人にまで中傷を吹き込むというのは，通常はなかなかするものではない。やはり特異というべきであろう。

これらの観察をまとめると，炎上で直接攻撃を加える人は，通常の対話型の議論をすることが難しい人であることが予想される。世の中には非常に攻撃的でコミュニケーション能力に難がある人が確かに一部ではあるが存在する。ここから得られる1つの示唆がある。それは炎上を起こす人が一部の特異な人であるなら，それを大きな集団行動として分析することはミスリーディングではないかということである。例えば，炎上は古くからいたネット民が新規に入ってきたネット民に拒否反応を示した文化対立だという分析がある。あるいは炎上を社会が持っているさまざまの祭礼になぞらえる分析もある。炎上は祭りだとも称される。しかし，炎上で書き込む人はわずか0.5%であり，直接攻撃する人に限ると，0.00X%のオーダーで，あまりに参加者が少ない。そして，彼らのプロフィールはかなり特異であり，何かの社会集団を代表している人とは思えない。それを称して文化対立あるいは社会の祭礼と呼ぶのには無理がある[13]。

5-5　結語：炎上参加者はごく一握り

炎上は社会現象として語られることが多い。確かに炎上は社会に大きな影響を与える重要な現象である。しかし，主役となる攻撃者，すなわち炎上事件で書き込みする人はごく少数である。過去1年に炎上事件への書き込んだことのある人は，インターネットユーザの0.5%程度にとどまる。個別事件単位になると書き込む人は0.00X%のオーダーになり，人数で見ると，数千人である。さらにこのうち大半は一人でつぶやくだけであり，直接に当事者を攻撃してアカウント閉鎖などに追い込む人は数人〜数十人のオーダーにとどまる。炎上事

---

[13] まとめサイトなどで炎上を見る人すなわち観察者が2割くらいいるので，彼らを炎上参加者に含めれば参加者は増え，文化対立や祭礼という解釈もできるかもしれない。ただし，この2割の観察者を炎上参加者と同列に並べてよいかどうかには議論の余地がある。

件が起こると，ネット中が批判のあらしになり，全ユーザから責められているような気持ちになるが，実際に騒いでいるのはごく少数である。彼らのプロファイルはかなり特異であり，大きな社会集団の代表とも思えない。したがって，炎上を，お祭りやネット上の文化対立，あるいは大衆的な社会運動と同列の社会現象ととらえるべきではない。参加者があまりに少数だからである。炎上事件の特徴は，ごくごく少数の参加者が社会全体を左右する大きな影響を持ってしまったことにある。これはなぜだろうか。このことを積極的にとらえるべきだろうか，消極的にとらえるべきだろうか。この問いに答えるため，次の第6章では思い切って近代史のなかに炎上現象を位置付けることと試みる。

第6章

炎上の歴史的理解

　前章で炎上を起こしているのはネットユーザのごく一部という結論が得られている。一言書き込む人は 0.5% にとどまり，直接当事者に攻撃を加える人となると 0.00X% というオーダーになる。そして，具体例を見てみると彼らの人物像はかなり特異であり，大きな社会集団を代表しているようにも思えない。この事実を踏まえるとき，炎上はどう理解できるだろうか。この問いに対し，本章では歴史的理解を試みる。

　なお，本章は近代化の歴史という大きな話をとりあつかうので，このような歴史的考察にあまり関心がなく，炎上の原因と対策に関心のある読者は本章を読みとばして第7章にすすんでいただいたほうがよいだろう。本章は他の章とは比較的独立している。

　6-1 では，まず，炎上の理解として巷間でよく使われる2つの概念，集団極性化とデイリーミーを検討する。この2つの要因は炎上の背景としてはありえる。が，いずれもごく普通の人間を対象にした理論であり，炎上がごく一部のかなり特異な人の行動であるという事実と符合しない。

　6-2 では，情報化現象を近代化の歴史の中に位置付ける。16 世紀に中世が終わって以降の歴史は，軍事革命を経て国家がつくられる時代（17～18 世紀）と産業革命を経て産業化が進む時代（19 世紀～20 世紀）に分けられる。現在は情報革命を経て情報化の時代（21 世紀～）入っていると考えられる。

　6-3 では，時代の草創期には力の濫用があったことが示される。軍事革命のときには軍事力を使った傭兵の暴虐が起き，産業革命のときは経済力が暴走して金融恐慌・児童酷使などの問題が起きた。どの時代にも時代の趨勢を左右する主要な力があるが，時代の草創期にはその力の濫用が起きたのである。これ

にならえば炎上とは情報革命で解放された力の濫用である。すなわち情報発信力の濫用が炎上であると理解できる。

6-1　炎上の理解：集団極性化とデイリーミー

何度も述べているように，炎上を起こしているのはネットユーザのごく一部であり，通常の対話型の議論をすることが難しい特異な人である可能性が高い。もしそうなら，それを一般的な人間行動の分析で説明することはミスリーディングではないかという疑問がでる。以下，これまでに行われてきた炎上の説明を再検討してみよう。

炎上の説明としてよく使われるのは，集団極性化とデイリーミーである。この2つは，サンスティーンがサイバーカスケードの原因として指摘したことでよく知られるようになった。サンスティーン自身は炎上について論じているわけではないが，この2つは炎上と関連するので炎上の文献ではよく言及される[1]。

集団極性化（group polarization）とは，社会心理学で古くから言われている現象で，人々がある問題についてグループ討議を行うと，もともとあった意見が強化され，討議前より過激な意見になりやすいことを指している。古典事例は転職についてのグループ討議において，討議の後に，よりリスクの高い選択を選ぶ傾向が強まったという実験結果である（Stoner 1961）。この知見以後，数多くの実験が行われ，同様の結果が得られている。例えば討議後は穏健派だったフェミニスト女性が過激になる，討議後はもともと人種偏見の薄かった白人がさらに他人種に肯定的になる，等の例が報告されている（Sunstein 2001, 邦訳 p. 81）。ネット上では同じ政治信条や問題関心を持った人が掲示板やサイトを通じて集まるので，そこで意見交換が行われれば意見がより過激になると予

---

[1] サンスティーンの本は，サイバーカスケードが社会を分断してしまい，民主主義にとっての懸念材料になっているというのが問題意識であり，炎上を話題にしてはいない。本の中で集団両極化とデイリーミーはサイバーカスケードをつくり出す背景として出てくるだけで，炎上の原因としているわけではない。この2つを炎上の説明に関連して取り上げるのは日本の論者の論調である。

想される。この集団極性化が意見を過激化させ，それが炎上を生み出しているという説明が可能である。

デイリーミー（Daily Me）とは MIT のメディアラボの所長であったネグロ・ポンティが使った言葉で，自分専用の新聞の意味である[2]。ネットの発達で情報源を自分好みでカスタマイズ（フィルタリング）できるようになり，自分の興味のある情報のみを得ることが可能になったことを指す。実際に新聞をカスタマイズしなくても，自分の趣向にあったサイトだけをまわり，ツイッターでは意見の近い人だけをフォローしていれば共感する意見にしか出会わないため，疑似的にデイリーミーに近づく。その結果，自分にとって心地よい意見だけを聞くことになり，自分の意見が強化されていく。メディア論ではこれを自分の意見が反響してさらに強化されていく点が共鳴機に似ているということでエコーチェンバー（echo chamber）と呼ぶことがある。エコーチェンバーの中で意見が強化され，過激化すれば，やはりそこから炎上事件での攻撃者が現れてくるかもしれない。

この2つはネット上の世論形成を論じる時に考慮すべき重要な要因である。しかしながら，炎上の説明としては，十分な説明とは思えない。なぜなら，炎上はごく限られた特異的な人の行動であるのに，この2つの要因はいずれもごく普通の人間を前提した話だからである。

集団極性化は，一般の人からランダムサンプルして実験などをして導き出したものである。つまりごく普通の人を想定している。デイリーミーも，自身の意見に近いサイトだけまわるとか，ツイッターのフォロー相手が似た考え方の人になりがちとかというのは，ごく普通の人がやっている普通の現象である。これに対し，炎上で直接攻撃をする人は0.00X%以下の限られた人であり，彼らの人物像は前章で見たとおり，かなり特異で例外的である。ごく普通の人についての分析で，特異的で例外的な人が引き起こす行動を説明することが妥当かどうかには疑問がある。この疑問の中身を細分化していくつか述べてみよう。

第1に，集団極性化は討議の過程で両極化するという話であるが，炎上では討議そのものが行われていない。最初から極端な正義感を持った人や，攻撃自

---

[2] Daily Me についての解説は，Harper, Christopher (1997), "The Daily Me," *American Journalism Review*, 1997 April を参照．http://ajrarchive.org/Article.asp?id=268（2015/12/30確認）．

体に喜びを見出す変わった人が一方的に攻撃するだけである。実際，第5章5-3の攻撃者のルポの4事例の中に出てきた人々は，グループ討議に無縁と思える人の方が多い。4例の中でグループ討議に加わっていそうなのは，最初の大学院卒の中年ネット右翼くらいのものである。2番目の学生は，相手をいじるのが面白いだけで特定の信条・意見を持たない。3番目のスマイリーキクチの検挙者は互いに何の関係もなかったことがわかっている。4番目の芸能ファンの事例も当人の発言内容から考えてどこかのグループに属して討議を経たとは思えない。取り上げた4事例のうち，3事例はグループ討議には加わっていそうにない。グループ討議で過激化せずとも，これら炎上事件の攻撃者はさまざまの個人的事情で最初から過激だったと見た方がよいだろう。

第2に，集団極性化とデイリーミーが起こる前のインターネットでも，炎上を起こしそうな人は存在していたという事実がある。ウェブが普及する前のインターネットでの掲示板はニュースグループだけで，政治信条別に人が集まるサイトはなく，情報源のカスタマイズも難しかった。ゆえに，集団極性化もデイリーミーも限定的だったが[3]，それでも炎上を起こしそうな人は存在していた。当時で言うフレーミングの常習者がそれで，極端で偏った正義感を持ち，誰かれかまわず嚙みついて喧嘩を仕掛ける嫌われ者である。考えてみればネットへの参加者が増えてくれば，ごく少数ではあるがコミュニケーション能力に難のある特異な人が現れることは避けられない。集団極性化とデイリーミーという現象がなくても，わずかの比率でなら非常に攻撃的で特異な人は現れるのである。

第3に，集団極性化とデイリーミーのような現象は，インターネット登場以前からリアルの世界でもすでにある程度ならあったという点がある。ネットがなくてもリアルでのグループ討議があれば意見は過激化する。古くは日本の

---

[3] 当時の掲示板はニュースグループでテーマごとに分かれていたが，意見の傾向別には分かれていなかったので，似た意見の人が集まるということはなかった。例えば soc.culture.japan というニュースグループは英語で日本の社会文化について語るニュースであったが，日本好きの人も日本嫌いの人も同居して意見傾向はばらばらだった。ゆえに討議によって意見が強化されるという集団両極化はなかったし，自分の趣味・志向と真反対の意見も目にせざるをえず，デイリーミー現象もなかった。それでも，あるいはそれゆえというべきかもしれないが，フレーミングは頻発し，どうしてこんなに相手を罵倒・中傷するのか普通の感覚では理解できない"特異な人"は現れた。

1970年代の学生運動が，最近ではアメリカのティーパーティー運動が，リアルでの集団内討議で過激化していった例である。デイリーミーも，テレビと新聞は別として，書籍・雑誌については昔からあった。右寄りの人は右寄りの，左寄りの人は左寄りの雑誌と本を選び，それぞれの意見を強化していった。サンスティーンも認めるように，集団極性化もデイリーミーもこれまで起きていたことがさらに加速されたという意味で程度問題である（Sunstein 2001, 邦訳 p. 13）。これに対して炎上はかつてなかったことで，炎上の発生はいわば質的な変化である。インターネットの普及は，程度問題の"程度"の度合いを加速したかもしれないが，それが質的変化を作り出すに足るものだったかどうか，言い換えれば閾値を超えたかどうかは別途検証を要する。ちなみにアメリカの実証研究ではデイリーミーに否定的な結果が得られている。Gentzkow and Shapiro (2011) は，ネット上のニュースサイトの利用が自分の政治傾向にあったものばかりに偏っているどうか調べたが，その偏りの程度は紙の新聞（全国紙）並みにとどまり，また5年間で特に悪化した傾向もなかったと述べている。デイリーミー現象はまだ実証されていない。

あらためてふりかえってみると，集団極性化とデイリーミーは，炎上を生み出す背景としては，確かにありそうな要因ではあるが，主因とは思われない。これらは1つの背景要因にとどまる。たとえて言えば，景気が悪くなると自殺者が増える，あるいは寒くなると鍋料理に行く人が増えるという因果のようなものである。確かにそのような因果関係はあるだろうが，自殺の主たる原因が景気の悪化であるとか，鍋料理に行く主たる理由が気温だとまで言うのは言い過ぎである。人はさまざまな理由で絶望し自殺を決意し，鍋料理が好きだから鍋を食べに行くのであって，景気や気温が主たる理由ではない。それは背景の一要因に過ぎず，主因ではない。人生に絶望する人，鍋料理が好きな人は，社会がどういう状態でも一定程度存在している。同じように炎上事件で主役となる攻撃者もごくわずかの比率ならどのみち存在するだろう。

繰り返し述べるようにこのように述べる最大の理由は，炎上参加者がきわめて少数だからである。つぶやく人は0.5%で，主役となる直接の攻撃者は0.00X%のオーダーである。もし，この比率が20%～30%という比率なら，多くの人を炎上にかりたてる普遍的な要因があるはずで，集団極性化とデイリ

ーミーはその有力候補だろう。しかし，わずか 0.5% あるいは 0.00X% のオーダーなら，そのような要因をたてずとも，参加者の母数が多ければ発生する。インターネットがこれだけ普及し，ほとんど全国民が利用するようになれば，そのように例外的で特異な人が現れるのは避けがたい。

　問題なのは，そのようなわずかの人が，多くの人の情報発信を萎縮させるほどの，あるいはネット上の意見分布を左右するほどの大きな力を持ってしまったということである。炎上の発生原因としては，この事実の方が重要である。いつの時代にも非常に攻撃的で，コミュニケーションに難のある人はごくわずかではあるが存在した。しかし，それが強大な力を持つことはなかった。それが今日，大きな力を持つに至っている。いうまでもなく現状のインターネットあるいは SNS の仕組みがそれだけの力の行使を可能にさせている。問うべきなのはこの事実の方である。この事実をどう理解すればよいのだろうか。なぜこのような状態が生じたのだろうか。これを肯定的に理解すべきだろうか，それとも否定的に理解すべきだろうか。これらの問いに対し，次節では歴史的考察から答えることを試みる。

6-2　近代化の歴史より

国家化・産業化・情報化の三段階論

　炎上現象を理解するにあたり，ここでは社会心理学やメディア論の視点ではなく，近代化の歴史的分析による理解を試みてみよう。炎上事件を近代化の歴史の中に位置付けるとは少々大げさかもしれない。しかし，情報化の起点をコンピュータあるいはインターネットにとるなら，はじまりは 1960 年代になり，すでに 50 年が経過した。50 年経過すれば十分に歴史の一風景であり，50 年，100 年単位で歴史的考察をすることも許されるだろう。この **6-2** では，まず，近代化を情報化を含む三段階論でとらえる議論を紹介し，次の **6-3** でそこでの炎上の位置付けを述べることにする。

　近代がいつから始まるかは論争的であるが，ヨーロッパで考えると，通常は 16 世紀ごろには中世が終わり，近世に入ったとされる。それ以降現代までの

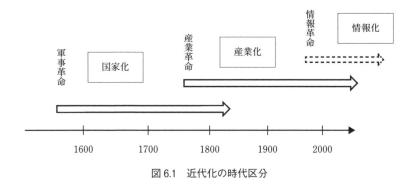

図 6.1　近代化の時代区分

期間を段階で区切るとすると，18世紀末の産業革命を区分点にとるのが標準的な時代区分である。16世紀に中世が終わり18世紀末の産業革命までを第1の時代区分，産業革命から現在までを第2の時代区分とする。歴史家の用語としては，前者は近世（early modern），後者は近代（modern）と呼ばれることが多い。さらに情報化を重視する論客は現在，情報化と呼ばれる新しい段階に入ったとすることがある。このような時代区分を立てる論客の中で，ここではインターネットによる情報化の影響を重視する公文（1994）の用語に沿って整理する。図 6.1 がその要約である。

中世が終わる16世紀ごろ，軍事革命があったとされる（Parker 1996）。軍事革命とは，大砲と銃の普及により，武具をまとった騎士同士の戦いから大勢の兵士による集団戦へと戦争の様相が変化したことである[4]。軍事力は封建騎士の独占物ではなく，誰もが平等に軍事力の行使が可能になる。中世が終わった原因はいろいろ指摘されるが，この軍事革命で封建諸侯の安全保障能力が失われたことが大きい。騎士が武具と馬に乗って戦う中世の戦闘方式では，堅固な城壁を落とすことは困難なうえ，そのような戦闘方法には訓練が必要で，騎士以外の兵士（平時は農民である）に同じことをさせることはできない。それゆ

---

[4] 軍事革命という概念の発案者はスウェーデンの戦争史を研究した Michael Roberts である。軍事革命についてはいくつか論争があるが，多くはその範囲やタイミングについての程度問題についての議論であり，中世から近世にかけて戦争のあり方が大きく変わり，中世の重装騎兵が意味を失ったことについては広範な合意がある。

え中世では戦争は限定的で諸侯の勢力図はあまり変化しなかった。しかし，大砲は城壁を難なく破壊し，そこに武器を持った多数の兵士が突入すれば制圧が完了する。こうして軍事面から中世の秩序は崩壊する。経済史の視点からはこの時期に軍事の生産性（大砲や銃など武器の生産性）が急激に上がったという報告があり，産業革命に対応する軍事革命と呼ぶべきものがあったことが示唆されている (Hoffman 2011)。

　安全保障が機能しなくなり戦争が続くと，封建諸侯は疲弊して力が弱まってくる。その結果，中央集権化した絶対王政が力を増し，主権国家が形成され始める。もともと中世にはいまの主権国家と呼ばれるような強い国家はなく，諸侯は分立していた[5]。国と呼ばれるものがありはしたが，封建諸侯はしばしば国王の指示に従わず，自分の領土を守るため，あるいは血縁などの個人的事情で戦争をした。また，国の上に神聖ローマ帝国という宗教上の上位存在があり，国は権威の点でも最高の存在ではなかった（例：カノッサの屈辱）。この状態が，たび重なる戦争を通じて崩れ始める。封建諸侯はうち続く戦争の中で疲弊して没落し，中央集権を進めたルイ14世など絶対王政の力が強まってくる。近世の折り返し時点に起きた大きな戦争である30年戦争では諸侯の没落は決定的となり，さらにこの戦争後に結ばれたウェストファリア条約（1648年）では，神聖ローマ皇帝の権威が否定され，国家に絶対的な地位を与え，主権国家が確立する[6]。この時代は，いわば主権国家が誕生した時代であり，公文 (1994) はこの時代を国家化の時代と呼んでいる。

　次の区分点は18世紀の末の産業革命である。産業革命といえば俗にワットの蒸気機関の改良がよく知られるが，産業革命の本質は，資本家が労働者を雇って生産活動を行う工場という仕組みの登場である。これによって，農業とちがって自然のリズムに制約されることなく，技術革新と投資でいくらでも生産を増やしていく道が開かれる。エネルギー消費が飛躍的に高まり，生活水準が継続的に上昇する。労働者が農村から都市部に流れ込み，人口分布が一変する。

---

5) 主権国家とはその領域内での最高権力を持つ国家である。すなわちそれより上位のいっさいの政治権力を認めず，またその下にあるすべての政治権力に優越する存在である。具体的には，ローマ教皇の支配を認めず，また領域内の地方領主の独自の権力行使を認めない国家のことである。

6) 近世にローマ教皇の政治的権威が失墜していった理由としては，むろんルネサンス，宗教改革といった意識面での変化もあるだろう。

鉄道などのインフラが整備されたことで，一国市場が現れる．大規模生産のための原材料供給基地として，また製品の販路として植民地が重要になり，これを奪い合う帝国主義が勃興する．これら一覧の流れは産業革命以降に進行した変化で，この時代は産業化の時代と呼ぶのがふさわしいだろう．

産業革命は経済活動を自由にした．ちょうど軍事革命で軍事力が誰でも自由に行使できるようになったのと同じである．実際，初期の企業はまったくの自由市場の中にあった．政府はまったく介入しない．通貨発行さえ自由であり，民間銀行が自由に通貨を発行した．企業は自由放任のもとで，なんらの制約を受けず，思うがままに富を求めて労働者を雇い，経済活動を行った．産業革命以前にも生産活動を行う主体がありはしたが，ギルドを形成したり，貴族や村落共同体に従属する存在で，活動は制約されていた．産業革命で登場した企業はこの制約を受けない．ビジネスに専心し利潤追求すること自体を善とする倫理（プロテスタンティズムの倫理）や，自由放任に任せれば神の見えざる手で調整が行われるという社会理論（アダム・スミス）が，これを後押しする．企業は生産活動を世界全体に広げていき，豊かな社会をつくりだす．

なお，ヨーロッパ以外の国はこの産業化の時代に帝国主義による侵攻を受け，それに反発・反応する形で主権国家の形成と産業化に同時に乗り出すことになる．日本は早い時期でのその成功例の1つであり，アジア諸国は第二次大戦後はおおむねこの流れに乗っている．現状でこれに乗っていないのが中東とアフリカ諸国と解釈できる．

そして20世紀の末に次の区分点がくる．公文（1994）はこれを情報革命と呼び，情報化の時代が始まったと理解している．これまでのパターンに従うなら，情報革命は軍事力・経済力に加えて，「情報力（後述）」が主要な手段となり，価値としては強さ・豊かさに代わってなんらかの情報的な価値が主役になる世界と考えられる．それはどんな社会になるのか．これまでのパターンに沿いながら整理してみると図6.2のようになる．

国家化の契機は軍事革命であり，この時代の最も重要な力は軍事力である．主要なゲームは，戦争という舞台のうえで国家が軍事力を行使して戦うことである．人々が価値を置くのは戦いにおける強さであり，英雄はルイ14世をはじめとして軍人あるいは政治家である．これに対し，産業革命を経て産業化の

	国家化	産業化	情報化
契機	軍事革命	産業革命	情報革命
手段	軍事力	経済力	情報力
舞台	戦争	市場	ネット
価値	強さ	豊かさ	面白さ／楽しさ
英雄	軍人	企業人	「関心を集める面白い人々」

図6.2　近代化の三段階の特徴

時代になると，社会における重要な力として経済力が加わる．市場という舞台のうえで，企業が経済力を行使して競争することが社会の主要なゲームになる．人々が重視する価値は経済的豊かさであり，社会を代表する英雄としてフォードやカーネギーなど企業人が名を連ねるようになる．

　この流れに沿うと，情報化はどうとらえられるのか．情報革命とは，IT技術の急激な発達とそれを体現した機器とインフラの普及，それを利用して情報交換を行うノウハウがあまねく人々の間に広がったことである．いまやアフリカのマサイ族がモバイル機器で市場価格を調べては牛を市場に連れていくかどうかを決める時代である．軍事力・経済力に置き換わるものは情報にかかわる力で，適当な用語がないので仮に「情報力」と呼んでおく．情報力の中身は情報収集力，情報処理力，情報発信力の3つである，ネットとはいうまでもなくインターネットであり，これらが十分に普及したこと，人々がそれらを使いこなすようなったことについては異論はないだろう．

　重要なのは価値観の変化である．もし情報機器を利用しても，その目的が企業の利潤最大化あるいは軍事利用であるなら，産業化・国家化の時代と状況は変わらない．単に目的達成の手段が1つ増えただけで情報革命というには値しない．人々の価値観が軍事的優位や経済的豊かさ以外の，なんらかの"情報的なもの"に向かってこそ情報革命と呼ぶ価値がある．それは，情報処理と情報交換それ自体が持つ価値でなければならない．情報処理・交換が軍事的優位や経済的豊かさを得るための手段ではなく，情報処理・交換がそれ自体に価値があることである．

　そのような価値の萌芽はある．例えば，Linuxなどオープンソースの開発をしている人は，経済的富が主たる目的ではない．それよりは良いソフトウエアを書いて使ってもらい，賞賛や感謝を得ることが目的である．Facebookでレ

ストランの写真を載せて感想を書いたら，人から私も行ったよ，おいしかったと返事が来たとしよう。そのときの楽しさは経済的豊かさではなく，人と交流したことの楽しさである。農産物を直接消費者に送り，その感想を聞く農家は，市場調査以上の喜びを感じているだろう。LINEで日がな友人とおしゃべりしている人，オンラインゲームでチームメイトと協力プレイをする人，いずれも楽しみは人とのやりとりにある。NGOをつくって途上国向けに援助品を送り，あるいは途上国の人のつくった製品を輸入販売している人は，途上国の人とのやりとりの中に，ビジネス以上の価値を見出しているだろう。ゲームアプリを開発して世界中の人に使ってもらえれば，それ自体が楽しいことである。地球環境を守るための研究者の世界的ネットワークができて，智恵を集めた提言を行っていれば，人々は価値あることとしてこの活動に敬意を払うだろう。YouTubeに歌ってみたをアップしたら，地球の裏側の人から賞賛のメッセージが来て，その人もまた歌ってみたをアップして交流が始まれば，わくわくすることだろう。

　これらの活動は経済的豊かさにはおさまりきらない価値を人々に与えている。それは「面白さ・楽しさ」のような何かである。そこでの英雄とは，面白さ・楽しさで傑出した成果を出した人，すなわち価値ある情報活動をして人々の関心を集めた人になると予想される。なお，公文（1994）はこのような価値ある情報をつくり出す主体を，産業化時代の企業になぞらえて「智業」と呼んでいる。

　代表的な人間像としては，ハッカーだけでなく，近年話題になった郊外在住のマイルドヤンキーや環境に敏感なLOHASもその一例と考えられ，さらに定職を持たないニート層の大半，そしていわゆるオタクを含めることができる。これらの人間類型は多様であるが，1つ大きな共通点があり，それは経済的豊かさに最大の価値を与えていないということである。例えばいわゆるオタクにとって価値があるのは，さまざまのコンテンツに耽溺し，その情報を人と交換しあうことであり，きわめて「情報的」である。

　彼らの活動は現状ではまだ他愛のないものである。情報化の初期段階ではあればその程度にとどまるのは致し方ない。しかし，時間と労力といった資源を情報的な活動に投じる人は増えている。若者の車離れというようにモノが売れ

ないことが話題になる一方で，情報通信関連の支出やそれに使う時間は一貫して増えてきている。街でも職場でも家の中でもスマフォの画面を見ながら過ごす時間がめっきり増えた。モノの豊かさから情報のやりとりに伴う楽しさへ楽しみの主体は移りつつある。実際，物の豊かさと心の豊かさのどちらを優先したいかを問うと，この20年あまり，心の豊かさを優先したいという人が一貫して増えてきており，これも情報のやりとりに伴う喜びの方に人々の価値観がシフトしていることの表れと解釈できる。

　ここで述べる情報化はまだ始まったばかりである。国家化と産業化はそれぞれオーバーラップしながら200〜300年は続いた。同様に考えれば情報化もこれから200年程度は続くと考えられる。その間に，情報機器はウエアラブルになり，ヴァーチャルリアリティが実現し，人工知能が下手な人間並みの知能を持つ。そこでは情報的な活動に価値を置き，それに浸る人がますます増えてくるだろう。さらに，電子情報に並ぶもう1つの重要情報である遺伝情報をいじることまで情報化に含めれば，情報化の射程はさらにひろがる。

若干の統計的補足

　このような段階的発展に符合する統計資料を1つ示しておこう。本来は戦争の数や，企業の数などが望ましいが，長期間で比較可能なデータを得るのは難しい。しかし，上に述べたように，時代の区分けで肝要なのが価値観の変化であるなら，人々の関心の対象が動いていったことを示せれば傍証にはなるだろう。そこでグーグルのNgram Viewerで，人々の関心の推移を見てみる。

　Google Ngram Viewerは，グーグルがアーカイブ化した過去500年あまりの数百万冊の本について，単語の出現頻度を出してくれる装置である。これを使うと当時の人々がどんな単語を使って議論していたかがわかるので，人々の関心の推移を追うことができる。これを使って国家化，産業化，情報化それぞれを代表する単語の出現頻度を見てみよう。

　ここで単語の選び方としては，当時の人々が日常で口にしていた単語である必要がある。学者好みの学術用語や，後世の歴史家が使い始めた単語は不適切である。例えば主権国家（sovereign state），資本主義（capitalism），産業革命（industrial revolution）という単語は後世の研究者が使い始めた言葉で，当時の

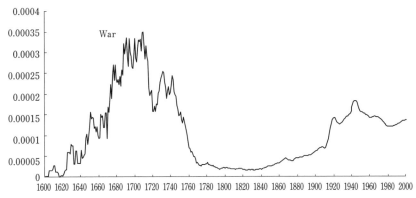

注：Google Books, Ngram Viewer より，3年移動平均値。

図6.3　書籍中の単語出現頻度："War"

人が使っていた言葉ではない。また，他の意味でよく使われる言葉も不適で，例えば国を表す state と country はそれぞれ「状態」「田舎」という意味で使うことが多いのでふさわしくない。

　以上を踏まえ，国家化の時代を表す言葉としては大文字の戦争（War）を採用する。軍事革命後の主権国家形成期では，戦争が常態であり，戦争で国家化をすすめたからである。なお，大文字にしたのは小文字の戦争（war）は，ビジネス戦争（business war）やスポーツ解説での使用など，比喩的な使われ方が多いためである。大文字の War にしておけば，ほぼ国家間あるいは諸侯間の戦争に限定される。

　図6.3がその結果である。横軸は1600年を期限に2000年までとってある[7]。縦軸は出現頻度である。一見して明らかなように，1600年代から1700年代半ばに"戦争"への関心が高かったことがわかる。この時代はちょうど国家化の時代に相当する。1940年ごろに少し増えているのは第二次世界大戦の影響であり，戦争は現代でもそれなりの関心事ではある。しかし，それでも戦争への関心は16世紀〜17世紀よりは低いことが注目される。かつて戦争は今よりはるかに人々の関心を集めていた。ルイ14世は死に際に50余年に上る治世を振

---

7) Google Ngram Viewer は1500年からとれるが，1500年代は本の数があまりに少ないため，データの荒れが大きく，統計的に安定した結果が得られない。そこで1600年代からに限定した。

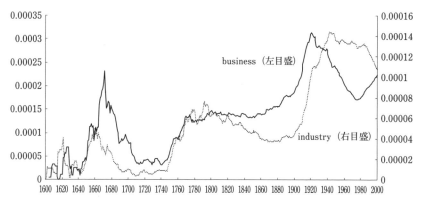

注：Google Books, Ngram Viewer より，3年移動平均値．

図 6.4　書籍中の単語出現頻度："business" "industry"

り返って，「余は少し戦争を愛しすぎた」と述べたと伝えられるが（菊池 2002, p. 172），それほどまでに当時は戦争に明け暮れており，戦争が常態であった．

　産業化の時代を代表する単語としては industry と business を取り上げよう．図 6.4 がその結果である．1670 年ごろに一時的に高まることがあるが短命に終わる．これらの言葉に関心が高まるのは 1700 年代終わりで，ちょうど産業革命が起きたころである．その後は横ばいあるいはゆるやかに下がった後，1920 年代から再び高まっている．多少波ははあるが，産業化の時代に industry と business への関心が高まっていたことがわかる．産業革命以前，すなわち 1600 年代から 1700 年代半ばにかけては industry と business という言葉にはあまり関心が払われていないことに注意してほしい．今日では産業（industry）と仕事（business）は，誰でも口にする日常用語であるが，国家化の時代にはそうではなかった．産業革命以降，国中に工場ができ，生産活動が普遍的になるにつれて，これらの言葉はわれわれの日ごろの関心事になっていったと考えられる．アメリカ大統領クーリッジ（1923-1929）の言葉として伝えられる "The business of America is business（アメリカのなすべきことはビジネスである）" は，この時代の精神をよく表している．国家化の時代の君主にとっては，business は戦費を得るための手段に過ぎず，それを国の第 1 になすべきことにするなど考えられなかっただろう．business を伸ばすこと，すなわち国を経済

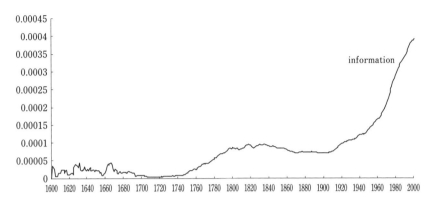

注：Google Books, Ngram Viewer より，3 年移動平均値．

図 6.5　書籍中の単語出現頻度："information"

発展させて豊かにすることが国の最大責務になったのは，産業化の時代になってからである．

最後に情報化の時代を代表する単語としてはいうまでもなく，情報（information）が最も適切であろう．図 6.5 がその出現頻度の推移である．明らかに 1960 年以降，急激に増えていることがわかる．1960 年代は，パーソナルコンピュータが登場し，インターネットの原型が国防総省でつくられたころである．これ以降，情報への関心が急速に高まっていることがわかる．

ここで示したグラフは，単語の選び方に恣意性があるため，実証というよりは解釈あるいはデモンストレーションである．人々の関心事の変化が，先に示した発展段階論にあてはまるように動いているように見えるということを示したにとどまる．しかし，デモンストレーションを示せないことすらあるので，一定の意味はあるだろう．戦争という言葉は産業革命以前の 17 世紀〜18 世紀半ばに最も人々の関心を集めたこと，産業やビジネスという言葉が人々の口にのぼるようになったのは産業革命以後の産業化段階ということ，そして 1960 年以降に情報への関心が高まっていること，これらの事実はここで述べた発展段階説と符合する．

以上発展段階説を簡単に見てきた．ではこの発展段階説をとるとき，炎上問題はどう理解できるのだろうか．次の節ではこれを見てみる．

6-3　草創期の力の濫用

軍事力・経済力の濫用

　炎上をこの発展段階説の中でどう理解すべきだろうか。実は発展段階の草創期には解放された力の濫用が起こるのが常であり，炎上問題はこの力の濫用例として理解できる。以下，順に見ていこう。

　主権国家形成の草創期，軍事革命が起こって誰もが軍事力を行使できるようになったと述べたが，それは大多数の人にとって望ましいことではなかった。草創期の兵士は傭兵だったからである。諸侯に常時兵を養うだけの資力はなく，諸侯はうち続く争乱を傭兵を雇って戦った。そして傭兵は自ら武具を持っていたため，一歩間違えれば野盗に転じてしまう存在であった。雇い主である諸侯が，傭兵に対し占領後3日間は報償として占領地からの略奪を認めていたことも事態を悪化させた。さらに戦争が終わると傭兵は失業してしまい，略奪以外に食べる方法がなかった。

　傭兵たちもそのすべてが悪に手を染めたわけではないだろう。ドイツの有名な傭兵団の1つランツクネヒトは，自らを中世のドイツ騎士団の後裔と称し，自由人であることを誇りとしていた。奇抜な服装をして衆目を驚かし，誰の支配も受けず，団員の総意で意思決定するなど，今日から見てもある種の男のロマンを感じさせるところがある。ダルタニャンの活躍で有名な小説『三銃士』は当時の空気の一部を現代に伝えている[8]。しかし，中世の重装騎士が帰るべき城を持ち，守るべき名声を持っていたのに対し，傭兵は流れ者で守るべき名誉もなく，一部ではあっても中から不心得者が出るのは避けがたかった。そして一部の者でも事は軍事力の濫用なので被害は甚大となる。

---

8) 三銃士は国王に仕えていて傭兵とはいえないが，王ではなく姫に忠誠を誓ったり，途中で国王ではなく別の諸侯側についたりして，職業軍人というよりは自由な戦士として描かれている。彼らの合言葉「一人は皆のために，皆は一人のために」は，彼らの行動原理が国への忠誠というより，自分たちの自由な意思の発露であることをよく表している。

6-3 草創期の力の濫用

「彼らは諸国を放浪し，無銭飲食，盗み，追いはぎ，放火，人殺し，略奪を繰り返し，その眼にすさんだ陰険な光を宿すことになる」（菊池 2002, p. 104）

「戦争が一般に認められた権威者による，政治的に動機づけられた，力の行使と言う意味での「戦争」ではなくなり，普遍的で無秩序で自己永続的な暴力に退化しているように思われた時代であった」（ハワード 2010, 邦訳 pp. 71-72）

その暴虐ぶりは，30 年戦争のときのカロの銅版画に詳しい。戦争の惨禍として知られるこの銅版画シリーズは，傭兵たちがいかに暴虐無惨な行いをしたかを後世に伝えている（Hornstein 2005）。図 6.6 はその中の一枚で，農家を襲う兵士を描いたものである。この絵の中の兵士たちは，財産をうばい，男を殺し，女をレイプし，金品のありかを白状させるために住人を逆さに吊るして火

Callot「戦争の惨禍」（1633 年）より。30 年戦争時，農家を襲う兵士の図である。左手前では女性が襲われ，男は刺し殺されようとしている。左奥では住人に刃物を突き付けられて脅されており，その奥の開いたドアからは酒を略奪している兵士が見える。中央手前のテーブルに群がった男たちは食料を奪っており，中央右手で略奪品を物色しているように見える。中央奥のベッドの二人の兵士は女性のうえに乗りかかってレイプしようとしている。その横では人を逆さにしばって動物のように吊し，火であぶっている。別の文献によれば，当時，兵士たちは市民をとらえると逆さにして火であぶって金品のありかを白状させたという証言があり，これもその1つと考えられる（Hornstein 2005, p. 37）。当時の兵士は傭兵であり，このように暴行・レイプ・略奪は頻発していた。
出所：Hornstein (2005), http://hdl.handle.net/2027/spo.0054307.0016.102 (2015/12/5 確認)。

図 6.6　国家草創期の軍事力の暴走

で焼き拷問を加えている。軍事革命で誰もが自由に使えるようになった軍事力は暴走し，多くの人を苦しめることになったのである。

この混乱状態の収拾には，傭兵に俸給を与え常備軍化する必要がある。戦乱で諸侯が疲弊するなかで中央集権化をすすめた絶対王政は，それを可能にするだけの資力をたくわえていた。いわば，軍事力を国家が独占するのである。30年戦争後に結ばれたウェストファリア条約（1648年）は，各国を主権国家と認め，これ以降は軍事力の行使は事実上限られた主体，すなわち国家しかできなくなる。誰もが自由に大砲・鉄砲を保有あるいは行使することはできなくなり，傭兵のロマンは失われる。しかし，その代わり，軍事力の暴走による負の外部効果は回避される。

産業化の草創期にもこれと同様の，力の暴走が起こった。産業革命以降，誰もが自由に富を求めて市場に参加し，通貨を発行し，企業を起こした。市場に参加することになんらの制約はなかった。銀行は自由に通貨を発行し，企業は思うがままの条件で労働者を使い，どんな製品をつくろうと自由であった。しかし，誰もが自由に何の制約も受けずに経済活動を行うと暴走が起こり，望ましからざる機能不全を引き起こす。経済力の暴走の例はいくつかあるが，ここでは通貨発行と労働問題を取り上げてみよう[9]。

今日では通貨の自由な発行など誰も考えもしないだろうが，自由な通貨発行はフリーバンキングと呼ばれ，アメリカをはじめとして各国で一時期実施されていた[10]。日銀券というのは日本銀行が発行した通貨という意味であるが，同じように○○銀行券，△△銀行券という通貨が複数流通していたと思えばよい。発行した銀行が金・国債などで十分な準備資産を持っていれば問題はない。しかし，準備資産以上に通貨を発行すればその額だけそのまま儲かるので，銀行には過剰に通貨を発行したい誘因が常に存在する。かくして資産以上の通貨

---

9) 通貨発行と労働問題以外の経済力の濫用としては，劣悪な商品・サービスを売って消費者をだます機会主義的行動と，独占企業による中小事業者・消費者の搾取が挙げられる。前者はJIS規格やJAS規格など各種認証基準と免許制や格付け機関などの対策がとられ，後者は独占禁止法という対策がとられている。

10) 正確にはフリーバンキングといっても完全に自由に通貨発行ができるわけではなく，十分な準備資産が必要とされていることなどはこれまでと同じである。違いは監督官庁が中央政府ではなく地方政府になったことで，監督が甘くなったことで，結果として数多くの銀行の野放図な（すなわちフリーな）通貨発行を許すことになった。これを称して俗にフリーバンキングと呼ばれている。

を発行する銀行（山猫銀行と呼ばれる）が現れ，破綻することは避けがたい。破綻すれば銀行券は無価値になるので被害は計り知れない。

労働者に対する経済力の暴走は，労働問題として学校の教科書でも取り上げられるほど衆知の事実であるのでいまさら述べるまでもないだろう。日本では『女工哀史』や『ああ，野麦峠』などの若い女性労働者の悲惨な境遇がよく知られている。ヨーロッパでは児童労働が大きな社会問題になった。経営者に比べて労働者は一人一人では圧倒的に経済力が弱く，なんの法的保護もなければ経営側の力の濫用が起こるのは避けがたい。

これらの経済的な力の暴走を防ぐために，通貨発行は中央銀行に独占され，各種の労働法規がつくられた。いまやわれわれは自由に通貨を発行することはできないし，労働者を雇うときは各種労働法規を守り，福利厚生に気を配らなければならない。経済行動には一定の制約がはまり，その点では規制が常態化する。当初あった自由な経済活動は大きく損なわれる。他の何物にも依存せず，自己の力のみで自由市場を生きようとするリバタリアン的な理想は失われる。しかしながら，その代償として力の暴走は抑えられて，負の外部効果は回避され，企業活動は安定して機能するようになり，富が蓄積されていく。

この2つのケースに共通するのは，まず，時代の草創期には少数者による力の暴走が起こり，社会に脅威を与えることである。国家草創期に軍事力を使って悪をなした傭兵は人数としては少なかったかもしれない。傭兵は略奪を働いたと述べたが，自由であることを誇りとする立派な傭兵もいたはずである[11]。しかし，わずかでも不心得者がいて，略奪，レイプ，殺人を犯せば，それだけで社会にとっては脅威である。産業化の草創期についても，発行通貨が破綻した銀行や児童を酷使した企業は数としては少なかったかもしれない。例えば，フリーバンキングを終了させた大きな原因は山猫銀行と呼ばれる詐欺同然の銀行であるが，山猫銀行は数としては少なかったようである[12]。児童労働についても，当時は親元で農業に従事するより工場労働は子供にとってましな境遇

---

[11] 特に南ドイツの有名な傭兵団ランツクネヒトは自由であることを誇りとしていたと言われる（バウマン2002）。

[12] Rockoff (1974) によれば，山猫銀行による破綻などで通貨が大量に無価値になったのはミシガン州，ニューヨーク州など3～4か所で，数としてはそれほど多くなかったようである（Rockoff 1974, p. 150. Table2）。それでも最終的にはフリーバンキングは放棄された。

だったという見解もあり[13]，児童を酷使する悪徳企業家は数としては少なかったかもしれない。しかし，数が少なくても銀行が破綻と恐慌を起こせば，社会に脅威を与えるに十分であるし，10時間以上働かされて死んでいく子供が一定数いるなら，それが少数であっても社会にとっては無視できない。

このように，これら少数者による力の濫用，すなわち負の外部効果は，社会全体にとって大きな脅威であった。そこで対策が考えられる。対策は，いずれの場合も解放された軍事力，経済力の行使を無制限には認めず，なんらかの制御を入れることでなされている。

情報発信力の濫用

同様に考えれば，情報化の草創期であるいまの時代にも力の濫用が起こってしかるべきである。そして炎上はまさに情報発信力の濫用と考えられる。

インターネットでは，誰もが平等に情報発信できる。大統領でも，名もない一個人でも平等に発信力を持つ。仮にアメリカ大統領がTwitterをやっているとして，これに日本の首相がリプライしても，無名の個人がリプライしても，両者を区別なく読むことになる。日本の首相がアメリカ大統領に「あなたの意見はおかしい」と意見するとの同じように，一個人が大統領に「あなたの意見はおかしい」と意見できる。情報発信力としてはこれ以上ないほど強力であり，平等という原理からしても究極の姿であっただろう。インターネット草創期にはこの平等さをすばらしいと称える空気があった。

しかし，これまでと同様に，この状態は大多数の人にとってのぞましからざる問題を引き起こす。本書が問題とする炎上がそれである。炎上を引き起こす人は実は少数であるが，少数でも全体に及ぼす負の外部効果は巨大である。普通の人は炎上を恐れて，発信をあきらめてしまい，匿名ネットに隠れるか，閉じた輪（LINE）に逃げることになる。ネットは腕に覚えのある猛者だけが徘徊する荒野となる。左右の両端の極端な思想傾向の人が闊歩し，本来は多いはずに中庸な人の意見は蒸発するかのように消えてしまう。情報発信力が上がっ

---

[13] クラーク（1998）は，当時の資料をもとに実証した結果，工場の子供たちは親元の農場で搾取されるよりはましな暮らしをしており，工場で働く子供の身長はそうでない他の子供より高く，むしろ恵まれていた可能性があると述べている。

たことそれ自体は良いことであるだろう．産業革命で経済活動が爆発的に拡大したことがとりあえずは良いことだったのと同じである．しかし，一部の人の情報発信が，他の人の情報発信を萎縮させてしまうなら，それは問題視せねばならない．

　あらためて振り返ってみると，人々が強大な力を得たとき，一部ではあってもその濫用が起こるのは避けがたい．軍事革命後に人類が得た軍事力，すなわち大砲・銃器の戦闘力は強大であったし，産業革命後に得た経済力，すなわち投資と技術革新で生産性を上げていく産業化の力も目も眩むばかりに大きかった．それぞれの時代の草創期，社会はこの力を制御できず，一部ではあるが負の外部効果が現れる．同じように，現在われわれが手にした情報についての力，すなわち情報の収集力，処理力，発信力はかつてないほど巨大である．これだけ巨大な力を手にしたからこその情報革命であり，それゆえにまた一部のものによる力の濫用が話題にならざるをえない．

　濫用は，情報「発信力」に限らない．情報に関する力を，収集力，処理力，発信力に分けたとき，情報収集力の濫用への危惧は，映画「華氏451」のビッグブラザー以来，よく表明されている．ビッグブラザーは政府であったが，現在では政府より民間の手による情報収集の方が強力である．例えば，グーグルはメールをクラウドサーバに溜めているので，その人の人間関係，嗜好，行動などの詳細に知ろうと思えば知ることができる．アマゾンは，書籍をはじめとする物品の販売履歴を持っているので，ユーザの思想傾向や生活ぶりをその人の住所氏名込みで知ることができる．考えてみるとこれは驚くべきことである．かつての電話会社は通信の秘密で通話の中身を知ることはできなかったし，公立の図書館では貸出履歴は個人の思想把握につながるとして厳格管理され，最近では貸し出しの電子記録を本の返却後直ちに廃棄するところすらある．これに比べればグーグルもアマゾンもはるかに"自由に"広範なデータを収集し，これを利用できる立場にある．情報収集力が拡大するとそれへの危惧はすぐに表明されており，個人情報保護法やEUの「忘れられる権利」などはそれへの対抗策である．

　情報処理力についての危惧は，最近の人工知能についての議論にその兆しが見て取れる．人工知能は急激に能力を上げており，すでに作曲や簡単な小説づ

くりまではできている。人間並みの知能になるとき（いわゆるシンギュラリティ・ポイント）が来るかどうかは議論が分かれるが、それが来ないとしても人間の知的活動のかなりの部分が代替されることは間違いない。そうなるとさまざまの問題が沸き起こる。例えば人工知能が行った意思決定の責任は誰がとるのだろうか。この問題は、車の自動運転で事故が起きたときどうするかという点ですでに話題になっているが、自動運転は問題としては簡単な方である。人工知能が本格化すると人工知能の医者、人工知能の作家、人工知能の介護師、人工知能の新聞記者、人工知能のペット、人工知能の話し相手、人工知能の兵器などが現れる。通常の製品はつくった人の製造物責任であるが、人工知能は学習していくため製造物者責任では対応しきれない。責任ばかりではなく、逆に貢献の評価も問題で、例えば人工知能が書いた小説の著作権は誰が持つのかという問いもたてられる。最終的には疑似人格的な扱いをどこまで認めるかが問題になるだろう。このように情報処理力が低いうちはたいしたことはできなかったが、それが十分に伸びれば人工知能は人に近い存在になり、そこからさまざまな問題が発生し、濫用例は容易に想像できる。

　情報発信に戻れば、情報発信の力はすでに十分に強い。アメリカ大統領と一個人の情報発信力は等しく、誰でも同じように参加でき、誰でも同じように発言できる。交流の場が公開されているかぎり、どんな人でもその場に議論・対話に参加し、何を言うのも自由である。このことのすばらしさはいうまでもない。いままで、情報収集力と情報処理力の濫用が話題になっても情報発信力の濫用が話題にならなかったのは、このすばらしさを誰もが認めていたからであろう。自由な言論が世の中を良くしていくと信じる人にとって、情報発信力が強まることは良いことであって、その悪い面を述べることなど、それ自体はばかれることであったかもしれない。情報発信の「濫用」といえば、自由な言論を社会秩序の維持の名のもとに規制する独裁国家の言いぶりを思い出す人もいよう。

　しかしながら、一部の人のために議論と交流の場が荒れ、多くの人が嫌な思いをしてその場から撤退してしまうとすれば、情報発信自体が縮小してしまう。誰でも発言できる場所だったはずなのが、それゆえにこそ発言する人が減ってしまうという奇妙な現象が現れる。来るべき情報社会が、人々が情報交換に価

値を見出す社会だとすれば，この事態は大きな社会的コストであり，放置できない。

　むろん，一個人が世界に情報発信できるというインターネットのすばらしさは維持するべきである。どんな思想を述べることも自由である「自由主義」は１ミリたりとも譲らずに守るべきであろう。そのうえで一部の情報発信の濫用だけを抑制する方法はないかを問わなければならない。

　言い換えれば，対策は濫用されている"力"の潜在力を，殺すものではなく生かすものでなければならない。軍事力の濫用への対策は軍事力の禁止ではなく，それを国家管理して十二分に使うことであった。軍事革命の世界史的な意義は中世を終わらせて，統一国家をつくり出すことであり，軍事力はそのために有効に使われた。経済力の濫用への対策は，機械打ちこわしラッダイト運動のような経済活動自体の否定ではなく，労働保護法制の導入や中央銀行の創設など弊害を抑える工夫であった。産業革命の世界史的な意義は生物体としての人類に史上まれな豊かな生活を与えることにあり，経済力はそのために存分に使われた。同じように考えれば，情報発信力の濫用への対策は発信を規制・禁止するのではなく，情報発信を伸ばすものでなければならない。情報革命の世界史的な意義は，おそらく人々の多様なアイデア・体験・知見が交流する世界をつくることであり，情報発信力はそのために使われることになる。だとすれば，炎上対策は情報発信の規制ではなく，結果としては情報発信がより活発化するものである必要がある。

炎上は解決すべき課題

　なお，このような歴史的理解から，１つの重要な示唆が得られる。それは，炎上はネット社会に不可避でどうしようもない現象ではなく，解決されるべき課題だということである。軍事化の初期に傭兵が起こした暴虐，産業化の初期の自由通貨による恐慌と児童酷使は社会によって対策がうたれた。これになぞらえるなら情報化の初期に起きた炎上現象も社会によって対策がなされるという予想がたつ。この「対策が打たれるだろう」という認識は重要である。

　実は，炎上については，炎上はネット社会に不可避の悪であり，受け入れるしかないという見解がある。ネットはリアル社会とは違い，炎上がつきものの

荒々しい場所なのであり，それを前提としていくしかない。炎上あるいは誹謗中傷に負けない強い人だけがネットで発言すればよく，それが嫌な人は黙っていればよい，という意見である。自由主義社会を守ろうとすれば，あるいはインターネットの潜在力を生かそうと思えば，炎上は甘受するしかない悪なのであり，もはや受け入れるしかない。炎上について議論するとき，そのようなあきらめにも似た見解が陰に陽に散見される。

そのような見解を表明する第1のグループは20歳前後の若年層である。現在の20歳前後の学生は物心ついてネットを見れば，すでに炎上が日常茶飯事であった。車を運転すれば交通事故のリスクがあるのが当たり前であるように，ネットで発言すれば炎上のリスクがあるのは彼らにとって当たり前である。昨今，筆者が学生と話して炎上が問題だと言うと，キョトンとされることがある。彼らとて炎上はむろん嫌であるが，ネットとはそういうものだと諦めてしまっており，いまさら問題だとも考えていないのである。

第2のグループは，炎上を耐え抜いてきた一部のネット論壇の猛者たちである。数々の炎上にさらされながらネット上の言論空間を生き抜いてきた人たちの中には，炎上を問題視しない人がいる。むしろ「炎上こそ言論の自由の発露」であり，炎上する覚悟のない人は黙っていればよいとすら述べる[14]。強者の立場と言えばそれまでであるが，それなりに立派であり，これはこれで1つの立場であるだろう。

しかし，炎上はネットに不可避ではない。そこには対策がありうる。なぜなら，炎上を引き起こしているのが0.00X%という非常に少ない人数だからである。もし，これが20〜30%という大勢なら，炎上はネット文化の不可避の一部であり，これを受け入れていくしかない。しかし，これだけ数が少ないなら対策はあるはずである。軍事化・産業化の初期にも少数の者による力の濫用はあったが，それに対し人類は対策をうってきた。傭兵の暴虐にも山猫銀行・児童労働にも人類は対策を編み出したのであり，同じように考えれば炎上にも対策を編み出すだろう。

それはどんなものになるのか。われわれの社会の基本価値である自由主義と

---

14) 山形浩生（2011），「炎上こそ言論の自由の発露」月刊『GQ』2011年11月，http://cruel.org/gq/gq201111.html（2015/12/05確認）．

矛盾しない対策がありうるのか。これについては第7章で論じることにしよう。

第7章

サロン型SNS：受信と発信の分離

　前章までの議論で，炎上参加者はきわめて少ないこと，時代の草創期には少数者による力の濫用はつきものであり，社会は対策をうってきたことを見てきた。同じように考えれば，炎上問題についても対策はありうるだろう。それはどんなものになるのか。その1つのアイデアを示すのが本章の課題である。

　まず**7-1**では炎上の原因を検討する。情報発信力の濫用がなぜ起きたのかがここでの問いである。濫用と述べると個々人のモラルが足りないからというのが答えになりそうだが，そうではない。もともとが学術ネットワークであったインターネットでは一個人の情報発信力が非常に高く設計されており，それを濫用する特異な人を想定していなかった。ここに炎上の原因がある。

　7-2ではこれを受けて，情報発信力を制御する案としてサロン型のSNSを示す。その基本となるアイデアは情報の発信と受信の分離である。議論の場に書き込める（発信する）のはサロンの会員だけだが，サロンの議論を読む（受信する）のは誰でもできるという非対称型のSNSである。つまり，一種のメンバーシップ制をひくことで，炎上を防ぐ仕組みである。

　7-3では，このようなメンバーシップ制を人々が支持するかどうかをアンケート調査で尋ねた。今後のネット上のコミュニケーションのあり方として，メンバーシップ制をとっても誹謗中傷をなくした方がよいか，それとも誹謗中傷があっても誰でも書き込めた方がよいかを尋ねると，メンバーシップ制を支持する方が6割を超えて多数派である。また，20歳代の方が30歳代よりメンバーシップを支持しており，今後はメンバーシップ制への支持が増えていく兆しがある。

7-1　炎上の真の原因

発信規制

　炎上を抑制する方法を考えてみよう。炎上が情報発信力の濫用だとすると，すぐに思いつくのは発信の規制である。例えば，発信者の実名登録制，誹謗中傷表現の禁止などが考えられる。炎上が日本以上にひどく，芸能人の自殺者が相次いだ韓国では，2007年から5年間インターネット実名制が導入されたことがある。書き込みはハンドルネームでできるが，掲示板に登録するとき住民登録番号が必要で，いざというとき身元が特定されるという制度である。さらに実現はしなかったが誹謗中傷の抑制を意図してサイバー侮蔑法なるものが検討されたこともある。

　しかし，このような発信規制は望ましくない。なぜなら，われわれの社会の基本原理である自由主義に反するからである。

　ここで自由主義とは，心の中の自由すなわち思想の自由のことを指す。心の中は誰の支配も受けてはならず，それゆえどんな思想でも持つのは自由である。どんなに下劣な思想でも持つこと自体は自由でなければならない。また，思想は表明され，他の人と交流しなければ意味がないから，ここから言論の自由が導かれる。すなわち，言いたいことはどんなことでも言えること，これが自由主義である。思想の中身は問わない。現在のわれわれの常識や良識にどんなに反する思想であっても，持つのは自由でなければならない。たとえそれが自由主義を否定する思想でも，基本人権を否定する思想でも，思想として持つこと自体は自由であり，そして発言も自由である[1]。この自由主義の立場に立つとき，発信の規制は自由主義を侵す恐れが大きく，支持できない。

　なぜなら誹謗中傷の規制は，なにが誹謗中傷かどうかの判断が難しく，容易

---

[1] このように数ある自由の中で思想の自由を強調する立場は，古くはジョン・スチュワート・ミルに見られる。ヴォルテールの言といわれる「「私はあなたの意見には反対だ，だがあなたがそれを主張する権利は命をかけて守る」がこの立場をよく要約している。最近の例としては村上（1992，第1章）が明快にこの立場，すなわち思想の自由を自由主義の本質と見る立場をとっている。

に言論の規制になってしまうからである。例えば「死ね」という言葉は誹謗であるとして規制すると，似た言葉を考え出すことができる。「人間として終わっている」,「生きてる価値がない」,「それでも人間か」などで，これらの表現で真綿でくるむようにたたみかけられた方がかえってつらいかもしれない。「死ね」と言われるより「あなたはそれでも人間ですか」と何度も言われた方がこたえる人もいるだろう。ではこれらの言い回しも規制するのだろうか。こうして規制する言葉・表現を増やしていけばきりがなく，やがて正当な批判までできなくなる。

　実名登録も望ましくない。実名化すれば発言に責任が生まれるというのは一理ある。しかし，炎上で主役となる攻撃者は正義を確信していることが多いので，実名でも気にせず攻撃するだろう。攻撃者にはITリテラシーが高い人も多いので[2]，技術的に実名登録を回避することもできる。実際，韓国の場合も実名制は無力化されたという指摘もある[3]。逆に，実名制になると社会的に立場の弱い人は発言しにくくなり，情報発信の萎縮を招くという欠点がある。韓国の例では，実名制導入後の変化として，誹謗中傷の書き込みはわずかに減っただけで，それよりもコメントの絶対数自体がはっきり減少し，情報発信の萎縮効果の方が顕著だったという（柳 2013）。炎上の社会的コストが情報発信の萎縮であるのに，炎上対策がさらに情報発信を萎縮させてしまっては元も子もない。このような反省のもと，韓国でのインターネット実名制は導入5年度に憲法違反とされて，事実上放棄された。

　そもそも考えてみると，炎上事件の主役たる攻撃者は，違法行為をしているわけではない。情報発信力の濫用と述べたが，彼らにしてみれば，ネットの機能を使って信じるところを発言しているだけのことである。その意味で，前の章では情報発信力の「濫用」という表現を用いたのは誤解を招く表現であったかもしれない。濫用という表現には発信者たちが悪いかような語感があるが，それは一方的である。彼ら攻撃者からしてみれば普通にSNSサービスを利用

---

[2] 一日中ネットに張り付いているとリテラシーは上がってくる。実際，第5章で見た炎上攻撃者の4事例のうち，最初の2事例（大学院生の例と学生の例）はネットリテラシーが高い人である。
[3] 韓国のインターネット実名制は韓国内にサーバのある掲示板が対象で，外国企業は対象ではなかった。ゆえにTwitterなど外国のサーバから書き込みできるようになると，実名を使わずともコメントがつけられるようになり，実名制は無力化されてしまったという（柳 2013）。

して言論の自由を行使しているだけだろう。第5章5-4で見たように彼らはかなり特異であり，コミュニケーション能力に難がある。が，彼らも社会の一員であり，平等に言論の自由を持つことには一点の疑う余地もない。それを規制によって制限するようなことがあってはならない。炎上で問題にすべき点はそこではない。

過剰な発信力

炎上で問題にすべきなのは，現状のSNSでは，誰もが最強の情報発信力を持っていることである。すなわち，誰もが相手に強制的に直接対話を強いることができ，それを止めさせる方法がない。ブログにコメントを書き込めば，ブログ主とそのブログを見ている人は全員そのコメントを見なければならない。Twitterでコメントをつけるとtwitterの主は必ず見なければならないし，そのコメントに返信すれば，フォロワー全員がそのコメントを見ることになる。そしてコメント者はいつまでもこれを続けることができ，止めさせる方法がない。アクセス禁止にしても他のIDを取り直せるし，炎上時にはあとあとから新手の人が現れる。有無を言わさず相手に直接対話を強いて，その直接対話をいつまでも続けることができること，これはネット上では当たり前のように思えるが，一般的な情報発信のあり方としてはきわめて異例である。一個人の情報発信力が不釣り合いに大きいからである。同じようなことがネット外であったとすれば，その異例さがわかるだろう。異例さを理解するためにいくつかの思考実験をしてみよう。

例えば，ある公民館でパネル討論会があったとして，聴衆からきわめて偏った知識あるいは政治信条で延々と質問する人が出たとする。会場にいる他の者は辟易として止めてほしいと思うが止めさせる方法がない。そのうち彼は激昂して罵り始めるがそれでも会場から追い出すことができない。そういう状態がずっと続いたらどうなるだろうか。あるいはテレビの討論番組の途中で，バーチャルリアリティのように視聴者の一人が現れ，出席者に食ってかかったとしよう。最初の二言，三言はよいとしていつまでも続けたらどうするか。当然スタジオから退出させようとするだろうが，その方法がない。そのような人がスタジオに2人目，3人目と現れたらどうなるだろう。本を書いて出版したら物

議をかもして抗議の手紙と電話が山のように届いたとする．通常はそれらは出版社でブロックされるが，それらが毎日自宅に届き，しかも廃棄はできず必ず手紙を読まなければならない（例えば読まなければ外出できない）としたら，また自宅にかかってくる電話にも出なければならないとしたらどうだろうか．

　実際にこのようなことが起きれば，情報発信の活動自体を停止させるしかない．パネル討論会なら質問者の激昂が1時間も続けば登壇者は席を立ち，会場からは人が去り，討論会は解散することになるだろう．テレビ局なら，スタジオに2人目，3人目が現れてきた段階で，放送を中止するだろう．本の例なら，そのような対応を強いられるならば，そもそも物議をかもすような本を誰も書かなくなるだろう．すなわち情報発信を停止するしかない．ネットの炎上でブログを閉鎖し，アカウントを削除するのと同じようにである．もちろんこのような常識外れのことは実社会ではありえない．しかしそのありえないことが普通に起きているのがインターネットなのである．通常のメディアと比較すれば，インターネットでの一個人の情報発信力がいかに強力かがわかる．

　経済学風の言葉を使うと，言論の自由競争市場でのフリーライド問題と負の外部効果の問題ということもできる．言論の自由は誰でも持っていて何を言うのも自由である．しかし，その人の発言を聞くかどうかも人の自由である．相手に強制的に意見を聞かせる権利は誰にもない．したがって，通常は人に自分の意見を聞いてもらうためには，さまざまの努力をしなければならない．本を出版するにはそれなりの努力がいるし，テレビに出るためには才覚・能力をまず示して採用してもらわなければならない．ブログのカウンターとTwitterのフォロワー数を増やそうとすれば，魅力的な話題をそろえ，話を面白くし，紳士的であろうするなどの努力をしなければならず，その努力の結果としてようやく1万人といった読者がつく．いつの時代も言論の世界では読者を獲得するための自由競争が行われている．

　ところが，そのブログなりTwitterで第三者がコメントをつけると，その人は誰でもこの1万の読者に自分のコメントを読ませることができる．つまり，労なくして1万人の読者を獲得すること，すなわちフリーライドすることができる．通常はこのことは暗黙には人々に理解されており，コメントをする人は1万人の読者を意識して丁寧に意見を述べ，そういう場での発言を許してくれ

たブログ主・Twitter主に感謝し迷惑はかけまいとする。何万人もの読者がいる有名人のブログ・Twitterならその有名人から返事が来て議論できただけで感激であり，異論を述べるとしても節度をもって表明し議論が進行する。ほとんどのケースはそれで話がすむ。

　しかしながら，ごく少数ではあるが，これに当てはまらない人がいる。炎上の主役の特異な人々である。彼らは節度とは無縁であり，彼らなりの正義の旗のもとに攻撃を始める。罵倒や中傷が起こり，負の外部効果が発生する。他の読者1万人は不愉快な思いをすることになるが，この特異な人々を排除することができない。アクセス禁止をしてもIDを変えれば書き込んでくるし，本格的に炎上すれば次々に攻撃者が現れる。議論の場はこのごく少数の人々に事実上乗っ取られてしまい，閉鎖するしかなくなる。フリーライダーがその場を乗っ取り，負の外部効果をまきちらして，最終的にはその場を使えなくしてしまうことになる。まことに理不尽なことこのうえなく，情報発信力の濫用というほかはない。これが炎上である。

　炎上を起こす人を節度がない，良識がないと非難するのは容易である。しかし，彼らはネットに備わった機能の範囲内で，言論の自由を行使しているだけであり，彼らを責めてもしかたがない。問題は，ネットでの一個人のデフォルトの情報発信力がそもそも強すぎるところである。すなわち，強制的に議論を開始し，他の誰もが不愉快な思いをしても，それを止めることができず，議論の場を閉鎖に追い込んでしまうだけの発信力を誰もが持っているというネットの仕組みの方にある。

インターネットの学術性

　いま述べたように，ネットはデフォルトで誰もが最強の情報発信力を持っている。数万人の読者がいる他人の情報発信の場にいつでも乗りこんで議論を吹っ掛けることができ，相手はこれを拒否することができない。その気になれば他者の情報発信の場をいつでも閉鎖に追いこむことができる。なぜだろうか。なぜこのような強い力が個人に与えられているのだろうか。

　それはインターネットの出自に理由がある。インターネットはもともと学術用のネットワークとして始まった。当初は理系の研究者がコンピュータをつな

いで，データをやりとりすれば研究上便利だろうという趣旨でスタートしたネットワークである。しかし，始めてみると研究データのやりとりより，付随的な機能だったメールの利用が爆発的に増えた。研究者はデータそっちのけでメールを使って議論を始め，これが研究の生産性を飛躍的に高めることがわかる。かくしてメーリングリストや掲示板が作られ情報発信の場が形成されていく。ここからインターネットがスタートする。

　学術的ネットワークであれば，参加者が完全平等であるのは当然のことである。研究会で議論するとき，いかに高名な先生でも駆け出しの大学院生でも同じ発言権を持っているし，持つべきである。学問的真実を議論する場で発言力に最初から差があることはありえない。また，真摯に研究に取り組む研究者なら，誰もが議論に参加できるのも当然のことであり，メンバーを制限することもありえない。かくして学術的ネットワークとしては，誰もが参加でき，最強の情報発信力を平等に持つ仕組みというのはごく自然な選択であっただろう。

　すべての人に最強の発信力を与えれば濫用の恐れが出てくる。しかし，当初のインターネットは学術ネットワークだったため，濫用は抑制されていた[4]。学術的ネットワークの場合，相手が研究者なので，実はおおよそのところ相手が特定化できたからである。この人は○○大学で××を専攻している人だということまではわかるし，所属する研究室の特定も容易である。そうなるとひどい書き込みをすれば，研究室や大学に迷惑がかかるのでこれが抑止力になる。もしひどい書き込みがあったら，直接その大学当局，あるいは研究室の指導教官に文句を言って当人に注意することもできる。要するに，初期のインターネットはメンバーが研究者だったために，一種のゆるいコミュニティを形成しており，これが抑止力の役目を果たしていた。

　初期のインターネットがゆるいコミュニティを形成していたことを示す事件として，インターネットがパソコン通信とつなぐときのひと悶着を紹介してお

---

[4] ただし，学術ネットワークならでは技術を使った濫用はあり，abuseと呼ばれていた。例えば，掲示板に投稿された記事を自動的に検索し，その中にturky（トルコ）という単語があると，その掲示板と投稿者のメルアドに，トルコがかかわったある虐殺事件についての記事を自動的に送りつけるプログラムを回していた例などである。文脈も何もなく，記事を見させられる側はたまったものではない。このように技術者ならではの技能を使った濫用はいくつかあった。しかし，発生頻度は低く，また本書で問題とする炎上とは性質が異なる。

こう。1980年代からPC-VAN，Nifty-Serveといったパソコン通信は，インターネットとは別にパソコンメーカーによって独自に始められ，一定のユーザを獲得していた。1990年代前半に，これとインターネットをつなごうという話になったとき，インターネットの側から強硬な反対意見が出た。そのときの反対理由が「どんな奴がつないでくるかわからないじゃないか！」であったという[5]。この表現は驚くべきことである。この表現は裏をかえせば当時のインターネットでは，つないで来る人がどういう人か大体わかっていた（！）ということだからである。現在のインターネットはまさに，どんな奴がやってくるかわからない世界であるが，かつてはどんな人か大体わかる状態にあったのである。このエピソードは，当時のインターネットが学術ネットワークであり，研究者間でゆるいコミュニティを形成していたことをよく示している。

当時，パソコン通信との接続に反対した人は，パソコン通信からつないでくる人が問題を起こした場合，それを抑止する方法がないことを危惧したのだろう。実際には危惧よりもつなぐことのメリットの方が大きいと判断され，接続は実施される。他にもさまざまなネットとの接続を重ねて，インターネットは巨大な社会インフラに成長した。確かにつなぐことのメリットはデメリットを上回った。しかし，学術ネットワーク以外とつなぐときに反対者が危惧した問題点は，依然として残っていたと考えるべきであろう。それが現在，炎上問題として，もう少し言えば炎上に伴う情報発信からの人々の撤退として顕在化している。

すべての人が最強の発信力を持ってもそれが濫用されなかったのは，そこが学術ネットワークだったからである。ちょうど，剣と楯という武器を手にしても，それが騎士道精神あふれる騎士たちならば力の濫用が起きないのと同じである。しかし，あまたの傭兵が武器を手にするようになれば，暴虐に手を染める少数の不心得者が出てくる。同じように学術ネットワークの外側の多くの人が最強の情報発信力を手にすれば，少数ではあってもそれを濫用する特異な人が現れるのは避けがたい。炎上の真の原因はここにある。すなわち，この学術的な，あまりに学術的なネットワークが，少数ではあるが特異な人もいる世界全体への適用に堪えなかったこと，ここに炎上問題の本当の原因がある。

---

[5] これはインターネットとNifty-Serveをつないだ人から当時，筆者が個人的に聞いた話である。

インターネットが社会インフラになったとき，本来は，学術的な設定には別れを告げ，特異な人もいる広い世界にあわせて制度を工夫すべきだったのかもしれない．しかし，制度というものが常にそうであるように，出自のデフォルトを変更することは難しい．ましてインターネットは誰にも管理されない自律分散システムである．学術ネットワーク時代の牧歌的風景は去り，いつどこで撃たれるかわからない殺伐とした荒野が広がった．が，制度は依然として牧歌時代のままであり続けた．FacebookやLINEのような，インターネット内の閉じた島の出現は，そのような現状への不安・不満の表れと見ることができる．

受信と発信の分離

以上の認識を踏まえて対策を考えてみよう．炎上の原因が，個人の情報発信力が強すぎることにあるのなら，それをなんらかの形で制御することが解になる．どのような形が考えられるだろうか．

まず，インターネット全体の情報発信の仕組み自体は変えられないし，変えるべきでもない．一個人がマスメディアの力に頼らずに世界に情報発信力できることはインターネットの最大の利点である．これは人類史上初の快挙であり，社会が情報社会に進もうとするなら守るべき必須条件であって，これを1ミリたりとも侵すべきではないだろう．例えば現在イスラム国は世界に情報発信でき，テロリストをリクルートできる．このことは脅威であるが，仮にイスラム国が世界に情報発信できないようにインターネットの仕組みを変えるとすれば，それはインターネットの自殺行為であろう．これだけイスラム国の脅威が話題になっても，彼らのインターネット利用を規制しようという声が出てこないのは，規制が技術的に困難なことだけでなく，人々がそれがインターネットの自殺行為であることを理解しているためと考えられる．

情報発信力の抑制方法としては，インターネット全体の仕組みではなく，その中のソーシャルメディアの仕組み，すなわちSNSの仕組みを工夫するだけでよい．人々の意見形成の多くは広い意味でのSNS（掲示板，ブログなどを含む）によっているからである．情報発信力を制御して，炎上を抑制したSNSをつくれれば問題は相当程度解決する．SNSの外側では，これまでと変わらないインターネットの海がひろがることになり，世界への情報発信はいつ

でも誰でも自由にできる。

　SNSにおける炎上抑制の方法として，一番簡単なのは，SNSにメンバーシップ制を採用して閉じてしまうことである。LINEとFacebookがその好例で，LINEは完全に閉じているので炎上とは無縁であるし，FacebookもFacebookを利用していない人は書き込めないので，比較的平穏が保たれる。いずれもSNSの外側にいる個人からの情報発信（侵入）を遮断するのがミソで，外部の個人の情報発信力を抑えることで炎上を抑制する。これはこれで1つの解である。

　しかしながら，その代償として今度はそのSNS自体の情報発信力が著しく低くなるという問題がある。LINEはまったく外部に発信しないし，Facebookの情報発信力は低い。Facebookは一応外部に発信する機能もあるが，あまり使われていない。ネット世論をリードするのはブログであり，TwitterであってFacebookではない。Facebookの日本のユーザ数が2千万人に迫り，Twitterの2倍になろうとしているにもかかわらず，ネット世論への影響力がほとんどないのは驚くべきことである。Facebookは利用者数から比べるとその情報発信力は不釣り合いに小さい。このようにメンバーシップ制をとると，外部の個人の情報発信力（侵入）をブロックできる反面，SNS自体の情報発信力が極端に失われるという欠点がある。Facebook以外にも閉じたコミュニティ型のSNSはいろいろあり，大きなメールマガジンもあるが，いずれも発信力が低すぎる。もう少しSNSとして発信力がある仕組みの方が望ましい。

　SNSとしての情報発信力を保ったままで，個人の情報発信力だけ抑える方法はないか。その1つの方法として，受信と発信の分離を考えることができる。強すぎるのは情報発信の方なので発信だけを制御し，受信はそのままにしておく。すなわち，書き込むのは限られた人だけにして，読むのは誰でもできるようにしておくのである。

　掲示板があるとして，それに書き込めるのは主宰者に選ばれた人だけで，それ以外の人は読むことはできても書き込むことはできないとしておく。例えば，著名経済学者だけが集まった掲示板で議論が行われており，一般の人はそれを見ているというイメージである。あるいはAKB48の中の仲好しの5人とその友人が集まる掲示板があって，ファンの人が彼（彼女）らのおしゃべりするの

を見ているという図である。その掲示板をのぞくことは誰にもできるので一般個人の受信は制限されていない。したがって SNS としての発信力は保たれる。一方，書き込めるのはメンバーだけで，外部からこの掲示板に書き込む（発信する）ことはできないので，掲示板への個人の発信力は制限される。こうして，SNS としての情報発信力を保ちながら，一般個人の情報発信力を弱めることができる。

　普通の掲示板あるいは SNS はこのように発信と受信を区別しておらず，対称的に扱っている。例えば LINE のユーザになってあるグループに加わると読み込みと書き込むが同時にできるようになる。ブログなどの通常の掲示板も，普通は読むことができれば書き込むこともできる。このような対称性は参加者を平等に扱うという点では良い点があり，思わぬ出会いを生むスリリングな面白さもある。しかし，攻撃的あるいは敵対的な第三者に弱いのは否めない。

　普通のマスメディアはこれを配慮して，受信と発信が非対称になっている。テレビを見るのは誰でもできるが，テレビに出るのは限られた人だけである。講演会に来て話を聞くのは誰でもできるが，講演会の壇上に立つのは誰でもできるわけではない。インターネットがこのような非対称性を持たず，誰でも平等な対称な仕組みであったのは，繰り返し述べるようにもともと学術ネットワークだったからである。むろん平等な仕組みにも良さがあり，それは今後もインターネットのどこかに存在し続けるだろう。しかし，特異な人も含む広い世界にネットワークを拡張していくなら，非対称性を受け入れた別の仕組みも必要になってくる。その仕組みが炎上を抑制すれば，ネット上の言論空間から背を向けた多くの人を呼び戻すことになるだろう。

　そのような SNS はどのように設計されるか。議論を深めるため，次節で一例を示して詳細に検討することにしよう。それはサロン型の SNS である。

7-2　サロンの構想

サロン型 SNS の仕様

　受信と発信を分離した SNS の具体例として，サロン型 SNS を考えてみる。

ビジネスモデルを考えるのは筆者のような学者の得意とするところではないので，以下述べるアイデアには穴もあるだろう。これから述べることは議論のための素材，あるいは思考実験として見ていただきたい。

このSNSが従来のSNSと違うのは次の2つの点である。

［Ⅰ］ 受信と発信が分離されていること（ゆるいメンバーシップ制）
［Ⅱ］ 自然に切れること

炎上対策は［Ⅰ］の受信と発信の分離で達成される。［Ⅱ］の自然に切れるという点はSNSのもう1つの課題であるSNS疲れ・いじめ対策として考えたものである。本書の主題である炎上とは直接は関係しないので，以下では［Ⅰ］の受信と発信の分離を中心に解説する。

まず，箇条書き5点にまとめて，このSNSの仕様を述べよう。このSNSはパソコンあるいはスマフォにアプリをダウンロードして立ち上げて使うことを想定する。基本的な仕組みはLINEのグループあるいはTwitterに似ており，それを変形したものをイメージする。

1. ［主宰者の存在］ まず主宰者がいてその人がサロンを立ち上げ，同じアプリを入れた友人の中から相手を選んで参加を呼び掛ける。友人とは（LINEのように）電話番号とメルアドを登録してある人とする。例えばAさんのITをテーマにしたサロン，Bさんの環境問題をテーマにしたサロン，Cさんの映画に関するサロンなどである。主宰者を特定するのは，サロン内で議論のもつれや仲たがい等のトラブルが発生したとき，迅速に対処するためである。

2. ［参加者は友人の友人まで］ サロンに参加できるのは主宰者の友人の友人までとする。直接の友人に限定しないのは，意外な人との出会いをつくり出すためである。ネットの良さは意外な人とのつながりにある。ただし，友人の友人までに止め，それ以上にはしない[6]。ここでメンバーシップ制が入る。なお，参加者をサロンから除名できるのは，その人を呼んだ人と主宰者だけとする。

3. ［視聴システム］ サロンは選択で公開にできる．公開になると，サロンに属していない一般ユーザがサロンをフォローしてサロンでの会話を見ることができる．見るだけで書き込みはできない．なお，見ることができるサロン数はデフォルトでは上限があり，月に低額（例えば300円）払うとこの上限がはずれる．ここでマネタイズを行う．

4. ［サロンと一般ユーザの関係］ サロン外の一般ユーザ同志の会話も可能で，一般ユーザ間でフォローしてTwitterのような交流が可能とする[7]．ただし，サロン参加者とは場が切り離されており，サロン参加者が一般ユーザの発言を見るか見ないかは自由である．

5. ［自然に切れる］ そのサロンに一定期間アクセスしないメンバーは自動的にサロンからはずされる．これは気楽な参加を促し，SNS疲れを防ぎ，またいじめ・仲たがい等を抑制するためである．一般ユーザの視聴も同様でアクセスしないとそのサロンの視聴リストからはずれる．

　このSNSのイメージは図7.1のようにまとめられる．

　公開にすると，サロンはTwitterで書き込み側にメンバーシップを入れたような形になる．サロンがフォロワーすなわち視聴者をたくさん獲得すると，サロンに発信力が出てくる．多くのフォロワーのいる大規模なサロンのイメージとしては有名人がやっているもので，例えば池上彰の時事ニュースサロン，竹中平蔵の主宰する経済政策サロン，佐藤優の外交サロン，あるいはAKBの仲好しサロン，有名声優の声優お仲間サロンなどが考えられる．フォロワーが数万人単位とふくれあがり，多くの人が見るようになると炎上のリスクがあるが，これまでのSNSに比べるとはるかに炎上が起こりにくい．

　仮にサロンの中で，誰かが軽口・失言をしたとしよう．ここで，外部の人が

---

6) オプションでさらにもう一段先の友人まで含むようにしてもよい．ここで書いているのはデフォルトである．
7) 観客同士もゆるい交流が可能にするのは，サロンへの生産的なフィードバックあるいはサロンへの参加予備軍が観客層から出るだろうと考えているためである．

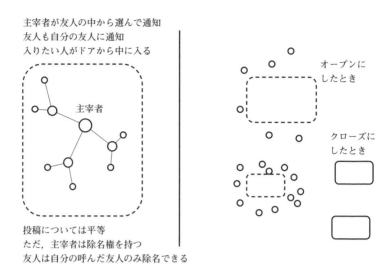

図7.1 サロン型 SNS のイメージ

批判をしたいと思っても，サロンが書き込みにメンバーシップをとっているためサロン自体に直接投稿することはできない。したがって，サロン内部の人が強制的に批判を聞かされることはない。この点で外部の人の情報発信力は制限され，サロンは守られる。

ただし，まったく批判ができないわけではない。批判したい人は，サロンの外側で個人としてつぶやくことは自由にできるからである。もし，外部の批判者が個人として多くのフォロワーを獲得して発信力を持っていれば，その批判を多くの人が聞くことになる。しかし，彼がほとんどフォロワーを持たなければ，誰も話をきいてくれないので発信力を持てない。ここには言論の自由市場があり，強い発信力を持つにはそれなりの支持を集める努力をしなければならない。もし批判の中身が妥当なら，彼以外にも多くの人が声を上げ，それはサロンの中の人の耳にも届くだろう。他の有力サロンでも批判が高まれば多くの人の目に触れる。しかし，批判する人がほんの数人で，かつその人にフォロワーがいなければその批判は注目されることなく消えていく。これは言論の自由市場のそもそもの姿であり，それがネット上で実現されることになる。ごく少数の者が強大な発信力を使って，いつでもサロンを閉鎖に追い込むことができ

るという不条理なことはない。サロン型 SNS のなかでの炎上はこのようにして抑制される。

以下，このサロン型 SNS の仕様について詳説する。

サロン型 SNS の詳細

まず，1の［主宰者の存在］で主宰者を決めるのは，サロン内でトラブルなどがあったとき，最終的に解決する人を決めておくためである。このような独裁的な仕組みを嫌う人もいるが，意思決定方法としては最も効率的である。世の中にサロンが1つしかなく，他に選択肢がないときには独裁は望ましくないが，サロンは無数にあり，どこにでも参加でき，サロンからサロンへの移動も自由にできる。一般に，選択肢が無数にあるときは，リーダーシップは強い方が効率的である。

ちなみに日本の企業組織がボトムアップ型でトップダウンを嫌う1つの理由は，労働者が企業を移ることが難しいのが一因である。アメリカでは日本より企業を移るのが簡単なので，アメリカ企業はきわめてトップダウン型で，日本人の感覚からするとありえないくらいの独裁的意思決定が普通に行われる。嫌なら他に移ればよいという論理が成立するなら，リーダーシップは強い方がうまくいくのである。

2の［参加者は友人の友人まで］で，参加者を友人に限っているのは，不特定多数が参加して炎上の火種をつくらないためである。ただし，直接の友人だけでなく，友人の友人も入れる。これは見知らぬ人との出会いの楽しさを取り入れるためである。決まったメンバーであるとマンネリ化しやすい。新しい視点や知見がないとサロンは沈滞する。そこで友人の友人までは参加できることにする。こうすれば主宰者の知らない人が絶えず入ってきてメンバーは流動的になる。もう1つ先の友人，すなわち友人の友人の，そのまた友人にまでは拡大しない。友人の友人までなら一応信頼できるが，それ以上先になると信頼は難しくなるからである。標語は「友達の友達は友達だ。しかしそこまでだ」である。ただし，ここをゆるめて，さらなる友達に拡張することもオプションではできるようにしてもよい。なんらかの理由で，この規定を緩めてもサロンメ

ンバーを拡大したい時期もあるだろうからである。

　メンバーの除名は，主宰者は全員をいつでも除名できるが，これに加えてサロンメンバーも自分が紹介した人は自分で除名できるとしておく。つまり，主宰者の直接の友人は，自分が誘った友人を除名できる。長い間活動すれば，サロン内で問題を起こした人を除名せざるをえなくなることも出てくる。が，除名は心理的に負担になるので，その負担を分散する。自分が誘った人は除名しやすいし，責任上は誘った人が除名するのが自然であろう。なお，この趣旨から言って，誰が誰を紹介したかはサロンメンバー全員にわかるようにしておく。

　3の［視聴者の存在］で，サロンを公開にすると，すでに述べたように，誰でもサロンのフォロワーになってサロン内の会話を見ることができる。フォロワーがたくさんつけばサロンに発信力が出る。

　自分で書き込めず読むだけのサロンをフォローする人がいるのかと疑問に思う人もいるかもしれないがそんなことはない。ほとんどの人はそもそも読むだけ，すなわち Read Only だからである。Twitter でもブログでも読むだけの人が圧倒的に多い。書き込めなくても内容が面白ければフォローして読む。例えば著名な経済評論家たちが何人かの識者と折に触れて経済談義をしていれば，それを聞きたいと思うサラリーマンや中小企業経営者はいるはずである。人気芸能人が業界の友達と気軽なおしゃべりをしているサロンがあれば，それを聞きたいと思うファンはいるだろう。Twitter のように一人でつぶやくだけのメディアですらフォロワーがついている。それなりの人気のある人が集まって会話しているのなら，相当のフォロワーがつくだろう。

　ここでマネタイズの1つのアイデアとして，フォローできるサロン数に上限をつけておき，低い定額を払えばそれが解除されるという仕組みを考える。例えば無料のままでは視聴できるサロン数は5つまでであるが，月に300円課金するとそれが解除されていくらでも視聴できるようになるという仕組みである。お金を払ってまでサロンを視聴する人がいるのかと思うかもしれないが，サロンが十分に普及し，多種多様な趣味と話題のサロンが多くの有名人によって運営されれば，課金しても多くのサロンを覗きたいと思う人も出てくるだろう。フリーミアムの常として課金に応じる人は数％でかまわない。それでもユーザ

が十分に拡大すれば元をとれる。

　なお，サロンは非公開にすることもできる。その場合，サロンは LINE のグループに似てくる。非公開にした場合は様相がかなり変わるので，非公開サロンについては後でまとめて説明する。

　4の［サロンと一般ユーザの関係］で重要なのは，一般ユーザはサロン外で Twitter と同じようにつぶやくことや相互フォロー，リツイートなどができることである。一般ユーザもサロンでの会話を聞きながら感想や意見を持てば，それを表現したいと思うだろう。それを Twitter のようにつぶやくのである。もし面白いことをつぶやいていれば，彼に多数のフォロワーがついて注目される。そのうちサロン内の誰かが彼をフォローして彼の意見に注目し，「こんな意見が出ていますよ」とサロン内に持ち込んでくれれば，その彼としては嬉しいはずである。わずかでもサロンと関係が持てることは，サロン視聴の動機付けになる。サロン内の議論に役立つ資料を集めてきたりして，サロンをサポートする人も現れるかもしれない。そのような人の中には，サロン内の人と個人的に知り合いになり，サロンに招かれることも出てくるだろう。すなわち「サロン・デビュー」である。一般人の中に埋もれた優れた人材が発掘され，言論の場に出てくる道が開かれる。

　5の［自然に切れる］は，いわゆる SNS 疲れを防ぎ，サロンを気軽に設立し，参加できるようにするための工夫である。サロンの主宰者は設立したときはやる気と時間があっても，やがて関心が移ったり，忙しくなったり，あるいは話題が尽きたなどさまざまの理由で維持がつらくなってくる。サロンのメンバーにしてもサロンに参加してはみたが，思っていたのと違うとか，時間がない等の理由でサロンを見るのが億劫になる。一般に SNS 疲れというのがこれで，半ば義務的に SNS をやり続けなければならない状態に陥る。そのような状態に容易になりうることを予想すると，そもそもサロンを立ち上げたり，サロンのメンバーになるのを避けたくなる。

　このような SNS 疲れが生じるのは，自然に SNS を終える方法がないからである。リアル世界では自然に終える方法がある。例えばある人が趣味の交流会

を立ち上げたとする．2，3回開催した後，うまくいかないので止めたいと思ったとすれば，次回の案内を皆に送らなければよい．そうすれば自然に消滅する．ある業界勉強会に誘われて出てみたら内容が面白くなかったとする．そのときは，次回の誘いが来ても行かなければよい．2，3度スルーしていれば誘いが来なくなり，自然に脱退する．そこに心理的負担はない．

　ところがネットではこのように自然に終える方法がない．一度所属するとどんなに活動が不活発になっても所属しっぱなしである．SNSである交流の場を閉じるときは，事実上メンバーに対し廃止します！　と言わなければならないし，ある場から抜けるときは自分で脱退の操作をしなければならない．そんなことくらいたいしたことはないと言うかもしれないが，リアルの世界に比べると意志的にある操作を行う必要があり，心理的に負担である．例えば意志的に辞めるということはその場が面白くなかったという意思表示と受け取られうる．LINEであるグループから一人の個人が脱退した場合，彼あるいは彼女は意志的に抜けたはずであり，どうしてだろうと人は思うだろう．サロンでは友人に誘われて入るので，そこから抜けることは「あなたのサロンはつまらない」と言うのと同じだと考え出すかもしれない．そのように考え出すと友人の手前，抜けにくくなる．たくさんのサロンに入るとこのようなことが増え，心理的負担が増え，いわば"面倒"になってくる．

　そこで，リアルと同じように自然に切れる方法をネット上でも実装する．一定期間，例えば2週間とかの間にアクセスがないと，システムがサロンのメンバーから自動的に外すのである．こうすると，誘われたサロンに次々に入っていっても，興味を持てないサロンからは自動的にはずれていくので，サロン疲れが起こりにくい．友人から誘われたサロンに入ってみたが面白くなく，それでも友人の手前辞めると言えないときは，放置しておけば自然に切れる．次にその友人に会ったとき，サロンどうしたの？　と聞かれたら，急がしくて覗けなくて……　とか適当に答えておけばよい．リアル世界では普通に行われていることであり，それをネット上で実現するのが，「自然に切れる」という仕組みである．

　ただし，自然に切れると困ることもあるので，例外として切れないようにする措置も用意しておく．例えば仕事がきわめて忙しく一時的に全サロンにアク

セス不可になるときに放置日数カウンターが回るのを停止する「休眠」とか，特定サロンを選んでそこからは自動的には抜けないようにする「ロック」などである．ただし，これらはあくまで例外措置とし，デフォルトは自然に切れるとしておく．

なお，自然に切れるという仕様のもう1つの目的は，いじめ等の人間関係のトラブル抑制である．これは非公開サロンで特に顕著なのでそちらで説明する．

サロン普及後のイメージ

サロンが普及したらどういう世界になるのだろうか．普及後のイメージを図7.2に示しておく．横軸は意見の対立軸でわかりやすく右派と左派と理解していただいてもよい．軸上の小さい丸はネット上で発言する個人，あるいは個人の言語空間（ブログあるいはTwitter）である．現状が上段で，サロン普及後が下段である．

まず上段の現状を見る．現状では，サイバーカスケードが進行し，両極端の意見の人が多くなっている．ここで個人Aの発言に対し，黒丸の2人が攻撃を開始したとする．2人は同時に掲示板あるいはTwitterにも投稿を始める．掲示板・Twitterの投稿からまとめサイトやニュースがつくられ，攻撃者の投稿が多くの人の目に触れることで事件は拡大し，炎上に至る．個人Aにはこれを防ぐ方法がなく，アカウントを閉鎖するしかない．一般ユーザから見えるのは意見軸上の両極端の意見，炎上する個人Aの言語空間，掲示板・ツイート，まとめサイトでの炎上文言である．いずれも落ち着いた冷静な議論ではなく攻撃的言辞であり，ネット上の議論はリアル世界より荒れているように見える．

サロンが普及したらどうなるか．個人Aを攻撃をしたいと黒丸の2人が思ってもサロンへは書き込めない．図7.2の下段の図の楕円がサロンを表しており，個人Aへの直接攻撃は封じられ，個人Aの意見表明の場は守られる．炎上から守られることがわかれば，萎縮してきた中間的な意見の人も情報発信するようになり，意見軸の上に連続的に中庸なサロンができてくる．一般ユーザはこれら多くのサロンを見るようになるので，極端な意見だけでなく多くの中庸な意見を目にすることになる．黒丸の攻撃者はサロン外の掲示板やTwitterに投稿をすることができるから炎上は完全にはなくならないが，その影響は限

第7章 サロン型SNS：受信と発信の分離

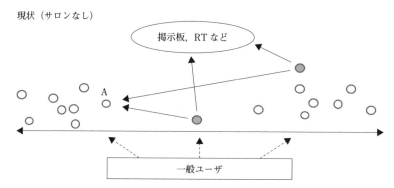

横軸は意見の対立軸である。対立軸上の丸はネットで発言する個人を表す。タフな人が生き残った結果、両端の人が多くなっている。ここで個人Aの発言が問題視されて黒丸の2人が攻撃を開始したとする。掲示板やツイートにも書き込まれる。一般ユーザは両端の個人と掲示板やツイートなどを見るので、極端な意見と炎上の現場を見ることになる。社会全体としては極端な意見と炎上文言があふれることになり、個人Aは言語空間から撤退する。

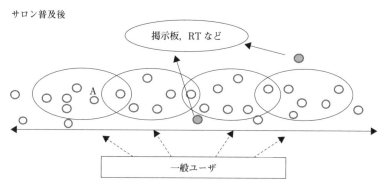

サロンが普及すると、個人Aの発言は外側から直接攻撃されることはなくなる。中間的な意見の人々も発言を始めてサロンが普及すると、対立する意見の軸上にサロンが並ぶようになる。炎上事件の攻撃者は、サロン外の掲示板やTwitterに投稿するだろうが、一般ユーザの視線がサロンの中に向いていれば、その影響力は小さくなる。サロン参加者は複数のサロンに入ってサロン間を移動することで、また一般ユーザも中間の意見を含む複数のサロンを同時に見ることで、社会の両極化が避けられる。

図7.2　サロン普及後のイメージ

られる。なぜなら，多くの一般ユーザの視線がサロンの内側を向いているからである。まとめサイトやニュースサイトも炎上事件について，掲示板・Twitterに流れる攻撃的文言だけなく，サロン内の冷静な意見もとりあげるだろうから，そのぶん炎上の悪影響は抑制される。

　サロン普及後には中間的な多くのサロンが立ち上がり，意見の多様性が増していることに注意されたい。現状のように極端な意見ばかりではなく，中庸の意見も表明され，意見交換される。これがサロンの最大の狙いである。一般ユーザはこれらのサロンを自由に視聴することができ，意見の違いを自分で比較することができる。連続軸上のサロンをいくつか視聴し，どれが支持できるかを考えて自分の立ち位置を決めていく。中庸の意見表明が復活し，社会全体として両極化は避けられる。

　ここで黒丸の人は，サロンには書き込めないが，自分でつぶやくことも掲示板に投稿することもできるから，言論の自由は確保される。つまり，誰の圧力も受けずに言いたいことを言うことはできる。ただその訴えが聞いてもらえるかどうかは，彼自身あるいは発言の内容にかかっており，言論の自由市場のもとでの彼の努力次第である。

　なお，サロンが炎上から守られるのは良いが，逆に批判から隔離されてサロン内の議論が独善的になるのではないかという疑問を持つ人もいるかもしれない。サロン内では自分にとって心地良い意見ばかりになる，すなわちデイリーミー現象が起きはしないかという懸念である。確かにその懸念はありうる。ただし，サロンは多くの人が見ているので，あまりに独善的なら視聴者の支持を失う。サロン外での批判がまっとうなもので多くの人が賛同するものなら，サロン内の人の耳にも入るだろう。また，同時にいくつものサロンのメンバーになれるので，見解が少しずれた2つのサロンに属せば，この面からもデイリーミーは抑制できる。一般ユーザも複数のサロンの視聴者になり，意見の違いを比較すれば，偏った意見ばかり聞かなくてすむ。

　このサロン型のシステムは異例に思えるかもしれない。受信と発信が分離され，受信は自由だが発信は限られるという非対称型の仕組みは，インターネットではあまり見ないからである。しかし先行例がないわけではない。ニコニコ生放送でシンポジウムを行うと，これに近い形になる。シンポジウムの参加者

の発言は生放送の視聴者全員に配信されるので受信は制限されない。しかし発信（発言）できるのはシンポジウム参加者だけである。視聴者は放送の脇のウインドウでつぶやくことができ，その一部がシンポジウム内に紹介されることなどサロン型によく似ている（このようなネットとの連動はすでにテレビでも一部行われている）。サロン型はこのニコニコ生放送のようなことを，誰でも立ち上げることができる仕組みと考えることができる。サロン型に先行例が皆無というわけではない。

非公開サロン

　サロンは非公開にすることもできる。非公開サロンは炎上問題とは直接は関係しないが，サロンという仕組みの性質がよく表れるので，簡単に説明する。

　非公開サロンはLINEでのグループに似ている。違うのは仕様の1と2で［主宰者がいて呼べるのは友人の友人まで］となっていること，5の［自然に切れること］の2点である。

　1と2でサロン参加者が友人の友人までとなっているのは，主宰者が直接知らない人の参加も許し，人の交流を拡大するためである。使い方としては職場あるいは学校で映画好きの人が集まってサロンをつくり，映画についておしゃべりするといった使い方を想定する。主宰者が直接は知らないが，主宰者の友人の誰かは知っている映画好きの人，そんな人がときどき入り込んできて，交流の輪が広がる。ただ，全く知らない人が参加するとなるとトラブルが起きやすいので，参加は主宰者の友人の友人までに限り，また誘った人と主宰者に除名権を与えている。この意味でメンバーは対称的ではなく，いわば「構造」が入っている。新規メンバーを誘えるのは主宰者の直接の友人だけであり，除名は自分が誘った相手に対してしかできないからである。

　LINEのグループはこうなっていない。誰でも新たに人を誘うことができるし，誰もが誰をも除名できる。徹底して対称的な仕組みであり，メンバーのなかに特別な人はおらず平等である。平等なのは良いことであろうが，この仕組みは新しい人に交流を拡大するのには向かない。なぜなら誰でも誘えるので芋づる式に拡大していけば，まったく背景の異なる人，異常に攻撃的な人など異質な人が増え，トラブルが発生するからである。トラブル対処の最終手段は除

名であるが，誰もが誰でも除名できるということは，いわば皆が拳銃を持って撃ち合うことと同じであり，収拾がつかない[8]。LINE のグループは，ネット上で新しい人と出会うための仕組みではなく，職場，サークル，お稽古ごとの会などすでにリアルの世界でグループの輪郭がはっきりできており，彼（彼女）らの間での連絡を行うためのツールである。

これに対しサロンは，あるテーマについて交流・雑談し，この交流を通じて人の輪が一歩広がることを期待した仕組みである。つまりグループの輪郭が流動的で，ネット上で新しい人に出会うことを想定している。その際のトラブルを防ぐため，呼べる範囲を友人の友人までに限り，かつ除名権をその人を誘った人と主宰者に限定している。ある人がサロン参加後にトラブルメーカーであることがわかったとしよう。すると，その人を誘った人に第一義的に対処する責任がある。理由はその人を紹介したからというのがもちろんであるが，さらにもう1つ大きな理由は，一般メンバーの中で除名権を持つのが誘った人だけだからである。いよいよとなれば誘った人が除名権を行使して解決すると皆が期待し，実際，彼しかないのだから彼はそれに応えることができるだろう。強い権限は，行使する人を決めておいた方が行使しやすい。

5の［自然に切れる］という仕様には2つの趣旨がある。1つはすでに述べたように SNS 疲れを防ぎ，気軽にサロンに参加し，またサロンを立ち上げることができるようするためである。つまらないサロンには顔を出さなければ自然にメンバーからはずれ，サロンの運営・維持が億劫になれば，放置しておけば次第に人が減っていく。この仕様によって，やりたくもないのに，つきあいのために SNS を続けるという事態を減らせる。

これに加えて，自然に切れることにはもう1つの趣旨がある。それは特に閉鎖型の SNS にありがちな人間関係のトラブルを多少なりとも軽減する道をつくるためである。LINE のグループなど閉鎖型の SNS で，自分にとってひど

---

[8] LINE での除名は当初は誰が誰を除名したかわからず，除名が頻発して問題になった。そこで誰が誰を除名したかわかるように仕様変更されたが，そうなると今度は誰も除名をしなくなり，除名自体が機能しなくなった。拳銃で誰が撃ったかわからないと発砲が頻発して荒れる。しかし，撃った瞬間に誰が撃ったかが必ずわかるようになると誰も撃たなくなり，場が荒れても収拾できなくなる。

く嫌な人が入ってきたとしよう。人間であるので相性があり，嫌な人はどうしてもいる。SNS にいるかぎりその人の話を聞かなければならないので，ストレスがたまってくる。話を合わすのも嫌なので，その人を無視して話すようになり，陰口をしたり，やがて皆で示し合わせて他のグループを立ち上げてそちらに一斉に移るようなことを始める。俗に LINE はずしなどといわれるこれらの行為は一種の村八分であり，やられた方は傷つく。このときはずしをした側をいじめた側として非難することは容易である。しかし，それで問題はなくならない。はずしをしなければ，嫌な相手と話し続けなければならないのであり，それはそれでストレスで，双方にとって不幸だからである。

　この場合の問題は，自然に相手と距離をとり，離れていく方法が SNS にそなわっていないことにある。リアル世界にはそのような方法がそなわっている。学校の休み時間に教室内に気のあった者同士で 5〜6 人の単位の集まりがあちこちあるとしよう。ここで自分がいるグループに嫌いな人が一人加わってきたとする。そのとき，休み時間にその人のそばに近づかなければ，そのグループから離れ，自然に別のグループに属するようになる。リアルの世界ではこのような形でグループの再編が常時，自然に行われており，自分の気に入った立ち位置に移動していくことができる。

　これに近いことを SNS で実装できればよい。サロンが複数あって自然に切れる仕様だとする。するとあるサロンに嫌な人が入ってきた場合，このサロンに顔を出さずに他のサロンに顔を出すようにしていればよい。すると自然にそのサロンから抜け，他のサロンに移っていくことになる。大切なのはサロンから自動退出する仕様であること，サロンがたくさんあってユーザは複数のサロンのメンバーになっていることである。こうしておけばリアル世界と似たようなグループの再編が起こる。SNS でのいじめの原因はいろいろで，この方法で抑制できるいじめは限られる。しかし，自然に切れる方法がないことから生じるいじめに関しては一定の効果はあるだろう。

　考えてみれば，現在の SNS は人間関係を"つなぐ"ことには熱心だが，人間関係を"切る"ことにはまったく無関心である。例えば，Facebook は，しつこいほどにこの人は知り合いではありませんかと尋ねてきて，人と人を結びつけることに情熱を燃やす。結果として，人とのつながりは単調に増えていく

ばかりで，減ることがない。しかし，本来人間関係は会うと別れの繰り返しであり，会うことばかりに偏重した関係はどこかいびつである。

現在のSNSがこのようにつなぐことばかりに偏重したのは，もちろん理由がある。ネットワークは元来時間と空間の制約を超えて人と人を結びつけるものであって，切ることを想定していない。そもそもユーザがつなげたものをシステムが勝手に切るなど，エンジニア的にはありえない。かくしてあらゆるものがつながっていく。しかし，ネットワークが十分普及し，ほとんど24時間つながりっぱなしに近くなると，人間の生理は切ることを求め始める。SNS疲れやいじめはその現象面での現れである。そして切ることはつなぐことより難しい。人間関係のトラブルはたいていつなぐときではなく，切るときだからである。この点で"うまく切れる"ネットワークの登場が待たれているのではないだろうか。このサロンの「自然に切れる」仕様は，この予想にこたえるささやかな試みである。

その他の仕様

サロン型SNSについてさらにいろいろの仕様を考えることができる。ただ，あまり細かい議論は本書の興味範囲ではないので，以下，箇条書で列挙するにとどめる。詳細に関心のない方は，ここを跳ばして次の第3節へ進んでいただいて結構である。

- 副主宰者

サロンが大きくなると主宰者一人では運営できなくなる。そのときは副主宰者をおけるようにする。副主宰者が他の参加者と違うのは，副主宰者の友人がそのまた友人を誘うことができること，ならびに自分が誘った友人だけでなく，その先の友人までの除名権を持つことである。

- サロン間交流

あるサロンが他のサロンと一定期間（例えば1週間），相互に乗り入れて議論する機能である。サロンのマンネリ化を防ぎ，デイリーミーの心配を防ぐ目的もある。趣味のグループの場合，サロン間交流は単なる情報交換になるが，意見が対立しているサロンの場合は論戦になる。論戦はいわばバトルフィール

ドであり，思想傾向の異なる著名人2人が会員を従えて論戦すればさぞかし見ものになるだろう。
- ゲスト

ある特定個人をゲストとして一定期間，サロンに参加してもらう機能である。利用方法としては，忙しくてサロンに参加できない高名な人に一定期間サロンに来てもらって議論してもらうこと，あるいは，サロンに入るかどうか決めかねている人に，体験的にサロンに入ってもらうことなどが考えられる。
- 主宰者への報奨金

サロンの視聴者が数万人と多くなり，そこに多くの課金視聴者が含まれていた場合，視聴者数に応じてサロン主宰者に報酬を払う制度が考えられる。報酬があればサロン主宰者はゲストスピーカーを工夫したり，サロン間交流を企画したりして，サロンを盛り上げようとするだろう。ある程度の収入が確保できれば，サロンを業務として運営する人も出るだろう。この場合，一人で自分だけのメディアをつくったことになる。
- サロンとゲーム

サロンのマネタイズの一環としてゲームとの連携を考える。LINEゲームやFacebook上のゲームと似た発想であるが，サロンは最初から主宰者とそれ以外という形で構造化されているので，ソーシャルゲームには向いている。サロン主宰者が王でサロンメンバーがすべて騎士で，複数の騎士団をつくっては参戦するなどの展開が容易である。サロンが目的別に簡単に設立でき，また解散できることもゲームに適している。

これ以外にもあるが省略する。もとよりここで挙げたサロン型SNSは1つの例である。炎上現象の原因は強すぎる情報発信にあり，これを抑制し，議論の場に中庸の参加者を増やす方法は他にもあるだろう。ここに述べたSNSはその方法の一例に過ぎない。

あらためて振り返ってみると，このサロン型SNSは筆者の嗜好を色濃く反映した仕様である。筆者の嗜好を述べれば，情報発信に興味はあるが，ブログやTwitterは炎上しやすいのでやりたくない。Facebookは情報発信力が弱すぎる。そもそも毎日のように見ないといけないというのはしんどい。時折起こ

る事件に触れては思い出したように意見を述べ，同じことに興味のある人と話をしたい。ただし，いつまで続けられるかわからないので，忙しくなったら放置してもかまわないものがよい。このサロン型 SNS はこういった筆者自身のややだらしない欲求にあわせて設計されている。つまり，このサロン型 SNS は筆者自身が使ってみたい SNS でもある。逆に言えば，筆者以外の人が設計すれば違うものがありうるであろう。炎上を起こしにくい SNS のアイデアは他にもありうるのであり，そのようなアイデアが今後出てくるだろうというのが前の章の結論であった。本章で述べた SNS はその一事例である。

7-3　自由参入かメンバーシップか

　このような SNS に需要があるだろうか。この SNS は炎上を抑えられるが，その代償として発信側だけとはいえ，オープンではなくなっている。すなわち誰もが書き込めるのではなくサロン会員だけが発言できるという点でメンバーシップ制をとっている。インターネットがオープンであることを是としてきた歴史から見て，このようなメンバーシップ制を入れることに拒否反応を示す人もいることだろう。そこで，炎上を防ぐためのメンバーシップ制という工夫を，人々がどれくらい受け入れるかどうかをユーザへのアンケート調査で調べてみることにしよう。

　調査対象は本書で何度も用いた 2 万人のモニターから選んだ 2,086 人である。選ぶに際しては，数少ない炎上参加者の意見を吸い上げるため，炎上に参加した人・観察した人が多くなるように選んである。図 7.3 がその結果で，2 万人データのときとサンプル 2,086 人のときの炎上体験比率をグラフにした。炎上に参加したことのある人は，$1.5\%(=0.5+1.5)$ から $5.3\%(=1.5+3.8)$ に増え，炎上を観察したことがある人も $20.1\%(=8.1+16.8)$ から $48.6\%(=8.1+40.5)$ に増えている。炎上事件で書き込んだことのある炎上参加経験者をすべて集めてももともとが少ないため，5.3% にしかなっていない。

　この 2,086 人のサンプルに次のような問いをなげかけた。

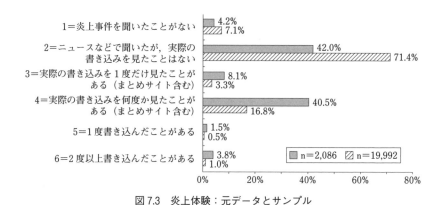

図7.3 炎上体験：元データとサンプル

Q インターネット上のコミュニケーションのこれからのあり方としてあなたはどちらの方向が望ましいと思いますか。どちらか1つを選んでください。
  1 入ってくる人を制限しても，誹謗中傷を抑えた方がよい
  2 誹謗中傷が起こっても，誰もが入ってこられる方がよい

1は，参加者を制限してもよいから，誹謗中傷を抑えた方がよいという意見で，メンバーシップ制を支持する立場である。2は誹謗中傷があっても誰もが入ってこられる方がよいという意見で，自由参入を支持する立場である。誰もが入ってこられる方がよいという表現はやや曖昧であるが，文脈から見て，誰もが書き込めるという意味，いわば発信の意味に受け取るだろう。このどちらかを選ばせることで，ユーザの意見を見てみる。

その結果が図7.4(a)である。メンバーシップ制を望む人が58％で多数派である。ただ，このサンプルは炎上参加者が多いので，それを補正する必要がある。補正の際のウエイトは炎上体験者の比率の違いを使う。例えば炎上に2度以上書き込んだ人の比率はこのサンプルでは3.8％，インターネット利用頻度を考慮した母集団の推定比率は0.63％だった（図5.3参照）。そこで2度以上書き込んだ人の意見は0.63/3.8に割り引く。このような補正を行った結果が図7.4(b)である。メンバーシップ制を望む人は63％にやや増加する。結論として，「メンバーを制限しても中傷・罵倒を防いだ方がよい」という意見が6割を超えて

7-3 自由参入かメンバーシップか

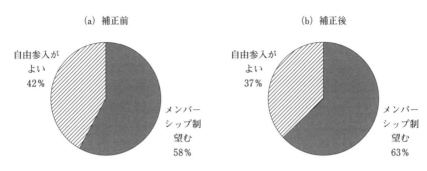

図 7.4 メンバーシップか自由参入か

おり，多数派である。

どういう人がメンバーシップ制を望むのだろうか。これを見るためにロジット回帰分析を行った。被説明変数はメンバーシップ制を望む場合を 1 とするダミー変数である。説明変数は回答者の属性で，次の 11 個を用いる。

1　性別（女性 = 1）
2　年齢（単位 10 歳）と年齢 2 乗
3　結婚しているか（結婚 = 1）
4　子供の有無（子供あり = 1）
5　一人暮らしか（一人暮らし = 1）
6　学歴（中卒から大学院卒までの 6 段階）
7　個人年収（13 段階）
8　世帯年収（6 段階）
9　テレビ視聴時間（時間／平日）
10　ネット利用時間（時間／平日）
11　新聞を読むか（読む = 1）

1 から 8 までは年齢，性別，結婚の有無，学歴，年収など典型的な属性項目である。最後の 9, 10, 11 はテレビ，ネット，新聞の 3 メディアの利用時間である。これらの変数を使った回帰結果が表 7.1 の回帰[1]である。

表 7.1　ロジット回帰結果（被説明変数：メンバーシップ制に賛同）

	[1] 全データ	[2] 全データ	[3] 炎上無関心者：ニュースで聞くのみ	[4] 炎上観戦者：直接見たことあり
性別	0.158***	0.157***	0.179***	0.126***
女性＝1	(5.90)	(5.87)	(4.53)	(3.21)
年齢	−0.159**	−0.156**	−0.043	−0.243**
（単位：10歳）	−(2.38)	−(2.32)	−(0.46)	−(2.23)
年齢2乗	0.021***	0.021***	0.008	0.029**
	(2.76)	(2.64)	(0.74)	(2.21)
結婚	−0.001	−0.004	−0.011	−0.012
Yes=1	−(0.02)	−(0.12)	−(0.23)	−(0.24)
子供あり	0.080**	0.078**	0.069	0.086
Yes=1	(2.41)	(2.34)	(1.59)	(1.59)
一人暮らし	−0.029	−0.032	−0.046	0.003
Yes=1	−(0.84)	−(0.93)	−(0.91)	(0.06)
教育	0.001	0.001	0.018	−0.020*
指数：6段階（中卒〜大学院）	(0.14)	(0.16)	(1.56)	−(1.67)
個人年収	0.011**	0.012**	0.004	0.021***
指数：13段階	(2.06)	(2.08)	(0.46)	(2.66)
世帯年収	−0.014	−0.013	−0.007	−0.016
指数：6段階	−(1.36)	−(1.29)	−(0.48)	−(1.11)
テレビ視聴時間	0.030***	0.029***	0.012	0.051***
時間／平日	(4.26)	(4.09)	(1.14)	(5.18)
ネット利用時間	−0.016**	−0.014**	0.000	−0.025***
時間／平日	−(2.53)	−(2.24)	−(0.03)	−(2.79)
新聞を読むか	0.029	0.029	0.032	0.030
Yes=1	(1.08)	(1.11)	(0.85)	(0.78)
炎上を直接見たことあり		−0.040*		
Yes=1		−(1.78)		
炎上に書き込んだことあり		−0.094		
Yes=1		−(1.07)		
n	2012	2012	927	977
logL	−1305	−1303	−575	−639
疑似 R^2	0.0456	0.0470	0.0408	0.0537

注：括弧内は t 値，*** 1% 有意，** 5% 有意，* 10% 有意．

7-3 自由参入かメンバーシップか

また，炎上経験の有無によって意見は変わることが予想されるので，これも説明変数に加えた。炎上無関心者を0としてダミー変数をつくる。

12　過去1年間に炎上を直接見たことあり（炎上観察）
13　過去1年間に炎上に書き込んだことあり（炎上参加）

この2個の変数を加えたのが回帰[2]である。以下，回帰[2]を標準の結果とし，これに沿って説明する。図7.5は回帰[2]をグラフ化したものである。

この図表の係数は，確率への限界効果である。すなわち，各変数が1単位変化したとき，メンバーシップ制を望む人がパーセンテージで見て何ポイント増えるかを表している。図7.5の性別の値15.7%は，女性は男性よりも，メンバーシップ制を望む人がパーセンテージで見て15.7%ポイント多いことを示す。

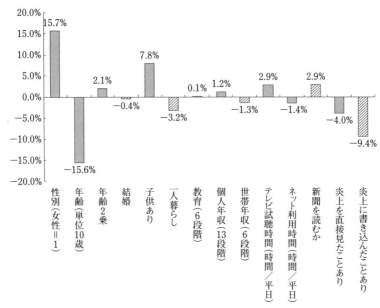

注：縦軸はdp/dxすなわち賛同する人の比率がどれくらい増えるかを表す。
　　10%水準で有意な場合は塗りつぶし，有意でない場合は斜線。

図7.5　ロジット回帰：メンバーシップ制に賛同するか

グラフでは統計的に有意なものは棒が塗りつぶされている。

まず，性別では女性の方にメンバーシップ制賛成派が多い。その差15.7％はかなり大きな数字である。そもそも炎上参加者には男性が多い。炎上に書き込んだ人の75％は男性で，女性は25％にとどまる。女性には炎上を避けたいと思う人が多く，それがメンバーシップ制の支持につながっていると考えられる。

年齢は有意であるが，一次の項がマイナスで，二次の項がプラスなので，下に凸の非線形である。最小値は38歳（=0.156/(2*0.021)）なので30歳代が最もメンバーシップ制を好まず，20歳代と40歳代以上がメンバーシップ制を好むという興味深い結果になっている。この年齢の非線形性は後に詳しく検討する。

子供がいるとメンバーシップ制を望む人が8％程度多くなる。これは子供を炎上にさらしたくないという親心が働くからと解釈できる。

個人年収が高い人ほどメンバーシップ制を支持している。理由はよくわからないが，収入が増えると現状維持的になるからかもしれない。すなわち金持ち喧嘩せず，である。

テレビをよく見る人はメンバーシップ制を支持している。係数はほぼ3％なので，テレビ視聴時間が3時間の人は0時間の人より9％程度，メンバーシップ支持が多い。テレビはそもそも自由参入のまったくないメディアであり，テレビが好きという人はユーザの自由参入に特に魅力を感じないからと解釈できる。また，すでに述べたようにサロン型は，結果としてテレビの討論番組・トーク番組に似てくるので，テレビ好きの人には自然に思えるのかもしれない。

ネット利用時間が長い人は逆に自由参入を支持している。インターネットは長らく自由参入を旨としてきていることから考えて自然な結果である。係数は1.4％なのでネットを3時間利用する人は利用時間0の人にくらべて4％程度，自由参入支持が多くなる。

なお，このサンプルは炎上に参加した人・観察した人を多めにとっているので，推定結果はそのバイアスを受ける。そのバイアスの影響を排除するために，サンプルを炎上経験別に分けて回帰した。表7.1の回帰[3]と回帰[4]がそれである。回帰[3]は炎上をニュースだけで知っている炎上無関心者，回帰[4]は炎上を直接見たことがある炎上観察者だけに限った場合である（炎上に書き込

だ炎上参加者だけに限る回帰はサンプル数が少なすぎるので意味をなさない）。ここで注目に値するのは，炎上観察者の回帰[4]が全体回帰とほぼ同じパターンで係数が有意になっているのに，炎上無関心者の回帰[3]は性別以外すべて有意でないことである。すなわち，全体回帰[2]で係数が有意になっていたのは，すべて炎上観察者の意向を反映していたことになる。炎上観察者は実際に炎上の書き込みを見たうえで判断しているので，その結果は無意味なものではない。すなわち無知ゆえのものではない。この点で，ここで得た回帰結果は根拠なき偶然ではなく，信頼できる結果といえるだろう。

炎上経験との関係でいえば，炎上に参加あるいは観戦した人はメンバーシップ制に反対している。回帰[2]に戻って係数を見ると，炎上観察者で4%，炎上参加者で9.4%メンバーシップ制支持が減り，自由参入派が増える[9]。炎上に参加あるいは観察した者のなかには，炎上に耐性があるか，あるいは炎上を積極的に評価している人が含まれており，炎上しても自由参入の方がよいと考える人が多いと考えられる。

この点を確認するためにより単純に炎上の経験別にメンバーシップ制の賛否のグラフを描いてみた。図7.6(a)がその結果である。ニュースで見ただけの人では，自由参入支持は35%にとどまるが，炎上を直接見た人では47%になる。炎上に書き込んだことのある人では59%が自由参入を支持しておりむしろ多数派になる。実際に炎上に参加して書き込んでいる者が，それを可能にする自由参入を支持するのは自然である。

なお，過去1年と限らず，これまでに一度でも炎上に参加したことがあるかについても分けてグラフ化した。図7.6(b)がその結果である。過去1年間に限っていないので，炎上参加者は増えており，例えば書き込んだことのある人は111人から264人に倍増している（図の中の括弧内の数字が人数である）。この図7.6(b)ではメンバーシップ制に賛同する人が全体として増えていることに注意されたい。炎上参加経験者でも49%がメンバーシップ制を支持すると答え，賛否が拮抗している。これは期間を過去1年に限定しないため，1年前より前に炎上に書き込んだことがあるがいまは書き込んでいないという人が含まれて

---

9) 9.4%は値が大きいのに有意ではないが，これは炎上参加者が少ないためである。

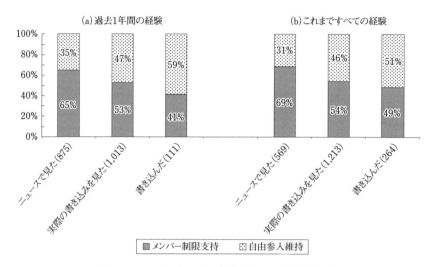

図7.6 メンバーシップか自由参入か：炎上経験別

いるからである。現役の書き込みをしているうちは自由参入支持であるが，書き込みをしなくなるとメンバーシップ支持に切り替わる人がいると解釈できる。これまでに1度でも炎上に参加したことのある人という広いくくりでとったとき，その半分がメンバーシップ制を支持し，賛否が拮抗するという事実は注目に値する。自由参入支持が多数派になるクラスタは，"現役"の"炎上参加者"だけである。そして何度も述べるようにそのようなクラスタの比率は0.5%以下である。

最後に年齢の効果について検討する。表7.1で年齢は一次項が負，二次項が正で，下に凸の二次関数になる。実際に年齢別にメンバーシップ制の賛否をとると図7.7のようになる。年齢があがるにつれてメンバーシップ制支持が増えるが，30歳代が最小で，20歳代では逆転してU字型になっている。最小値になる年齢は38歳である。誹謗中傷を恐れず自由参入を維持すべきと考える元気のよい人は30歳代後半であり，20歳代になると40歳代以上と同じように誹謗中傷を避けたいという意見が強くなる。

一般に年齢の効果には加齢効果（年をとると誰もが意見が変わってくる）と世代効果（ある世代に固有の意見で，年をとっても変わらない）がある。この

ように意見の曲線が反転するとき，これを加齢効果で説明するのは難しい。20歳代では炎上を恐れていたが，30歳代になると炎上を恐れなくなり，40歳代になると再び炎上を問題視するようになるという経路を誰もが年齢とともにたどるとは考えにくいからである。このU字型の変化は世代効果で理解するのが妥当であろう。

一般に人の基本的な意見形成は20歳代ころまでにつくられることが多いと言われる。30歳代の人が20歳代だったころは2000年ごろでインターネットの明るい未来が語られていたころである。そのころはオープンのすばらしさ，誰でも自由に世界に発信できることのすばらしさが語られていた。炎上に代表されるやや病理的な現象が顕在化するのは2005年ごろ以降であり，現在の20歳代はまさにその時期をすごしてきている。20歳代が自由な参入に疑問を抱くようになったのはそれゆえと考えられる。

このように世代効果ととらえるならここから1つの含意が得られる。それは長期的にはメンバーシップ制の支持が増えていくだろうという予想である。若い世代がメンバーシップ制を望むならやがてはそれが多数意見になるからである。

この点は重要である。メンバーシップ制を望む人が6割で多数派だと述べたが，これは質問の尋ね方によるので，絶対水準として多数派かどうかはわからない。より重要なのはメンバーシップ制の支持者が今後増えていくかどうかで，

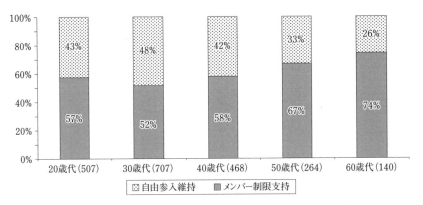

図7.7　これからのネット：自由参入かメンバー制か（年齢別）

図7.7がこの問いに1つの答えを与える。このパターンがこのまま続いていくとすると，しばらくは50歳代，60歳代が世の中から退出するので，社会全体としてメンバーシップ制の支持が減るだろう。が，やがて20歳代以下の若い世代が増えてくるとメンバーシップ制の支持者が増えてくると予想できる。つまりサロン型のようなメンバーシップ制を入れたSNSへの支持が次第に増えると解釈できる。

7-4 結語：サロンの必要性

炎上の原因は，インターネットでの一個人の情報発信力がそもそもきわめて強い点にある。誰でもが，何万人の読者を得ている他者の交流の場に乗りこみ，その何万人を相手に強制的に情報発信ができる。そこでどのようなふるまいをしても，相手はこれを拒否できず，交流の場を閉鎖する以外に止める方法がない。通常のコミュニケーションとしてはありえないような強さを万人が持っているのが，炎上の真の原因である。インターネットがこのような仕組みなのはもともとが学術ネットワークだったからと考えられる。

炎上を防ぐには個人の情報発信力を制御するしかない。しかし，個人の情報発信の規制は自由主義に反する。自由主義を維持しながら強すぎる情報発信力を抑える方法として，発信と受信を分離して発信だけを抑える方法が考えられる。その具体例としてサロン型SNSを提案した。サロン内の議論は誰もが見ることができるが，サロン内に発言できるのはサロン会員のみという仕組みである。つまりサロン内の議論を受信するのは誰でもできるが，サロン内に発信するのは会員に限られる仕組みで，こうすると外部からの書き込みがないので炎上は避けられる。このようなサロンがたくさんあれば，炎上を嫌って情報発信から撤退していた中庸な意見の人がネット上に復帰し，より多様で落ち着いた議論が行われるようになるだろう。

サロンは招待による会員制なので，一種のメンバーシップ制となる。このようなメンバーシップ制は，インターネットのオープンの精神に反するので嫌う人がいるかどうかを調べたが，意外にそうではない。アンケート調査によれば，

メンバーシップ制をとっても誹謗中傷を抑えた方がよいという人はいまや半数を超えており，さらに 30 歳代より 20 歳代の若い世代が多いことから，今後増えていくと予想できる。サロン型 SNS のような仕組みへの人々の支持は今後次第に高まってくるだろう。

第 8 章

炎上への社会的対処

　第 4 章, 第 5 章で見たように, 年間 400 件程度発生している炎上は, 実はインターネットユーザの約 0.5% が起こしているものであった。その人たちにより, 人々の社会的不利益や企業の不利益が引き起こされているといえる。
　しかしながら, 目に見えるそれらの直接的な被害の他に, より潜在的な被害ももたらしている可能性がある。それは, 第 3 章で触れたとおり, 炎上が存在することによってインターネットに対する負のイメージが定着し, 自由な発言の抑制につながっているかもしれないということである。
　これについては, 第 4 章で調査したアンケートデータにおいて,「インターネットには実世界以上に誹謗中傷したり攻撃的だったりする人が多いと思う」「インターネットは怖いところだと思う」という 2 つの質問に対する回答結果からも見ることができる。図 8.1 は, 2 つの回答結果をグラフにしたものである[1]。
　図 8.1 を見ると, 驚くべきことに, 実に 70% 以上の人が, インターネットについて「攻撃的な人が多い」「怖いところだ」と感じていることがわかる。このようにインターネットに対して負のイメージを持っている人が多い場合, 発信を控える人がいたり, 自由に意見を言うのを抑制する人がいたりと, インターネット黎明期に期待されたような「非対面の自由なコミュニケーション」は, 先々も実現しなくなってしまう。
　では, これらのインターネットに対する負のイメージは, 炎上によってもたらされたものなのか。あるいは, 関係なく漠然とイメージを抱いていたり, 1

---

1) 第 4 章と同様, 記述統計量分析や計量経済学的分析を行う際は, もとの出現率に対応したウェイト付けを行っている。

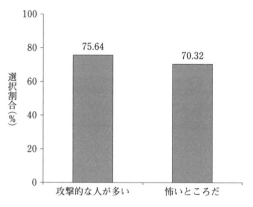

図 8.1　インターネットに対するイメージ

対 1 のコミュニケーションでいやな思いをして抱いていたりするイメージなのだろうか。本章では，炎上がインターネットイメージに与える影響を定量的に分析するとともに，直接的・間接的被害をもたらしている炎上について，政策的な対応として何が考えられるか考察する。

本章の構成は以下のようになっている。8-1 では，炎上とのかかわり方とインターネットに対するイメージについて，アンケート調査データをもとに実証分析を行う。分析の結果，以下の 3 点がわかった。第 1 に，炎上を見たことがある人の，実に 80% 以上が，インターネットには攻撃的な人が多いと思っている一方で，炎上を知らない人では 50% 以下である。第 2 に，インターネットは怖いところと思うかどうかでは，炎上を知らない，炎上は知っているが見たことはない，炎上を見たことがあるの間では大きな違いはないものの，炎上に参加したことがある人は，50% 程度で最も少ない。第 3 に，「炎上は知っているが見たことはない」「炎上を見たことがある」「炎上に参加したことがある」のいずれの変数も，「攻撃的な人が多い」というインターネットイメージに対して，1% 水準で有意に正である一方で，「怖いところだ」というイメージに対しては，炎上とのかかわり方は有意とならなかった。

8-2 では，炎上に対する政策的検討を行う。検討では，すでに存在する「プロバイダ責任制限法」の炎上への効果とその限界について述べたうえで，次の 5 点の政策的対応について論じた。「①名誉棄損罪の非親告罪化」「②制限的本

人確認制度の導入」「③誹謗中傷（炎上）に関するインターネットリテラシー教育の充実」「④捜査機関における炎上への理解向上」「⑤炎上対処方法の周知」。検討の結果，①には slippery slope の問題が，②には違憲である可能性とそもそも効果が薄いという問題があることを述べ，③，④，⑤に積極的に取り組むことを提案した。

8-1　炎上とのかかわり方とインターネットに対するイメージ

本節では，図 8.1 のように，多くの人がインターネットに抱いている負のイメージについて，そのイメージ形成に炎上とのかかわり方がどのように関係しているか，定量的に分析を行う。

用いるデータは，第 4 章で用いたアンケート調査データ（サンプルサイズ 2,020）である。まず，炎上とのかかわり方と，インターネットイメージについて，記述統計量をグラフ化したものが図 8.2 と図 8.3 である。

まず，図 8.2 を見ると，炎上を見たことがある人の，実に 80% 以上が，インターネットには攻撃的な人が多いと思っていることがわかる。その一方で，炎上を知らない人では 50% 以下であり，もっとも少ない。攻撃的な人が多いというイメージに，炎上を実際に見たかどうかが影響を与えていることが示唆される。また，炎上に参加したことがある人では約 60% であり，第 3 位なのも

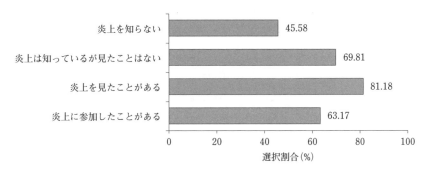

図 8.2　攻撃的な人が多い選択割合

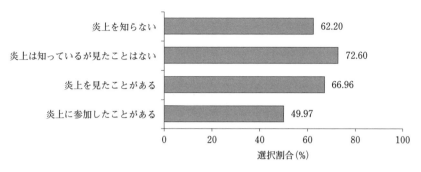

図 8.3 怖いところだ選択割合

興味深い。自ら攻撃している人は，ただ知っている人（知っているが見たことはない・見たことがある）よりも，インターネットに攻撃的な人が多いと考えている率が少ないといえる。

次に，図 8.3 を確認すると，似たような質問であるにもかかわらず，図 8.2 とグラフの形が大きく異なるのがわかる。炎上を知らない，炎上は知っているが見たことはない，炎上を見たことがあるの間では大きな違いはないものの，炎上に参加したことがある人は，50% 程度で最も少なくなっている。ここから，攻撃的な人が多いという具体的なイメージには炎上を知っていることがかかわっていそうな一方で，怖いところだという漠然としたイメージには影響を与えていなさそうなことが示唆された。また，炎上参加者自身は，怖いところだと思っている人が他より少ないことがわかった。

ただし，これらはあくまでそれぞれの選択割合を見ただけであり，統計的に有意な結果かどうかは不明である。そこで，下記式(1)のような，インターネットイメージ決定要因モデルを用いて分析を行う。

$$\mathrm{logit}[P(Y_{ij}=1)] = \log\left\{\frac{P(Y_{ji}=1)}{1-P(Y_{ij}=1)}\right\} = \alpha_j + F_i\beta_j + W_i\gamma_j \tag{1}$$

ただし，i は人，j はインターネットイメージである[2]。また，各記号の意味は次のようになっている。

---

2) つまり，「攻撃的な人が多い」「怖いところだ」の 2 つ。

Y_{ij}：人 i がイメージ j を抱いていたら 1,そうでなかったら 0 とするダミー変数。
$P(Y_{ij}=1)$：$Y_{ij}=1$ となる確率。
F_i：人 i の炎上に対するかかわり方を表すダミー変数[3]。
W_i：人 i の属性変数[4]。
$\alpha_j, \beta_j, \gamma_j$：それぞれが掛かっている変数とベクトルのパラメータ。

このモデルの直感的な解釈は,人が持つインターネットに対するイメージは,その人の炎上とのかかわり方と,属性で決定されるというものである。分析に使用する変数の記述統計量は,**表 8.1**[5]のようになっている。

表 8.1　記述統計量

変数種類	変数	平均値	標準偏差
インターネットイメージ	攻撃的な人が多い	0.76	0.43
	怖いところだ	0.70	0.46
	言いたいことが言えるのがよい	0.44	0.50
	非難しあってよい	0.10	0.31
炎上に対する関わり方	炎上を知らない	0.07	0.26
	炎上は知っているが見たことはない	0.71	0.45
	炎上を見たことがある	0.20	0.40
	炎上に参加したことがある	0.02	0.12
属性	性別（男性）	0.62	0.49
	年齢（歳）	40.81	12.02
	平日インターネット利用時間（分）	187.15	149.67
	ソーシャルメディア等利用年数（年）	5.28	5.53

---

[3] 具体的には,「炎上を知らない」「炎上は知っているが見たことはない」「炎上を見たことがある」「炎上に参加したことがある」それぞれについて,選択されたら 1,そうでなかったら 0 としたダミー変数である。なお,質問ではこれらのうちどれか 1 つを選んでいるため,基準となるダミー変数が必要である。そこで,「炎上を知らない」を基準とし,それを除いた 3 変数を実際の分析では用いた。

[4] 本分析では「性別」「年齢」「平日インターネット利用時間」「ソーシャルメディア等利用年数」の 4 変数を用いる。本章の分析は,炎上参加者の属性を網羅的に確認したかった第 4 章と異なり,炎上とのかかわり方がどのような影響を与えているかどうかが重要である。そのため,モデルに組み込むそれ以外の変数は,特にインターネットイメージに影響を与えていると考えられ,かつ,客観的な変数であるこれら 4 つとした。

[5] **表 8.1** において,「ソーシャルメディア等利用年数」は,「インターネットで,SNS（ソーシャルメディア）や掲示板などを見たり,利用し始めたのは何年くらい前ですか。」という設問の回答で

表8.2 インターネットイメージ推定結果

変数	① 攻撃的な人が多い logit model		② 怖いところだ logit model	
	限界効果	p値	限界効果	p値
炎上は知っているが見たことはない	0.18	0.00***	0.10	0.15
炎上を見たことがある	0.27	0.00***	0.07	0.30
炎上に参加したことがある	0.17	0.01***	0.04	0.57
性別（男性）	−0.03	0.16	−0.13	0.00***
年齢（歳）*	0.02	0.69	−0.04	0.28
平日インターネット利用時間（分）*	0.02	0.00***	0.00	0.87
ソーシャルメディア等利用年数（年）*	0.03	0.02**	−0.02	0.21
サンプルサイズ	2,086			

注：変数に*が付いているものは対数変換した変数、その他はダミー変数である。
　　*** 1%有意，** 5%有意，* 10%有意。

　さて，式(1)のロジットモデルを推定したのが表8.2である。推定結果について，①列は「攻撃的な人が多い」，②列は「怖いところだ」に対する影響を記載している。なお，推定結果には，限界効果[6]とp値[7]を載せている。

　まず，①列を見ると，「炎上は知っているが見たことはない」「炎上を見たことがある」「炎上に参加したことがある」のいずれの変数も，「攻撃的な人が多い」というインターネットイメージに対して，1%水準で有意に正となっていることがわかる。これらダミー変数の基準となっているのは，「炎上を知らない」なので，炎上を知っている人は炎上を知らない人に比べ，全体的にインターネットに対して「攻撃的な人が多い」空間だと感じていることがわかる。また，係数も大きい。わずか1.1%の人が起こしている炎上が，多くの人のインターネットイメージに負の影響を与えていることが理解できる。そして，属性[8]では，「平日インターネット利用時間」と「ソーシャルメディア等利用年

　　あるため，本章で定義したソーシャルメディア以外も含む。例えば，インターネット黎明期におけるコミュニケーション・議論サービスであったUsenet等も含む。これは第4章も同様である。
6）限界効果は，説明変数が1単位増加したときに確率がどの程度変化するかを表している。また，本研究では，平均限界効果（average marginal effects）を用いている。限界効果は，実際には変数の値によって変化するものなので，その平均値を求めたのが平均限界効果である。
7）簡潔に言えば，何%水準で有意かどうかを示している。例えば，p値が0.01であれば，1%水準で有意であると解釈できる。また，White（1980）の頑健標準誤差から算出しており，不均一分散に対処している。

数」が有意に正となった。インターネットやソーシャルメディアを多く利用する人ほど，攻撃的な人が多いと感じていることがわかる。炎上については他の変数でコントロールしているので含まれないが，その他の攻撃的なコメントを読んだり，攻撃的なメッセージをもらったりをとおして，そのようなイメージを抱く可能性が高くなるためと考えられる。

次に，②列を見ると，①列とは対照的に，「炎上は知っているが見たことはない」「炎上を見たことがある」「炎上に参加したことがある」のいずれも係数は正であるものの，有意とならなかった。つまり，炎上を知っている人は，「攻撃的な人が多い」という具体的なイメージは抱いているものの，「怖いところだ」という漠然としたイメージは抱いていないようである。一方で，唯一有意となったのが，「性別（男性）」である。「性別（男性）」が有意に負であったということは，女性の方がインターネットに対して「怖いところだ」というイメージを抱いているということになる。攻撃的な人が多いでは有意にならなかったことと合わせると，女性は男性に比べ，具体的に攻撃的な人が多いということよりも，漠然と怖いところだと思う傾向にあることがわかる。ただし，「有意でない＝影響がない」ということではないことは第4章で述べたとおりなので，攻撃的な人が多いが有意でなかったという事実は，あくまで参考レベルである。

8-2 政策的対応の検討

以上，**8-1**では，少なくとも，インターネットには攻撃的な人が多いと思うというイメージに対しては，炎上を知っていることが強く影響を与えていることがわかった。これにより，インターネット上で発信を控えたり，あたりさわりのない議論しかできなかったりといったような，社会的厚生に負の影響が出

---

8) 属性変数はそれぞれ，男性であれば1とするダミー変数，年齢の対数，平日に利用しているインターネット時間の対数，ソーシャルメディア等を利用し始めてから経った年数の対数を用いている。ただし，平日インターネット利用時間とソーシャルメディア等利用年数は0の人も存在していたため，それぞれ1を足してから対数変換している。

ている可能性は十分に考えられるだろう。

そのような炎上について，本節では，政策面でのアプローチを検討する。現時点では，炎上のみを対象とした明確な制度・政策はない。しかしながら，板倉（2006）では，批判的書き込みの多くは名誉棄損表現であり，民事的・刑事的に対応できるものだと指摘している。その一方で，タブロイド誌はその状況を面白おかしく報道し，被害者であるはずの炎上対象者がさらし者にされてしまうことを問題視している。また，そこには意図せぬ公人化[9]の問題があるとしている。清水（2015）でも，炎上内容によっては名誉権の侵害があることを述べている。

また，2002年から施行されているプロバイダ責任制限法[10]は深くかかわっているといえる。プロバイダ責任制限法は，情報の流通によって権利侵害があった場合において，プロバイダの賠償責任範囲と発信者情報の開示を請求する権利を明確にしたものである。例えば，権利侵害被害者から削除要求があった場合，その情報発信者にそれを通知し，一定期間内に発信者が異議を唱えなければ，プロバイダが書き込みを削除しても，発言者に対して責任を負う必要はないと定められている。わかりやすく言えば，炎上対象となった人から削除要請が来たときに，プロバイダが炎上に書き込んでいる人にそれ（削除要請）を通知し，異議を唱えられなければ，プロバイダが書き込みを削除してもよいという法律である。

これにより，表現の自由やサービス契約違反といった理由によって（情報発信者から）訴えられるリスクを負わずに，プロバイダが書き込みを削除することが可能となった[11]。また，発信者情報の開示についても，権利侵害が明らかであり，開示を受ける正当な理由がある場合と，範囲を明確にしている。これらは清水（2015）で述べられているようなインターネット上の書き込みの削除依頼，開示請求の根拠となっており，炎上被害者の心理的負担軽減につなが

---

9) 情報発信者が理解せぬまま公人性を備えてしまう現象と，板倉（2006）では定義している。詳細は第1章の1-2を参照。

10) 特定電気通信役務提供者の損害賠償責任の制限及び発信者情報の開示に関する法律。

11) プロバイダが明確な権利侵害（例えば名誉棄損罪の侵害）に関する被害者からの訴えを放置した場合，民法上の不法行為責任に問われる可能性があるため，プロバイダの書き込み削除インセンティブは働いている。

っていると考えられる。

　しかしながら，第4章で見たように，炎上が平均して1日に1回以上起こっていることを考えると，プロバイダ責任制限法による心理的負担軽減効果はあっても，炎上抑制効果は小さいと考えられる。また，プロバイダによる，権利侵害の有無の判断が難しいという問題点もある。

　では，新たな政策的対応としてどのようなものが考えられるであろうか。最も単純かつ厳しい規制として考えられるのが，板倉（2006）で述べられているように，名誉毀損罪を非親告罪とする法的規制強化である。板倉（2006）が指摘しているように，炎上が訴訟に発展しない大きな理由として，第1章で見たような誤ったクリーンハンズの原則が影響しているならば，これは効果的な政策となる。つまり，自らに落ち度があるために名誉棄損罪で告訴しない炎上対象者に代わって，公訴を提起することが可能となる。

　また，第4章で見たように，炎上参加者はわずか1.1%しかいないため，規制強化によって炎上の根絶というメリットが得られる一方で，不利益をこうむるのは，1.1%の炎上参加者のみと考えられる。1対1の誹謗中傷にまで規制を拡大する必要がない場合は，不特定多数の誹謗中傷が集まった場合に限ればよいだろう。

　しかしながら，このような法的規制の強化には問題もある。中でも，slippery slope（滑りやすい坂）は大きな問題となりうる。slippery slopeとは，はじめなんらかの必要性からAという第一歩を踏み出した後，将来的に，Aに類似した行為が次々と連鎖的に行われ，その結果，Bという道徳的に許容できない行為がなされる可能性が高いため，Aという第一歩を踏み出してはならないという議論である（Schauer 1985, Burg 1991, Lode 1999, Volokh 2003より）。これはさまざまな分野で用いられる概念であるが，本件に照らし合わせて考えると，はじめ，炎上（誹謗中傷）を規制するという社会的厚生にプラスになると思われる第一歩を踏み出した後，誹謗中傷の概念が拡大解釈され，やがて法による表現の弾圧や別件逮捕の材料に使われるようになる可能性が高いといえる。つまり，過剰な表現規制となってしまう。

　さらに，slippery slopeは，誹謗中傷という表現に関する明確な線引きの難しい事象と，非親告罪化という炎上対象者以外の公訴提起が可能になるという

2つが組み合わさった本件において，特に深刻である。なぜならば，例えば親告罪のままであれば，誹謗中傷の概念が検察や政府において拡大解釈されたとしても，炎上対象者がどう感じるかが重要であるので，問題とはならない。また，一義的な事象であれば，拡大解釈は起こりえないだろう。このような slippery slope の問題が考えられる以上，安易に名誉毀損罪を非親告罪とする規制強化を行うのはリスクが高いといえる。

次に政策的対応として考えられるのが，白井（2009）や金（2012）で言われているような，制限的本人確認制度（インターネット実名制）の導入である。ここで言う実名制とは，韓国で導入されたものと同様のものを指す。具体的には，掲示板等のサービス運営者による，住民登録番号を利用した実名確認と，クレジットカードや携帯電話を利用した本人確認を経てからサービス利用が可能になるような制度である。日本にもマイナンバー制度が導入されたことにより，韓国と同様の施策が可能になった。また，実名確認と本人確認さえ済んでいれば，実際に書き込む際はニックネームや ID で良いという柔軟性も持つ（柳 2013）。

これは，インターネットにおける匿名性が誹謗中傷を増加させているという観点から，主要ソーシャルメディアで匿名性をなくすことによって，誹謗中傷を減らそうという制度である。前述したような，名誉毀損罪の法的規制強化によって，発生してしまった誹謗中傷を罰するものと異なり，誹謗中傷を予防するような政策といえる。

しかしながら，インターネットが思想の自由市場ないしは公開市場である場合，憲法第 21 条で保障されている表現の自由の保障という観点から，このような匿名性の強制的撤廃は違憲である可能性が高いことが指摘されている（千代原 2006）。また，韓国において実際に執り行われた制限的本人確認制度では，インターネット上の全体的な発言数は大幅に減少したものの，誹謗中傷的発言数への抑止効果は極めて限定的であったことを指摘している（柳 2013）。また，韓国の同制度は，2012 年に違憲判決が出され，廃止されている[12]。

以上，政策的対応として，法的規制の面から検討してきたが，法的規制は炎上対策に一定の効果があるように思われる一方で，発生する問題も多いことが

---

12) ただし，2015 年に選挙期間中は合憲であるという判例が出ている。

わかった。そこでここでは，特に青少年を対象とした[13]，誹謗中傷（炎上）に関するインターネットリテラシー教育の充実を，炎上に対する政策的対応として提案したい。

インターネットリテラシー教育については，近年のソーシャルメディアの急速な普及に伴い，総務省が中心となって積極的に取り組み始めている。しかしながら，総務省の「青少年のインターネット・リテラシー指標」[14]で見られるように，中心となっているのは，青少年の有害コンテンツアクセス，ソーシャルメディアによる他人との接触トラブル，プライバシー侵害といった内容であり，誹謗中傷に関するものや，炎上にならないようなソーシャルメディアの使い方といった観点からの検討は少ない。また，学校や自治体も，ソーシャルメディアによるコミュニケーショントラブルの防止に重点を置いており，炎上防止策・炎上への対応・炎上に参加しないといった観点からの教育は少ない（「インターネットリテラシー・マナー等向上事例集」[15]からもわかる）。ただし，「情報通信白書平成26年度版」[16]では，インターネットリテラシーの重要性という項目で，ソーシャルメディア上での不適切投稿による炎上問題を取り上げており，徐々に着目されてきているといえる。

炎上に関するインターネットリテラシー教育[17]について，例えば，葵[18]とグリー[19]は，炎上を学ぶ授業を，中高生向けにライブ配信している[20]。具体的には，炎上事例の解説，ネット上での失敗の回避方法，ネット上での失敗・

[13) 第4章において，炎上参加行動に年齢が有意に負の影響を与えていたことや，今後の将来性から，特に青少年を対象とするのが望ましいと考えられる。
14)「青少年のインターネット・リテラシー指標［指標開発編］」，総務省，http://www.soumu.go.jp/iicp/chousakenkyu/data/research/survey/telecom/2012/ilas2012-report-build.pdf（2015/11/20確認）。
15)「インターネットリテラシー・マナー等向上事例集」，総務省，http://www.soumu.go.jp/main_content/000323296.pdf（2015/11/20確認）。
16)「情報通信白書平成26年度版」，総務省，http://www.soumu.go.jp/johotsusintokei/whitepaper/ja/h26/pdf/26honpen.pdf（2015/11/20確認）。
17) 炎上のインターネットリテラシー教育について，本書で提案する具体的なものを本章の付録に記載している。
18) オンライン学習塾「アオイゼミ」を運営する企業。「アオイゼミ」は，主にスマートフォンでのサービスを行っている。
19) SNS「GREE」を運営する企業。
20)「「アオイゼミ」が グリー株式会社と合同で「ITリテラシー向上」のための特別授業を中高生向けに無料ライブ配信」，アオイゼミ，http://corporate.aoi-zemi.com/news/442（2015/11/20確認）。

注意点について講義を行っている。このように，中高生，あるいは小学生の時代から炎上について学んでおくことで，炎上対象者にならないようなインターネット上での行動や，炎上参加者にならないような心がけを知ることができる。昨今の青少年は幼少期からインターネット，そしてソーシャルメディアを利用しており，早期の教育が必要と考えられる。炎上が現在の社会に与えている影響・被害を考慮すれば，有害コンテンツ問題や出会い系，プライバシー侵害といった問題と同様に，このような炎上対策教育は必須だと思われる。また，炎上参加者が実際にはごくわずかしかいないということも周知させることで，炎上対象者の心理的負担の軽減や，個人や企業の過剰な対応を防ぐことが可能になる。

もう1つ，他の提案として，捜査機関における炎上への理解向上を挙げたい。第2章で取り上げたスマイリーキクチ（2014）では，自分とまったく関係のない事件の犯人と誤解され，1999年から2009年にかけて10年程度もインターネット上で誹謗中傷を受け続けた炎上事例が扱われている。このように長期間にわたってしまった原因として，書籍中では，インターネット上の誹謗中傷に対する警察の知識が少なく，何度警察に足を運んでも捜査をしてもらえなかった点を挙げている。また，誹謗中傷を行っていた人の一部が書類送検された際に全員が不起訴処分となった件についても，東京地方検察庁の検事がインターネットに精通しておらず，起訴に消極的だったのが原因と述べている。心理的被害，時間的被害，（仕事を失ったことによる）金銭的被害を考えれば，これらの警察・検察の対応に，書籍内で批判を行うのも理解ができる。

この炎上事例は，インターネット上の誹謗中傷に対する知識が捜査機関の中で十分に共有されていれば，より早く収束し，炎上対象者も納得のいく結果となっていた可能性がある。そこで，捜査機関の中で炎上やインターネット上の誹謗中傷，名誉毀損に関する情報をより多く共有するという政策が考えられる。このような政策は，最初に挙げた法的規制と異なり，slippery slope の問題が発生しない一方で，炎上対象者の被害軽減や炎上抑止につながると予想される。

さらにもう1つ，炎上負担軽減策として，炎上対象となったときの具体的な対処方法と法律的根拠の周知が挙げられる。多くの書籍において炎上の事例は数多く掲載されているし，インターネット上でもさまざま読むことができる―

方で，いざ自分が炎上対象となった時の具体的な対処方法について知ることはあまりできなかった。その点，清水（2015）は画期的であり，削除依頼や開示請求の法的根拠を簡単に述べた後，削除依頼や裁判手続きの具体的なやり方について，画像や文例を用いて記載している。また，炎上予防・対処方法についても記載されている他，30 もの主要個別サイト別に具体的な削除依頼方法を画像付きで載せている。

　もちろん，実際に炎上対象者となってしまった人は，是非この本を参考にしていただきたいところである。しかしそれと同時に，政策的に炎上への対処方法をより広く周知するため，最低限必要な知識をホームページでわかりやすく提示したり，ワークショップを開催したりするのが，炎上負担軽減につながるのではないだろうか。

8-3　炎上への規制対応は難しい

　本章では，炎上がインターネットイメージに与えている影響の分析と，炎上に関する政策的対応の検討を行った。
　まず，8-1 のインターネットイメージ分析では，以下 2 点のことがわかった。第 1 に，インターネットを「攻撃的な人が多い」「怖いところだ」と感じている人はそれぞれ 70% 以上存在する。第 2 に，炎上を知っている人は「攻撃的な人が多い」と感じている確率が高い。
　次に，8-2 の政策的対応の検討では，プロバイダ責任制限法の炎上負担軽減効果と限界に触れたうえで，「①名誉棄損罪の非親告罪化」「②制限的本人確認制度の導入」「③誹謗中傷（炎上）に関するインターネットリテラシー教育の充実」「④捜査機関における炎上への理解向上」「⑤炎上対処方法の周知」の 5 つを挙げた。そして，①には slippery slope の問題が，②には違憲である可能性とそもそも効果が薄いという問題があることを述べ，③，④，⑤に積極的に取り組むことを提案した[21]。

---

21) なお，③は炎上予防の施策であるのに対し，④，⑤は炎上が起こってしまったときの対処に関する施策である。

炎上のように表現や発信がかかわるものは，政策的な規制がきわめて難しいものであるし，安易な政策的規制はより社会的厚生に負の影響を与えるリスクがある。また，韓国における制限的本人確認制度が，誹謗中傷的書き込みに対してほとんど影響を与えなかったというのは大変興味深い。結局のところ教育や情報の周知という提案にとどまってしまうが，それらが現状で不足しているのも事実であり，徹底すれば十分に効果が期待できるのではないだろうか。

付　録

炎上リテラシー教育のひな型

　本文中で炎上リテラシー教育が1つの対策と述べた。ただ，炎上リテラシー教育といっても具体的なイメージがわかないかもしれない。そこで，参考までにこの付録で高校生を対象にした炎上リテラシー教育のひな型の例を示すことにする。

　まず，アイスケースに入ったり，遊園地の悪ふざけをアップしたりする触法行為による炎上については，そのような触法行為をネットに書くなという一言に尽きる。アップした当人は友人だけに見せているつもりかもしれないが，ネットは世界中が見る。さらに炎上すると個人の名前・住所などが容易に特定化される。したがって，触法行為の場合，ネットにアップすることは，自分の玄関に証拠写真を貼ることと同じだと思えばよい[22]。そう思えば貼る人はいなくなる。このタイプの炎上のリテラシー教育は比較的簡単であり，実際，組織的なリテラシー教育がなくても社会全体として学習が進み，触法行為をさらしてしまうという形の炎上は近年減少傾向にある。

　より難しいのは，通常の情報発信に関する炎上である。普通に情報発信していても，炎上することがある。炎上とまでいかなくても，無礼で攻撃的なだけの人が現れて交流の場が荒れてしまうこと——いわゆる「荒らし」は頻繁に発生する。触法行為をアップする人はめったにいないが，普通の情報発信をしていて炎上・荒らしにあって嫌な思いをする人は多い。そして嫌な思いをすると，あるいはそういう現場を見聞すると，人は情報発信を控えるようになる。本文

---

[22] アオイゼミ (2015)，「正しく怖がるインターネット」より。彼らの炎上リテラシー教育は触法行為による炎上を対象としており，その基本メッセージは「インターネットはすべて玄関の外側」(48分48秒より) である。https://www.youtube.com/watch?v=y7iHJsvk54w (2015/12/5 確認)。

中で問題にする情報発信の萎縮が起こる。萎縮を防ぎ，炎上に負けずに情報発信を励ますことが，ここで考える炎上リテラシー教育である。それはどんな教育になるのか。以下の文章はこのリテラシー教育を高校生向けに行うと想定して書いたものである。

「高校生のための荒らし・炎上リテラシー」

　ネットで何か意見を述べていると，ひどく攻撃的な言葉を投げつけられて嫌な思いをすることがあります。こういうのを荒らしといいます。さらに，後から後からそういう人が現れて収拾がつかなくなることがあり，炎上と呼ばれます。これにどう対処するかを以下3つに分けて考えてみましょう。

1. 言葉使いは良識に従う。
　炎上を起こしても仕方がないような「良識に反した無礼な言葉使い」があります。そういう表現はしないように気をつけましょう。

>　#たとえば，Aさんの意見が間違っていると強く思ったとき，「Aさんはバカで，何もわかっていない」と書くのと，「Aさんの〇〇という意見はおかしいと思う」と書くのではだいぶ印象が違います。前者ではAさんという人間を丸ごと貶めていますが，後者はAさんの考え方について意見を語っているだけです。反論するときは人と意見を分け，人については語らず，意見について語るのがよい方法で。わずかな違いと思うかもしれませんが，聞いている方から見ればだいぶ違います。

　何が良識に沿うかはわかりにくいところですが，コツとしては，当人あるいは当人のファンが目の前にいても言えるような言い方で話すとよいでしょう。

2. 炎上や荒らしにあってしまったときの対処
　良識に沿って話していても荒らしや炎上にあってしまうことはあります。そ

のときどうすればよいでしょうか。箇条書きで書いてみます。

(1) 謝罪
　もし批判の内容がもっともなら認めましょう。言い方が悪かったとか部分的に謝罪してもよいと思うところがあれば，そこだけでも謝罪するのがよいです。あなたに非があるのなら認めてしまうのがなにより最大の解決策です。

　　#批判の内容がおかしく，謝罪するに値しないと思ったらもちろん謝罪する必要はありません。

(2) 無視（スルー）する
　きわめて無礼な物言いや誹謗中傷は無視しましょう。「死ね」とか，「バカか」とか，最初から対話・議論をする気がない書き込みは無視（スルー）が基本です。このような相手に反論すれば，ますます調子に乗って攻撃してくるだけです。ですから無視しましょう。

　　#現実の世の中では人を無視するのは失礼でいけないことです。が，ネット上での荒らしは無視しても失礼にはあたりません。
　　#相手のコメントを削除する，あるいは相手が書き込めないようにブロックする手もあります。それで収まればそれで解決です。ただ，IDを変えてまた書き込んでくることもあるので，いつも有効とは限りません。

　なお，友人の掲示板など第三者の立場にあなたがいても同じです。友人が無視しようとしているなら，友人を助けようとして荒らしを諭すなど反応してはいけません。荒らしによけいな燃料を与えることになってしまうからです。

(3) 主張を通す
　逆に主張を通す手もあります。強い心がいるので誰でもできることではあ

りませんが，1つの方法です。ただし，このとき主張を伝える相手は，目の前の荒らし・炎上相手ではなく，背後にいるあなたの友人たちです。

> #炎上の攻撃者は，そもそも議論する気がないことが多く，聞く耳を持ちません。説得は不可能です。主張する相手は，攻撃してくる者ではなく，その場を見ているあなたの友人たちです。友人たちを思い浮かべながら，友人達に向けて語るようにしましょう。「いま私はこう非難されていますが，それについて私はこう思っています」と友人に語るのです。

主張を通しても攻撃者が納得することはめったにありません。たいていは消耗戦になります。いわば消耗戦に耐える覚悟のある人だけができる対処法です。消耗戦に疲れたら，無視など他の戦略に移行すればよいでしょう。

(4) 攻撃者は少数であることを思う

無視しても攻撃が続くことがあります。主張することに疲れてくることもあります。そういうときは，炎上の攻撃者はごくごく少数であり，多数の読者はあなたを支持していると思って，気を強く持ちましょう。

> #炎上事件でひどい書き込みをしてくる人は実はごく少数であることがわかっています。炎上すると世界中があなたを責めているような気がしてきますが，そんなことはありません。9割以上の人は，そのような書き込みに心を痛めており，あなたの味方です。味方なのになぜ黙っているのかと思うかもしれませんが，反論すると攻撃者はさらに喜んで書き込みを増やすので放置しているのです。ほとんどの人はあなたの味方だと思って，気を強く持ちましょう。

もし友人が炎上したのなら，そっとその友人を励ますのもよいでしょう。炎上に巻き込まれると，執拗に攻撃されるので孤独を感じやすくなります。そんなとき味方がいることを確認するだけで気が楽になるものです。炎上の

背後には，常に良識のある多数派がいることを（自分が炎上したら）思い出すようにし，また（友人が炎上したら）思い出させるようにしてあげましょう。

　最終的に攻撃者の言葉が小鳥のさえずりのように聞こえるようになればしめたもので，気にせずに無視してやりすごすことができます。

(5) いざとなれば閉鎖してやり直せばよい。法的措置も可

　あまりに攻撃がひどく，やりきれないと思ったら，その場をいったん閉鎖することもできます。アカウントの削除，掲示板の書き込み不可，ブログの閉鎖などです。ほとぼりが冷めたころにまた再開すればよいのです。

> ＃相手に負けたようで悔しいとおもうかもしれませんが，そんなことはありません。大きな炎上は大人でも専門家でも防げないので，誰も負けたとは思いません。しばらくしたらケロッとして再開すればよいだけです。

　なお，攻撃があまりにひどく，実害が生じるなら法的措置もありえます。まわりにいる詳しい大人に相談してください。

3. 議論の種類を区別する

　あからさまな誹謗中傷ではなく，議論の形をとりながら荒れるあるいは炎上することがあります。これは相手が相互理解のための議論ではなく，相手を倒すための議論をしかけてきたときに起こります。

> ＃議論には2種類あります。
> 　「相互理解のための議論」と「相手を倒すための議論」
> の2種類です。
> 　相互理解のための議論では，相手と自分の意見の違いの理由を見つけるのが目的です。事実認識が異なっているからなのか，それとも何が大切かの優先順位が異なっているからなのかがわかれば十分です。それで相手が理解で

きます。どちらが正しいか間違っているかは問題ではないので勝ち負けはありません。お互いの意見の弱点をさらすのも平気で，たいていはおだやかに議論が進みます。

　一方，相手を倒すための議論では，相手を論破し，倒すのが目的です。あくまで自分は正しく，相手は間違っているとして相手を攻撃します。いわば喧嘩です。倒すのが目的なので相手の弱点を徹底的に叩き，こちらの弱点は隠します。政治的論争がだいたいこれで，テレビの討論番組はこの形式になっていることが多いです。

　現実の世界で友人と話をするときなどで圧倒的に多いのは，相互理解のための議論です。現実の世界では相手を理解できれば十分だからです。そもそも相手を倒す議論を友人にしょっちゅう吹っ掛けていたら，嫌われて誰からも相手にされなくなるでしょう。ただ，ネットでは，自分の正義を確信して，相手を倒す議論をする人が現実世界よりはるかに頻繁に現れる傾向があります。

　相手を倒す議論を仕掛けられた場合，それに応じるなら覚悟を決めてやる必要があります。ただ，テレビ討論と違って司会者も時間制限もないので，長引き，不毛になり，感情的になってやがて罵倒しあいになることも多いです。

　相手を倒す議論をする気がないときは，あっさりそう告げて議論に応じなければよいです。是非の論争をする気はないので……とか言って打ち切ります。相手は勝手に勝利宣言をして去っていくかもしれませんが，気にしなければよいでしょう。

4. 大きな炎上事件に関心を持ったなら

　身近なところではなく，時に社会的に大きな炎上事件が起こります。このような大きな炎上事件に関心がわき，意見・感想を持つのなら，元の人の発言を見てからにしましょう。炎上事件での書き込みには，元の発言を読んでいない例が多く見られます。例えば「〇〇がこういうことを言ったらしいが，ひどい。許しがたい」というつぶやきは要注意です。〇〇さんが本当はどう言ったのか自分で確かめてから意見・感想を持つようにしましょう。元の発言を見て自分

で考えると，炎上の批判は一面的で，事件についてさまざまな見方ができることに気づくことも多いはずです。

───────────────────────────

　以上，ひな型の例を述べてきた。現実に高校生向けに語るときは，具体的な事例を挙げて説明することになる。
　この炎上リテラシーには市販の炎上対策本とは異なっている点が2点ある。
　第1は，炎上を避ける方法として「話題の限定」を入れていないことである。通常の炎上対策本は，炎上しやすい話題を避けるという対策を挙げることが多い。民族問題は避けろ，アイドルネタは危ない，などである。しかし，第3章の3-4で述べたようにこのように話題の限定をしていくと，話せない話題が増えて情報発信の萎縮そのものにつながる。炎上を避けるために，社会の重要話題を取り上げるなとなるのでは意味がない。自由な社会はどのような意見も表明できなければならない。その自由を放棄せよというようなことを高校生に説くべきではない。
　第2の特徴は，炎上対策として，3で議論の種類をそろえよとしている点である。現実世界での議論は相手を理解するために行われることがほとんどである。友人間では相手の言うことが理解できればよいのであり，論破して倒そうとはしない。これに対し，ネット上では相手を論破して倒そうとして議論する人が実に多い。相手を倒すための議論は政治論争やディベートなどで行われるもので，自分が正しいとして相手を徹底的に攻撃する。この2つのタイプの議論が混在すると問題が生じやすい。よく見られるのは，相互理解型のおっとりとした議論をしているところへ，相手を倒す型の議論の人が現れ，その場が荒れてしまうケースである。炎上対策としてはこの2つのタイプの議論を混ぜないことが大事であって，相手のタイプで議論する気がないなら，さっさと切り上げた方がよい。

　ここで考える炎上リテラシーは炎上に負けずに情報発信を続けるためのリテラシーである。炎上リテラシーは炎上をおそれて縮こまるリテラシーであってはならない。そのようなリテラシーがあるのか問う人もいるかもしれないが，

ある程度ならあると答えたい。

　実際，何度か炎上を体験して，気にならなくなったという人がいる。そのような人がいることからわかるように，炎上規模が小さければ，ある程度はリテラシーで対抗できる。それは，例えば，実は攻撃相手は多いように見えてごく少数であると知ったからであり，炎上はよくあることで悩むのは自分だけではないと思うようなったからである。あるいは，どんなに罵詈雑言がきても所詮言葉だけで何もできないと知ったからであり，背後にいる友人たちはすべて自分の味方で自分同様に攻撃者に辟易していると知ったからである。やがて攻撃的言辞が小鳥のさえずりのように耳を通りぬけるようになる。このようにリテラシーを深めることで，人は炎上を気にしなくなる。むろん，これはかなり強い人の例であり，そういう人ばかりではないだろう。そもそも大きな炎上はそれではすまないので，リテラシーだけでは解決できず，第7章のサロン型SNSのようななんらかの方策はいるだろう。しかし，リテラシーにも一定の炎上への対処効果があり，それを教育に組み込むことには意義があると考える。

　特に学校教育のような場で行うことには共通認識を増やすという点でも特別の意味がある。炎上でつらいのは，ひどい言葉で傷つけられたとき，孤独なことである。「バカ」「死ね」などの単純なものはまだましな方で，「あなたの常識を疑います」「卑怯者」「人間の屑ですね」「この人は頭がおかしいです」など攻撃的な言辞に突然出くわすことになる。日常的にはありえないひどい言葉の列に傷つき，世界全体から否定されているような気持ちになる。心やさしい人は，自分だけでなくこの場を見ている友人たちも嫌な思いをしているのではないか，さらに，皆の沈黙を見てひょっとして自分のことを同じように思っているのではないかと悩むかもしれない。

　このようなとき，炎上は誰にでも起こることで気にすることはない，炎上での攻撃者は一握りであって9割以上の人はあなたの味方だということを知れば心を強く持てる。そして，ここが重要な点であるが，そのように思っているのが自分一人ではなく，他の人もそうなのだと思えば，孤独感にさいなまれることなく心に余裕を取り戻せる。

　例えば，相手が「あなたは人間の屑ですね」と書き込んでくれば普通は傷つく。しかし，そのとき，これはよく聞く炎上なるもので，ひどい言い方をする

一握りの人に不幸にも出会ったのに過ぎず，友人たちもそう思っているのだと思えば，この言葉に傷つくより前に「やれやれ，困った人に出会ってしまった」くらいに思えるかもしれない。あるいは，相手が人を倒すための議論をふっかけてきて勝手に勝利宣言したとすると，悔しくて反論したくなる。しかし，これは異なるタイプの議論がすれ違っただけで勝ちも負けもないと思えば，そして友人たちもそう思っているはずと思えば，追いすがって俺は負けてないぞと議論に応じてしまうことなく，やれやれ嵐が去ったと達観することができる。このように周りがどう思っているかは大切であり，特に若い世代にとってはそうである。自分は孤独ではなく皆もそう思っているという実感が彼あるいは彼女を強くする。

　学校教育の場で炎上リテラシー教育を行うと，いわばそれが同世代の共通認識になるので，そのような実感が育まれる。炎上に直面したとき，ああ，これはクラスでやったあれなのだと思えば，そしてクラスの友人たちもそのように思っているはずだと思えるならば，少なくとも心を落ち着けて対処できる。教育の場で炎上リテラシーを教えることには，共通認識を増やし，炎上に立ち向かう気持ちを養う効果があるだろう。

　ネット上のリテラシーというと，個人情報を漏らさないようにとか，詐欺にかからないようにとか，あるいは炎上しそうな危ないことを書き込まないようにということが教えられることが多い。そのようなリテラシーにも自分を護るという点で一定の意味があるのは認めるが，防衛的な面ばかりなので，それだけでは情報発信の萎縮を招く。ネットは怖いところでできるだけ情報発信しないようにしようという気持ちが強まるからである[23]。情報発信に伴う炎上に関しては，炎上に負けたりせず，立ち向かう気持も望まれる。これからの情報社会が実りある社会であるためには，多くの人が情報発信に取り組むことが望ましく，そのためには炎上に負けないためのリテラシーを人々の共通認識にしていくことが有用であろう。そのために学校に炎上リテラシー教育を取り入れることが有効と考える。

---

[23] 前述のアオイゼミの教材では，これを見た生徒からネットは怖いという反応が返ってきたようで，萎縮効果があったようである。https://www.youtube.com/watch?v=y7iHJsvk54w （52分42秒あたり）（2015/12/5確認）。

参考文献

東浩紀・濱野智史編（2010），『ised 情報社会の倫理と設計　倫理篇』，河出書房新社
板倉陽一郎（2006），「インターネット上における「意図せぬ公人化」を巡る問題」，『情報処理学会研究報告. EIP,［電子化知的財産・社会基盤］』, pp. 9-14
伊地知晋一（2007），『ブログ炎上〜 Web2.0 時代のリスクとチャンス』，アスキー
伊地知晋一（2009），『ネット炎上であなたの会社が潰れる！―ウェブ上の攻撃から身を守る危機管理バイブル』，WAVE 出版
梅田望夫（2006）『ウェブ進化論―本当の大変化はこれから始まる』，筑摩書房
岡嶋裕史（2014），『ネット炎上職場の防火対策』，日本経済新聞出版社
荻上チキ（2007），『ウェブ炎上―ネット群集の暴走と可能性』，筑摩書房
荻上チキ（2014），「炎上の構造」川上量生監修『ネットが生んだ文化―誰もが表現者の時代』，角川インターネット講座 4，第 4 章，角川書店
金光石（2012），「インターネット上の実名制に関する憲法学的考察（一）：韓国における公職選挙法と情報通信網法を素材に」，『名古屋大學法政論集』243, pp. 1-45
川上量生（2014a），「ネットがつくった文化圏」川上量生監修『ネットが生んだ文化―誰もが表現者の時代』，角川インターネット講座 4　序章，角川書店
川上量生（2014b），「テレビがなぜ進化したのか考えてみたらいい」『GALAC』No.211, 2014 年 12 月号，放送批評懇談会，インタビュー記事
菊池良生（2002），『傭兵の二千年史』，講談社現代新書
クラーク，ナーディネリ（1998），『こどもたちと産業革命』，平凡社
公文俊平（1994），『情報文明論』，NTT 出版
公文俊平（2004），『情報社会学序説』，NTT 出版
小林直樹（2011），『ソーシャルメディア炎上事件簿』，日経 BP 社
清水陽平（2015），『サイト別ネット中傷・炎上対応マニュアル』，弘文堂
情報処理推進機構（2015），「2014 年度情報セキュリティの倫理に対する意識調査」報告書
白井京（2009），「韓国におけるインターネットへの法的規制―サイバー暴力と有害サイト規制」，『外国の立法』239, pp. 97-112
白田秀彰（2006），『インターネットの法と慣習』，ソフトバンク新書

スマイリーキクチ (2014),『突然, 僕は殺人犯にされた—ネット中傷被害を受けた10年間』, 竹書房
田代光輝 (2011),「インターネットトラブルの分類方法の提案」,『情報社会学会誌』6(1), pp. 101-114
田代光輝・折田明子 (2012),「ネット炎上の発生過程と収束過程に関する一考察〜不具合に対する嫌がらせと決着による収束〜」,『研究報告電子化知的財産・社会基盤』57(6), pp. 1-6
田代光輝・服部哲 (2013),『情報倫理：ネットの炎上予防と対策』, 共立出版
千代原亮一 (2006),「インターネットにおける匿名言論の保護」,『大阪成蹊大学研究紀要』3(1), pp. 213-223
辻大介 (2008),「インターネットにおける「右傾化」現象に関する実証研究　調査結果概要報告書」, http://d-tsuji.com/paper/r04/report04.pdf
中川淳一郎 (2009),『ウェブはバカと暇人のもの』, 光文社
中川淳一郎 (2010),『ウェブを炎上させるイタい人たち—面妖なネット原理主義者の「いなし方」』, 宝島新書
中村淳彦 (2015),『ルポ　中年童貞』, 幻冬舎
ハワード, マイケル (2010),『ヨーロッパ史における戦争』, 奥村房夫・奥村大作訳, 中公文庫 (Howard, Michael, 1975, *War in European History*)
バウマン, ラインハルト (2002),『ドイツ傭兵 (ランツクネヒト) の文化史—中世末期のサブカルチャー／非国家組織の生態誌』, 菊池良生訳, 新評論社
干川剛史 (2001)『公共圏の社会学—デジタル・ネットワーキングによる公共圏構築へ向けて』法律文化社
平井智尚 (2012),「なぜウェブで炎上が発生するのか—日本のウェブ文化を手がかりとして」,『情報通信学会誌』29(4), pp. 61-71
松尾陽 (2012),「集団分極化と民主的憲法論の課題：キャス・サンスティーン『インターネットは民主主義の敵か』で問われた課題」,『近畿大学法学』59(4), pp. 51-96
水野博介 (2013),「メディア文化論⑩「集合知」と「集合痴」」,『埼玉大学紀要 (教養学部)』49(1), pp. 239-245
諸藤絵美・関根智江 (2012),「多様化するインターネット利用の現在—「メディア利用の生活時間調査」から②」『放送研究と調査』2012 November, pp.16-34
柳文殊 (2013),「韓国におけるインターネット実名制の施行と効果」,『社会情報学』2(1), pp. 17-29
山口真一 (2015),「炎上の発生傾向と炎上加担者属性に関する実証分析」, 2015年度

春季(第32回)情報通信学会大会,予稿

ラインゴールド,ハワード(1995),『バーチャルコミュニティ』,会津泉訳,三田出版会 (Rheingold, Howard, *The Virtual Community*, Martin Secker & Warburg, 1994)

Adachi, Y., and Takeda, F. (2014), "The Impact of Online フレーミング on Firm Value: The Evidence from Japan," *IPRC Discussion Paper Series*, 14

Brown, R. (2003), *Social Psychology 2nd Ed.*, Free Press

Gentzkow, Matthew and Jesse M. Shapiro (2011), "Ideological Segregation Online and Offline," *The Quarterly Journal of Economics*, 126(4), pp. 1799-1839

Hauben, Michael and Ronda Hauben (1997), *Netizens: On the History and Impact of Usenet and the Internet*, Wiley-IEEE Computer Society

Hoffman, Philip (2011), "Prices, the military revolution, and western Europe's comparative advantage in violence," *Economic History Review. Supplement*, 64, pp. 39-59

Hornstein, Katie (2005), "Just Violence: Jacques Callot's Grandes Misères et Malheurs de la Guerre," Bulltein volume 16, Museums and Arts and Archaeology, The University of Michigan, http://hdl.handle.net/2027/spo.0054307.0016.102

Inmen, J. A., and Inmen, R. R. (1996), "Responsibility as an Issue in Internet Communication: Reading Flames as Defamation," *Journal of Technology Law & Policy*, 1(1), http://jtlp.org/vol1/inman.html

Lange, P. G. (2006), "What is your claim to flame?" *First Monday*, 11(9), http://firstmonday.org/ojs/index.php/fm/article/view/1393/1311

Lee, Hangwoo (2005), "Behavioral Strategies for Dealing with Flaming in an Online Forum," *The Sociological Quarterly*, 46(2), pp. 385-403

Lode, E. (1999), "slippery slope Arguments and Legal Reasoning," *California Law Review*, 87(6), pp. 1469-1543

Moor, P. J., Heuvelman, A., and Verleur, R. (2010), "Flaming on YouTube," *Computers in Human Behavior*, 26(6), pp. 1536-1546

O'Sullivan, P. B., and Flanagin, A. J. (2003), "Reconceptualizing 'Flaming' and other problematic messages," *New Media & Society*, 5(1), pp. 69-94

Parker, Geoffrey (1996), *The Military Revolution: Military Innovation and the Rise of the West, 1500-1800*, Cambridge University Press

Reining, B. A., Briggs, R. O., and Nunamaker, J. F, Jr. (1998), "Flaming in the Electronic Classroom," *Journal of Management Information Systems*, 14(3), pp.

45-59

Rheingold, Howard (2002), *Smart Mobs: The Next Social Revolution*, Basic Books

Rockoff, Hugh (1974), "The Free Banking Era: A Reexamination," *Journal of Money, Credit and Banking*, 6(2), pp. 141-167

Schauer, F. (1985), "slippery slopes," *Harvard Law Review*, 99(2), pp. 361-383

Steele, G., Woods, D. Finkel, R. Crispin, M., Stallman, R., and Goodfellow, G. (1983), *The Hacker's Dictionary*, Harper & Row

Stoner, James A. (1961), "A Comparison of Individual and Group Decisions Involving Risk," M. A. Thesis, Sloan School of Management, MIT, Cambridge

Sunstein, Cass R. (2001), *Republic. com.*, Princeton University Press（石川幸憲訳『インターネットは民主主義の敵か』, 毎日新聞社, 2003年）

Sunstein, C. R. (2009), *Republic.com 2.0*, Princeton University Press

Turnage, A. K. (2007), "Email Flaming Behaviors and Organizational Conflict," *Journal of Computer‐Mediated Communication*, 13(1), pp. 43-59

Thaler, R. H., and Sunstein, C. R (2009), *Nudge: Improving Decisions About Health, Wealth, and Happiness*, Penguin Books

van der Burg, W. (1991), "The slippery slope Argument," *Ethics*, 102(1), pp. 42-65

Volokh, E. (2003), "The Mechanisms of the slippery slope," *Harvard Law Review*, 116(4), pp. 1026-1137

White, H. (1980), "A Heteroskedasticity-Consistent Covariance Matrix Estimator and a Direct Test for Heteroskedasticity," *Econometrica*, 48(4), pp. 817-838

索　引

アルファベット
average marginal effects　108
BOT アカウント　27
Consumer Generated Media　5
Facebook　17
Forward step-wise selection　108
Google 急上昇ワードランキング事件　42
LINE　77, 115
mixi　27
NTT ドコモプッシュトーク事件　27
SCE PSP ステルスマーケティング事件　42
slippery slope　219
SMS　115
SNS　115
TBS 架空掲示板偽造事件　40
TSUTAYA 不謹慎ツイート事件　35
Twitter　17, 28, 55, 79, 115
UCC 上島珈琲 Twitter キャンペーン事件　27
USJ 迷惑行為事件　20, 31
Wikipedia　47

ア　行
アイスケース　6
碧志摩メグ　96
アンケート調査　103
アンチ　46
安保法制　71
暗黙の規範　27
インターネットイメージ決定要因モデル　214
インターネット実名制　220
インターネット消費者取引に係る広告表示に関する景品表示法上の問題点及び留意事項　41
インターネットユーザ　20
インターネットリテラシー　17, 221
上杉隆　140
梅田望夫　83
エコーチェンバー　149
炎上参加行動モデル　107
炎上参加者　12, 102, 123, 126
炎上への参加者　137
炎上リテラシー　226
大沢あかねブログ炎上事件　45
小保方 STAP 細胞事件　68
オンラインコミュニケーション　3

カ　行
開示請求　218
川上量生　139
韓国　69
完全なフィルタリング　12
記述統計量　103
北乃きい路チュー事件　45
客観的属性　107
口コミ　41
クリーンハンズ　11, 219
グルーポンすかすかおせち事件　20, 29
黒田美帆混同炎上事件　48
軍事革命　153
公人　10, 218
厚生省年金漫画事件　37
倖田來未氏羊水が腐る事件　35, 64
国家化　152
コミケきんもーっ☆事件　64
五輪エンブレム事件　64, 95, 141
昆虫交尾図鑑事件　93

サ 行

サイバーカスケード　10, 59, 69
削除依頼　218
指原莉乃恋愛事件　45
サロン　183
産業化　152
産業革命　154
サンスティーン　82
しぎた博昭混同炎上事件　49
私刑　21
実名登録制　174
社会的厚生　20, 57, 217
謝罪　93
集合痴　18
集団極性化　12, 73, 148
自由な言論　22
主観的属性　108
受信と発信の分離　181
情報化　152
情報革命　155
情報の非対称性　20
情報発信力の濫用　166
人工知能　167
ステルスマーケティング　40, 41, 49
スパム　28
スマイリーキクチ中傷被害事件　49, 141, 143
制限的本人確認制度　220
ソーシャルメディア　3, 27, 55, 112, 221

タ 行

食べログやらせ業者事件　41
直接攻撃者　141
デイリーミー　73, 149
道徳の過剰　61

ナ 行

中川淳一郎　83, 144

　

ニコニコ動画　102, 140
西村博之　139
2ちゃんねる　35, 49, 55
日経新聞　84
ニュースサイト　55
ネット右翼　56
ネット炎上　4
のうりん　97

ハ 行

パソコン通信　180
はるかぜちゃん名前勘違い事件　46, 61
非親告罪　219
ビッグブラザー　167
誹謗中傷　4, 99, 219
表現の自由　218, 220
平野綾恋愛事件　46, 64
福島はもう住めない　91
プッシュトーク　27
フレーミング　18, 85, 115
ブログ　5, 34, 79
プロバイダ責任制限法　218
平均限界効果　108
ペニーオークションステルスマーケティング事件　42
法の完全実行　61

マ 行

マスメディア　4, 29, 55, 117
まとめサイト　32, 48, 55, 117
まとめブログ　5

ラ 行

ラサール石井麻生太郎元首相批判事件　24

著者略歴

田中　辰雄（たなか　たつお）　　第3章，第5章，第6章，第7章，付録

1957年，東京都に生まれる。東京大学大学院経済学研究科単位取得退学。国際大学グローバルコミュニケーションセンター研究員，コロンビア大学客員研究員を経て，現在，慶應義塾大学経済学部准教授。専攻は計量経済学。
主要著作・論文　『ゲーム産業の経済分析』（共編著，東洋経済新報社，2003年），『モジュール化の終焉』（NTT出版，2007年），『著作権保護期間』（共編著，勁草書房，2008年），『ソーシャルゲームのビジネスモデル：フリーミアムの経済分析』（共著，勁草書房，2015年）ほか。

山口　真一（やまぐち　しんいち）　　第1章，第2章，第4章，第8章

1986年，東京都に生まれる。国際大学グローバル・コミュニケーション・センター助教。2010年慶應義塾大学経済学部卒。2015年同大学経済学研究科で博士号（経済学）取得。同年より現職。専門は計量経済学。研究分野は，コンテンツ産業，フリービジネス，ソーシャルメディア，プラットフォーム戦略等。
主要著作・論文　『ソーシャルゲームのビジネスモデル：フリーミアムの経済分析』（共著，勁草書房，2015年），「ネットワーク外部性の時間経過による効果減少と普及戦略―ゲーム産業の実証分析―」（『組織科学』49(3)，白桃書房，2016年）等がある。

初出
第4章
「実証分析による炎上の実態と炎上加担者属性の検証」（『情報通信学会誌33(2)』，2015年）

第8章
「ネット炎上の実態と政策的対応の考察―実証分析から見る社会的影響と名誉毀損罪・制限的本人確認制度・インターネットリテラシー教育の在り方―」（『情報通信政策レビュー11』，総務省情報通信政策研究所，2015年）

ネット炎上の研究　誰があおり，どう対処するのか

2016年4月25日　第1版第1刷発行
2016年6月30日　第1版第4刷発行

著者　田中辰雄
　　　山口真一

発行者　井村寿人

発行所　株式会社　勁草書房
112-0005 東京都文京区水道2-1-1　振替　00150-2-175253
（編集）電話 03-3815-5277／FAX 03-3814-6968
（営業）電話 03-3814-6861／FAX 03-3814-6854
本文組版 プログレス・港北出版印刷・中永製本

©TANAKA Tatsuo, YAMAGUCHI Shinich　2016

ISBN978-4-326-50422-0　Printed in Japan

JCOPY　<(社)出版者著作権管理機構　委託出版物>
本書の無断複写は著作権法上での例外を除き禁じられています。
複写される場合は、そのつど事前に、(社)出版者著作権管理機構
（電話 03-3513-6969、FAX 03-3513-6979、e-mail: info@jcopy.or.jp）
の許諾を得てください。

＊落丁本・乱丁本はお取替いたします。
　　　　http://www.keisoshobo.co.jp

田中辰雄・山口真一
ソーシャルゲームのビジネスモデル
フリーミアムの経済分析

A5 判　2,500 円
50406-0

鈴木　健
なめらかな社会とその敵
PICSY・分人民主主義・構成的社会契約論

A5 判　3,200 円
60247-6

玉村雅敏 編著
社会イノベーションの科学
政策マーケティング・SROI・討論型世論調査

A5 判　2,700 円
60271-1

澤木久之
シグナリングのゲーム理論

A5 判　3,000 円
50401-5

イツァーク・ギルボア／川越敏司 訳
不確実性下の意思決定理論

A5 判　3,800 円
50391-9

山口智美・斉藤正美・荻上チキ
社会運動の戸惑い
フェミニズムの「失われた時代」と草の根保守運動

46 判　2,800 円
65377-5

勁草書房刊

＊表示価格は 2016 年 6 月現在。消費税は含まれておりません。